河北省高等教育教学改革与实践项目"师范认证背景下
养成体系构建——以化学专业为例"（课题编号：2021G

U0456049

中学化学教师培养路径探索

ZHONGXUE HUAXUE JIAOSHI
PEIYANG LUJING TANSUO

郭桂全　王彦娜　著

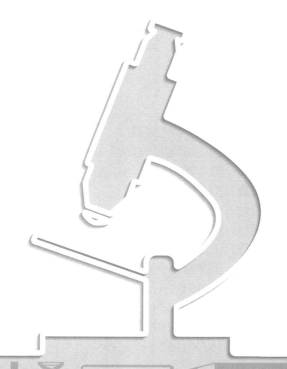

天津社会科学院出版社

图书在版编目（CIP）数据

中学化学教师培养路径探索 / 郭桂全，王彦娜著.
天津 ： 天津社会科学院出版社，2024. 5. -- ISBN 978
-7-5563-0978-8

Ⅰ．G633.82

中国国家版本馆 CIP 数据核字第 2024AH3862 号

中学化学教师培养路径探索
ZHONGXUE HUAXUE JIAOSHI PEIYANG LUJING TANSUO

选题策划：韩　鹏
责任编辑：柳　晔
责任校对：付聿炜
装帧设计：高馨月
出版发行：天津社会科学院出版社
地　　址：天津市南开区迎水道 7 号
邮　　编：300191
电　　话：（022）23360165
印　　刷：北京建宏印刷有限公司
开　　本：787×1092　　1/16
印　　张：17.5
字　　数：270 千字
版　　次：2024 年 5 月第 1 版　　2024 年 5 月第 1 次印刷
定　　价：78.00 元

前　言

化学是一门重要的自然科学,广泛应用于生活、工业和环境保护等领域。中学化学教师作为化学教育的重要一环,承担着培养学生科学素养和培养未来科学家的重要使命。然而,中学化学教师培养路径在实践中还面临着诸多挑战和问题。

中学化学教师的培养路径是一个复杂而多元的过程,涉及教育理论、学科知识、教学方法和实践经验等多个方面。在当前的教育环境下,中学化学教师需要具备扎实的化学知识和教育理论,同时还需要具备创新意识和教育技术的应用能力。因此,如何培养出优秀的中学化学教师,成为一个迫切需要解决的问题。

本书旨在探索中学化学教师的培养路径,提供对中学化学教师培养的理论与实践的深入研究,以期为教育工作者、研究人员和决策者提供有益的参考和指导。

本书由邢台学院郭桂全老师、王彦娜老师合作完成,共计26万余字。其中郭桂全老师负责第一章至第四章以及第五章第一节和第二节的撰写工作,合计15万余字,王彦娜老师负责第六章、第七章以及第五章第三节、第四节的撰写工作,合计10万余字。

本书前几部分介绍中学化学教师培养的背景和意义以及教师职责与定位。我们将探讨中学化学教师的角色和职责,以及他们对学生发展的重要影响。同时,我们还将分析当前中学化学教师培养面临的挑战和问题,以及解决这些问题的必要性。本部分的目的是引起读者对中学化学教师培养的关注,并为后续章节的讨论提供基础。

中间部分将探讨中学化学教师培养的理论基础以及乡村教师培养与家乡情怀描述。我们将回顾国内外相关研究成果,分析不同国家和地区的中学化学教师培养模式和经验,并总结其中的成功因素和不足之处。通过对比和借鉴,我们将提出一套适合中国中学化学教师培养的理论框架。本部分的目的是为后续章节的实践探索提供理论支持。

后面写到中学化学教师培养的实践经验和问题挑战。我们将从招生、课程设置、师范生培养、实习教学等方面进行探讨,重点关注如何提高中学化学教师的专业素养和教学能力。此外,我们还将一些国内外的一些案例进行分析。本部分的目的是为读者提供一些可行的实践方法和经验,以促进中学化学教师培养的实际工作。

最后,我们总结本书的主要观点和研究成果,并提出对中学化学教师培养的未来展望。我们希望本书能为中学化学教师培养的理论研究和实践工作提供有益的参考和借鉴,促进中学化学教师培养的持续发展和进步。

希望读者能从中获得启发和帮助,共同推动中学化学教师培养事业的发展。通过我们的努力,我们相信中学化学教师培养将更加科学、系统和有效,为培养出更优秀的化学人才作出更大的贡献。

目　　录

第一章　中学化学教师的职责和要求

化学是一门重要的科学学科,它涉及我们日常生活中的许多方面,如食物、药物、材料和环境等。中学化学教师在教育体系中扮演着至关重要的角色,他们负责教授学生化学知识和培养他们的科学思维和实验技能。中学化学教师的职责不仅是传授知识,更是启发学生的兴趣和激发他们对化学的好奇心。

中学化学教师的职责是多样的。他们需要制订教学计划和课程设计,确保学生在学习化学时能够全面理解概念和原理;他们需要准备并授课化学课程,以清晰和简明的方式解释化学理论和原理;他们还需要组织实验教学活动,让学生亲自参与化学实验,从而更好地理解化学原理和培养实验技能。此外,中学化学教师还需要进行学生评估,以检测学生对化学知识的掌握程度,并提供个别或集体的学术指导和辅导。

为了胜任这一职责,中学化学教师需要具备一定的技能和特质。首先,他们需要具备扎实的化学知识和专业素养,不断更新自己的知识,以便将最新的科学知识传授给学生。其次,他们需要具备良好的教学能力和沟通能力,能够将抽象的化学概念转化为易于理解的语言,引起学生的兴趣和参与。此外,中学化学教师需要熟悉化学实验的操作和安全规范,能够设计和执行化学实验,并解决实验中的问题和困难。最重要的是,中学化学教师需要关心学生的学习和发展,耐心倾听学生的问题和困惑,并提供支持和鼓励。

中学化学教师的工作既具有挑战性又充满乐趣。他们的努力和付出将为学生打下坚实的化学基础,为他们的未来学习和职业发展奠定基础。通过中学化学教师的引导和教育,我们可以培养出一批对化学感兴趣、具备科学思维和实验技能的年轻人,为社会的发展做出贡献。我们应该对中学化学教师的辛勤工作表示敬意,并支持他们在教育事业中的持续发展和成长。

第一节 中学化学教师的角色定位

在素质教育中，教师的角色定位对教学效果有着至关重要的影响。教师的角色定位就是指教师在教学过程中，对自己所承担的责任以及完成工作任务所应扮演的角色进行了合理的定位。在新课改中，教师要让自己走近学生中间，成为学生学习路上的引领者、促进者，成为学生知识和能力发展过程中的合作者、帮助者。

一、知识的传授者

在新课改中，教师的角色是学生学习路上的引领者和促进者，是知识的传授者。因此，在新课改中，教师要转变自身的角色定位，要充分认识到自己在教学过程中的主导地位。首先，教师要明确自身在课堂上应该扮演怎样的角色。课堂是学生学习知识的主阵地，教师在课堂上所起的作用是引导、启发、促进等，而不是简单地传授知识。同时，教师要以学生为主体，教师是教学过程中的引导者和促进者，而不是知识的授予者。其次，教师在课堂上要注意引导学生学习。这就要求教师要对自己的教学方法进行改进和创新，使教学过程更符合学生身心发展特点和认知规律。例如：在讲授化学平衡时，如果将传统教学法中"先求平衡"的思想进行改进，可以先让学生通过实验找出影响平衡移动的因素，再引导学生思考如何将这些因素转化为知识：可以从环境、时间、温度等方面考虑影响平衡移动的因素；可以从平衡移动方向、方向是否改变、改变程度等方面考虑影响平衡移动的因素；还可以从改变外界环境条件、改变物质状态等方面考虑影响平衡移动的因素。最后，教师要注重培养学生学习化学知识的兴趣。教师在课堂上要以学生为主体进行教学，而不是一味地将知识灌输给学生。教师应该采用多元化教学方法，调动学生学习化学知识的积极性。例如：在讲授有机化学中影响有机化合物稳定性的因素时，可以将不同种类、不同性质的有机化合物按照一定比例混合后放入水中或不同温度下进行实验；在讲授无机化学中影响无机物稳定性的因素时可以将一些无机物放到浓硫酸或浓硝酸中加热,再将其分别放在酒精灯上加热;在讲授物质结构时可以将物质先放入水中再放入酒精灯加热;在讲授化学反应速率时可以将反应物缓慢滴加到反应物中再逐渐滴加;在讲授金属活动性顺序时可以将金属分别放入稀硫酸、盐酸、稀硝酸中进行实验;在讲授氧化还原反应时可以将氧化性较强的物质和还原性较强的物质分别放入反应物中进行实验。通过多种教学方法充分调动学生学习化学知识的兴趣,使学生对化学知识产生浓厚的兴趣。教师还要注重培养学生良好的学习习惯和学习方法。例如:在讲授化学平衡移动时教师要引导学生学会利用图示来理解平衡移动;在讲授金属活动性顺序时要引导学生学会使用物质符号来表示等。

二、学生学习的指导者

传统的教学过程中,教师是课堂的主体,学生是被动的接受者。学生只有在教师的"指挥"下才能学习,这种教学模式压抑了学生学习的积极性,造成了学生被动地接受知识。新课改后,教师要积极引导学生参与课堂活动中来,成为学习的主体。教师要转变自己的角色定位,成为学生学习的指导者。

在教学中,教师要让学生敢于质疑、大胆质疑。对于一些较为复杂或者深奥的问题,可以让学生分组讨论或者让他们查找资料等。这样不仅可以培养学生敢于质疑、大胆质疑的习惯和能力,还能让学生学会思考,提高分析问题、解决问题的能力。

在教学中,教师要指导学生学习方法。传统的教学模式中,教师讲得多、做得少,这样做往往会导致学生思维不活跃、创新能力不强。所以教师要指导学生学会自主学习、合作学习和探究学习。比如在讲解钠与水反应时,可先给学生布置一个任务:在钠和水反应之前先找一个瓶子将钠放进去,再拿出一个试管放入少量的水,然后将该试管里加入浓硫酸;最后再将试管放在酒精灯上加热。让学生通过这几个步骤来做实验,并让他们讨论:为什么先放钠后加浓硫酸? 这样做有什么好处? 这样做会产生什么现象? 这些问题都可以让他们通过自己思考来解决。

在化学课堂教学中,教师要指导学生学习化学式、化合价等内容时采用小组合作的方式来完成;要指导学生书写化学式和方程式时应先列方程再计算;要指导学生总结化学方程式时采用分步计算的方式进行;要指导学生掌握化学用语书写中常用的规范用语。

比如在讲解钠与水反应时,教师可以先向学生提问:"钠与水反应是放热反应吗?"学生的回答可能是肯定的,因为钠与水反应时生成氢气;接着教师又问:那为什么不是放热反应呢? 同学们就会说钠与水反应时生成氢气需要很长时间。那么我们能否用排除法来判断呢? 这时教师可以引导学生从钠块有无颜色、钠块颜色是否鲜艳、钠在水中是什么状态(沉淀还是溶解)等方面来判断钠块有无颜色鲜艳等情况。通过这样的讲解,会让学生对钠与水反应有一个全面的了解。教师是学生学习路上的指导者、同行者、助力者和引领者。

三、课堂教学的组织者

(一)教学内容与生活实际相结合

教师要将生活中的化学知识和化学现象引入课堂教学中,使学生意识到化学就在我们身边。在讲元素周期律时,教师可以让学生将自己身边最常见的元素周期表卡片拿出来,告诉学生为什么这张卡片是按照原子序数顺序排列。通过教师这样引导,学生就能意识到元素周期表就是由原子序数排列而成的。再如,在讲到金属活动性顺序时,教师可以让学生自己通过生活中一些现象了解金属活动性顺序表。如铁很容易和酸性物质发生反应,而铜却很难发生反应,这是因为铁是金属活动性顺序表中第二位元素(第一位为碳)。这时教师可以组织学生进行讨论,得出铁不容易和酸性物质反应的结论。

(二)创设问题情境,激发学生的学习兴趣

在教学过程中,教师要善于创设问题情境,让学生带着问题进入课堂学习。化学课程标准明确指出:"化学是一门以实验为基础的自然学科。"[1] 如在讲金属活动性顺序时,教师可以让学生用金属钠和浓硫酸反应来判断钠和硫酸根是否在同一物质中。当学生学习到金属活动性顺序时,教师就可以提出一个问

题:"请问氢氧化钠溶液中如果发生了反应会有什么现象?"这样既激发了学生学习化学的兴趣和积极性,又让学生感受到化学就在我们身边。

(三)组织课堂讨论、合作学习等多种学习方式

在新课改中教师要让学生主动参与到课堂中来,学会自主探究、合作学习等多种学习方式。教师要善于组织课堂讨论和合作学习等多种学习方式,通过学生之间的合作学习来达到共同提高的目的。例如在讲化学平衡时,教师可以让学生自主讨论、合作交流以下问题:"在化学平衡中有哪些基本概念和基本理论? 在化学平衡中有哪些影响因素? 如何判断一个反应是否处于化学平衡状态?"等来进行讨论、交流和探究。

(四)开展实验活动,培养学生动手能力和科学探究能力

新课改背景下教师要转变教学观念,注重培养学生的实践能力和创新精神。在课堂教学中教师可以组织开展丰富多彩的化学实验活动。教师在开展化学实验活动时要注重让学生积极参与到实验中来,通过亲身实践来感知化学知识的内涵和价值所在;还要注重培养学生科学探究的意识和能力。化学实验是学生在教师指导下通过操作、观察、分析、推理等过程获取知识与技能的过程[3]。在开展化学实验活动时教师可以指导学生运用实验探究知识来解决实际问题。例如在讲到氯化钠时可以组织学生进行氯化钠和氢氧化钠反应的探究活动;在讲到硫酸铜溶液中加入铁粉后会发生反应时可以组织学生进行反应探究活动;在讲到金属活动性顺序时可以让学生通过实验探究来了解金属活动性顺序;在讲到氧气和臭氧的性质时可以让学生通过实验探究来了解氧气、臭氧、水三者之间的性质;在讲到元素周期律时可以让学生通过实验探究来了解元素周期律;在讲到氧化还原反应时可以让学生通过实验探究来了解氧化还原反应等。

(五)教师要充分发挥"组织者"和"引导者"的作用

在课堂教学过程中教师要引导学生进行探究学习,鼓励学生积极参与探究

活动,通过教师对问题的引导、启发和引导,让学生主动探索、主动发现、主动思考。教师还可以给每个小组布置探究学习任务,小组完成后再进行交流和讨论。

四、学生活动的参与者

新课程改革提出"教学过程是师生交往、共同发展的互动过程",教学中应重视学生的主体地位,充分发挥学生的主体作用,使学生真正成为学习的主人。教师要成为学生活动的参与者,就需要尊重学生的主体地位,充分发挥学生的主体性,积极参与到课堂教学活动中来。首先,教师要营造和谐民主的课堂氛围,建立民主、平等和谐、合作、交流和互敬互爱的师生关系;其次,教师要创造多种机会让学生自主学习和探究学习;再次,教师要提供多种方法和手段让学生自主学习和探究学习;最后,教师要尊重学生在教学过程中的主体地位。要保证教师成为课堂活动的参与者,就要把课堂还给学生。教师应该是课堂活动的组织者、引导者和参与者,而不是课堂活动中的主角。

（一）把课堂还给学生,教师从"主角"变为"配角",善于倾听学生的观点和见解,为学生提供表达的机会

教师要善于启发和引导,为学生提供探究的机会,培养学生的创新意识和创新能力;教师要善于肯定和表扬,鼓励学生敢于表达自己的意见,树立自信心,使他们在课堂上敢于提出问题、发表自己的观点和看法。

我们要把课堂还给学生,不仅是要求教师转变观念,而且要从各方面为学生提供学习机会和条件。首先要为学生提供一个宽松、民主、和谐的课堂氛围;其次要为学生创设一个平等、自由、开放、活跃的学习环境;再次要给学生提供足够的时间去思考、去探究;最后要让学生在教师引导下自主学习、合作探究。

这就要求教师认真研究教材,把教材和生活实际结合起来,为学生提供充分的学习材料,并通过不同的教学方法激发学生的学习兴趣。

（二）教师要引导学生自主学习，将课堂还给学生，让他们根据自己的兴趣和实际情况去主动学习

教师要提供给学生自主学习的机会，如让他们动手操作、小组合作探究，并通过实验、观察获得感性认识、调查访问获取资料等；教师要为学生自主学习提供各种条件，如教材内容的取舍，学习目标的确定，学习方法的指导，学习情感、态度和价值观的培养等。在教学过程中，教师要给学生充分的思考时间，让他们在自主探究、合作交流中促进发展；教师要给学生创造自主学习和探究学习的条件，如提供必要的仪器设备、实验材料、观察对象等，还要对学生进行有效指导，让学生在自主探究和合作交流中发现问题并提出问题、分析问题并解决问题；教师还要给予学生适当地点拨，帮助学生走出思维困境；教师要给予学生足够的空间和时间进行自主学习和探究学习以及自主学习的机会和空间。例如在化学课"认识水"中，让学生根据已有知识和生活经验自主提出问题："水是什么？水有哪些性质？为什么？"等等。教师可以引导学生发现问题，指导他们根据已有知识和生活经验自主提出问题。

（三）教师要组织教学活动，让学生参与到教学过程中来，不能把自己的想法强加给学生

学生的思维是没有定式的，每个人都有自己的思维方式和解决问题的方法。教师在教学过程中要尊重学生的思维方式，要把学生当作自己的朋友，鼓励他们多提问题、多想问题。当学生提出问题时，教师不要急于给出答案，要多给学生一些思考的时间和空间，让他们自己去解决问题。当学生解决不了问题时，教师不要急于批评他们，也不要急于告诉他们正确答案，而是要留给学生更多思考时间。在教学中教师要学会"等待"学生思考和回答问题；教师还要学会"等待"学生说出答案。同时，在教学过程中教师要善于把自己放在一个合作者的位置上来思考如何组织教学活动。当教师提出某一个问题时，教师应该事先准备一些与这个问题有关的资料、图片、实物等，这样有利于激发学生学习化学的兴趣。当学生提出疑问时，教师要及时解决疑问，让学生感到老师重视他。

在教学过程中教师不要轻易打断学生的发言或急于让学生回答,而是要鼓励他们去多想几个可能的答案。在教学过程中教师也要充分尊重学生对知识的理解和掌握情况。当学生对某一知识点或某一概念理解不清楚时,教师不要急于告诉他们正确答案。因为知识是不断发展变化的,只要使他们对知识有更深一步的理解并在这个过程中努力学习和思考就可以了。

五、课堂教学的监督者

新课改提倡的是自主、合作、探究的学习方式,也就是在教师指导下,学生在活动中要主动参与、积极探究。这一过程中,学生要有充分的时间去思考、探究,但是这样也会有一定的弊端,那就是学生不能很好地把课堂学习和实际生活结合起来。在素质教育下的课堂教学中,教师要为学生提供展示自我的平台,让他们有机会去表达自己的观点和想法。教师还要把课堂还给学生,让他们有机会在课堂上发表自己的观点和想法。这样不仅可以培养学生自主学习的能力、创新意识和实践能力,还能使学生形成正确的世界观、人生观和价值观。因此教师在课堂教学中要做好监督者的角色。对一些不遵守纪律、不认真听讲、不积极思考问题的学生应进行适当地提醒和制止;对那些积极参与课堂学习活动、敢于发表自己观点的学生要及时给予表扬;对那些敢于质疑问难、敢于发表不同见解的学生给予鼓励;对那些认真学习、认真听讲、积极思考问题的学生进行表扬和奖励。这样可以增强课堂教学的效果。

在素质教育的大背景下,化学课堂教学也要进行改革,教师要充分发挥其引导作用,提高学生的学习能力。因此,教师要做到以下几点:一是教师要树立正确的课堂教学观。课堂教学的最终目标是让学生掌握知识,因此教师在进行教学时要注重培养学生的能力和思维方式。二是教师要转变观念,改变传统的教学方式。在新课改的过程中,教师不能一味地去讲解、分析知识点,而是要培养学生自主学习、合作学习和探究学习的能力。三是教师要注重对学生情感态度、价值观方面的培养。新课改提倡自主、合作和探究的学习方式,这不仅可以激发学生学习化学知识的兴趣,还可以培养学生的创新意识和实践能力。

总之,在新课改背景下的中学化学课堂教学中教师要从传统教学模式中摆脱出来,实现角色定位和教学方式的转变。化学教师要做好课堂教学的监督者和引导者,同时也要做好化学课堂教学中角色定位和转变教学方式的引导工作。在新课改背景下开展中学化学教育工作时,教师还要注重对学生综合能力和科学素养的培养,使学生能够将化学知识和实际生活联系起来。只有这样才能在教学过程中发挥自身作用,为实现素质教育目标作出贡献。

　　教学是以教师为中心的主导活动,是教师与学生之间的一种双边活动。在教学中,教师要在完成"教"的任务的同时,还要完成"育"的任务,即要完成教育、培养学生的任务。教学过程是一个复杂的认知过程,教师是其中一个重要环节。教师不仅是知识的传授者,还是学生学习方法的指导者、学习兴趣的激发者、学习能力的培养者以及学习情感的促进者、学习心理品质的塑造者、新课改理念和实践的探索者。总之,教师作为一个教育者,除了要教给学生知识外,还要教会学生如何做人、如何做事。教师应该将新课程改革理念和新课程标准贯彻到教育教学中去。

六、学生学习过程中的"教练"

　　教师角色定位的最高境界是让自己成为学生学习路上的"教练",这也是对新课改下教师教学提出的要求。教师要将自己变成学生学习路上的教练,帮助学生解决学习过程中遇到的难题,培养他们的学习能力。

　　化学这门学科相对于其他学科来说,有很多比较抽象和深奥的地方。因此,教师在教学过程中要让学生充分地理解化学这门学科,对教学内容要有一个比较全面的把握和理解。在这个过程中,教师要尽可能地让学生自己去探索和发现问题,发挥学生自身的主观能动性,让学生成为学习过程中的主体。教师在教学过程中应该始终贯穿一条主线——探究与发现,这样才能使学生更好地掌握化学知识。

　　例如:在讲解"实验室制取氢气"这一节时,教师可以通过多媒体展示实验室制取氢气的装置图,然后让学生思考:为什么实验室制氢时要用到试管、锥形瓶、漏斗等? 通过这个实验过程可以得出什么结论? 并让学生将自己所学到的知识进行整理、归纳和总结。在这一过程中,教师应该充分发挥自身在教学中的主导作用,引导学生进行思考和探索。例如:在学习"钠在水中溶于水反应方程式"时,教师可以让学生先自主探究钠在水中溶于水后生成的产物,再让学生将自己所学到的知识与实际生活联系起来。教师可以先将钠放入水中,然后向水中加入酸或碱并搅拌一段时间后观察产物,看看产物是否会发生变化。这样就能让学生自己总结出钠在水中溶于水后生成氢气和氢氧化钠这个结论。当教师提出这样一个问题时,让学生进行小组讨论并交流自己的想法。这时教师就要发挥自己的引导作用了。教师可以先将溶液中和生成产物有关的元素知识整理出来并进行归纳和总结。经过小组讨论之后得出结论:钠在水中溶于水后生成氢气和氢氧化钠时会与酸或碱反应,反应的产物不是氢气和氢氧化钠而是氯化钠。最后再让学生对以上结论进行巩固将自己所学的知识运用到实际生活中。

教师在教学过程中要充分发挥主导作用,积极引导学生进行自主探究和合作学习。在这个过程中教师要扮演好自己的"教练"角色,不断地给予学生指导和帮助,引导学生自主完成学习任务。教师可以在学习过程中设置一定的问题情境或提出一些相关的问题,让学生通过自主探究和合作学习去寻找解决问题的方法和途径。在这个过程中教师要注意引导学生进行自主探究,让他们在实践中发现问题并解决问题。教师在这个过程中要充分发挥好"教练"角色,及时对学生进行指导、帮助和鼓励,让学生主动地去探究和发现。

七、学生心理健康的促进者

在新课程改革中,教师的角色定位也发生了很大的变化,传统教育中"师道尊严"的地位被打破,教师应成为学生心理健康的促进者。教师要将自己所承担的责任放在首位,为学生树立良好的榜样,关心每一个学生的健康成长。教师在日常教学过程中要善于发现学生的闪光点,多鼓励、多表扬,培养学生积极乐观、积极向上的态度。在教学过程中,教师要通过对学生进行情感教育,将化学学习与学生生活实际相结合,使学生在学习化学知识的同时体会到化学学科所蕴含的价值。教师还要注重与学生之间的情感交流和沟通,积极参与学生活动,主动了解他们在学习过程中所遇到的问题并帮助他们解决。

第二节 中学化学教师的专业知识和技能要求

中学化学教师的专业知识和技能主要包括:化学教学理论与方法、实验技术、信息技术、教育科学研究方法、教育心理学等。

中学化学教师的专业知识和技能是从事中学化学教学工作的基础与依据。只有具备一定的专业知识和技能,才能更好地为学生传授知识,才能更好地开展教学活动。随着我国教育改革的不断深入,对中学化学教师的专业知识和技能提出了新的要求。因此,中学化学教师在从事中学化学教学工作之前,必须掌握一定的专业知识和技能,才能适应新形势下对中学化学教师专业知识和技能的要求。根据我国国情以及社会发展对教育发展的要求,结合高中新课程改革对教师专业能力的要求,特提出以下专业知识和技能要求:

一、化学教学理论与方法

中学化学教师应该了解和掌握现代教育理论,特别是建构主义理论、情境认知理论和最近发展区理论,以这三个理论为基础,并将其运用于教学实践。这样,才能更好地将学科知识、学科思想和学科方法有机地结合起来,使教学具有科学性。

在化学教学中,教师应该熟练地运用现代教育技术,特别是多媒体课件的制作与运用。多媒体课件能将文字、声音、图像和动画等多种信息形式加以综合处理,以直观的形式向学生展示教学内容。因此,教师应熟练掌握多媒体课件的制作方法和应用技巧。在化学教学中,教师应该熟练地运用化学实验与化学模拟仿真技术来辅助教学。实验与模拟仿真技术是现代化教学手段的重要组成部分。化学实验与模拟仿真技术使化学教学过程中的演示实验和学生实验更为形象、生动和直观;学生在模拟仿真的情境中观察和体验科学现象,能够更好地理解和掌握相关知识;学生在模拟仿真的情境中还能认识新事物、产生新情感、形成新能力、获得新体验。

（一）化学实验的操作与演示

化学是一门以实验为基础的学科,化学实验对于学生学习化学具有重要意义。中学化学教材中安排了许多演示实验和学生实验,它们对学生学习化学起到了很大的帮助作用。这些演示实验和学生实验通常都是由教师讲解,并辅以简单的示范操作。教师通过这些演示实验和学生自己动手做的实验,可以帮助学生了解科学实验的方法和步骤,培养学生的科学态度和科学精神。在演示实验中,教师应该熟练地掌握所需仪器、药品和操作方法;在学生实验中,教师应该熟练地掌握所需仪器和操作方法。

此外,教师应该掌握一些特殊仪器的操作方法,如量筒、玻璃棒等。另外,教师还应该熟悉一些化学仪器的构造及功能,如试管、烧瓶等。同时,教师要熟悉常见物质的性质与用途;在学生实验中,教师应该熟练地掌握常见物质的性质与用途。在化学演示实验与学生实验中,教师应熟悉常见仪器的构造及功能;在化学演示实验与学生实验中,教师应熟悉常见物质的性质与用途;在化学演示教学中,教师应了解化学反应速率与化学平衡;在学生实验中,教师应熟练地掌握化学变化原理、反应速率和化学平衡。

（二）模拟仿真实验

化学模拟仿真技术是利用计算机对化学反应进行模拟仿真,并通过仿真实验展示出来的一种教学手段。它将化学实验和计算机模拟仿真技术结合起来,是一种全新的、更有效的教学方法,具有一定优势。如在讲"钠的性质"时,可以通过计算机模拟仿真,演示钠与空气中的氧气反应生成二氧化碳气体的过程;再如讲"金属活动顺序表"时,可以利用计算机模拟仿真,演示铁、铝、铜三种金属活动顺序表的内容。

中学化学教师应该熟悉化学模拟仿真技术和实验演示实验操作技术,并了解实验原理。这是因为化学模拟仿真技术是以化学原理为依据,以计算机为工具,结合相关实验操作知识而开发的一种辅助教学的有效手段。

（三）化学教学与化学模拟仿真的关系

化学模拟仿真技术是指用计算机或其他电子计算机等工具，按照一定的程序，通过输入和处理各种信息，对化学反应现象进行模拟，从而对化学反应的机理进行分析、研究、预测和控制的技术。化学模拟仿真技术是化学教学的重要手段，它可以应用于实验教学、多媒体教学和远程教育等方面。

化学模拟仿真技术是在化学教学过程中通过对实验现象和过程的观察，依据一定的理论和方法对有关现象或过程进行预测、验证或控制的一种计算机程序。它可以用于学生实验，也可以用于教师在实验室开展化学实验，还可以用于化学教学过程中对有关现象或过程进行模拟仿真。

化学模拟仿真技术在化学教学中的应用，能够提高教学效果和学生学习效率，节约教学资源和时间，突破时间和空间上的限制，打破传统实验中因操作、条件、安全等方面的限制，为教师提供与学生进行充分交流与合作的平台，激发学生学习兴趣，增强他们对化学学习的热情和主动探究和学习化学知识的兴趣。此外，利用模拟仿真技术还能提高教学质量、节约教学资源。例如，通过化学模拟仿真技术可以有效地避免因实验带来的环境污染等问题。因此，中学化学教师应该熟练掌握并熟练运用化学模拟仿真技术。

二、实验技术

中学化学教师应该了解化学实验的基本操作方法和要求，掌握一定的实验仪器的使用方法，以及常见仪器的结构和工作原理，能正确进行实验操作。

一是掌握常用仪器的使用方法。如：玻璃仪器的使用、试管、烧瓶、锥形瓶等。能正确地进行各种实验，包括基本操作和设计实验、实验方案的确定，以及处理数据等。

二是了解化学实验安全知识。了解化学实验安全操作规程和有关化学实验安全事故的应急措施等内容。

三是掌握化学仪器清洗和消毒方法，以及常见化学试剂的使用方法。

四是了解常见化学物质的性质（如：物理性质、化学性质）以及化学反应类型(如:氧化还原反应、复分解反应等)对教学效果和学生能力发展的影响。

五是了解常用仪器的结构及原理,掌握其使用方法和注意事项。了解常用仪器在测量中可能产生误差以及误差来源,掌握如何减小误差等。

六是了解常见实验仪器故障排除方法,并能运用这些知识排除常见仪器故障。

七是了解化学实验数据处理方法以及常用化学统计方法,掌握对数据进行统计分析和处理的基本方法及相关知识。

八是了解化学与社会发展之间关系的内容,能从不同角度分析、解释和应用化学问题。

九是了解科学研究中常用数据处理工具,掌握其使用方法。掌握科学研究中常用的数学知识与数学模型以及在教学中使用数学知识与模型的方法和技巧。

十是了解并掌握有关文献检索知识与技能,以及有关科研、科技论文写作等方面知识,包括文献检索、资料搜集、筛选等基本方法和技能。

三、信息技术

一是能熟练使用计算机,并对计算机的功能有一定的了解。

二是能运用现代教育技术对学生进行教育,并能利用现代教育技术培养学生学习化学的兴趣。

三是能够利用现代教育技术辅助教学,提高教学质量和效率。

四是能够利用现代教育技术进行教学评价,并对其方法和手段进行探讨。

五是掌握科学的评价方法,并能在化学课堂中应用科学评价的方法来对学生进行评价。

六是掌握化学学科教学设计的方法,并能利用教学的方法来进行化学教学设计。

七是具有一定的科研能力和信息检索能力,能利用计算机获取和处理信息,并能对信息进行分析与利用。

（一）知识方面

了解中学化学课程标准,熟悉高中化学教材,能将教材内容与其教学理论知识结合起来,掌握中学化学教育原理;了解中学化学课程改革的理论基础和发展趋势;了解现代教育技术、信息技术及相关学科的知识,并能将其运用到教学中;掌握一定的科学研究方法,并能在教学中加以运用。

了解和掌握中学化学教学的基本技能;了解现代教育理论和信息技术在教学中的应用情况;了解化学科学发展的现状及其在社会生活中的作用。

了解化学学科与其他学科之间的关系,对化学与环境保护、能源利用等社会问题有一定的了解,能通过学习相关知识和信息,对现实中出现的环境问题有所认识。

了解国内外教育改革的动态及发展趋势;了解有关教师专业标准及教师专业化理论、方法、技能等方面的知识。

了解与化学教育相关的法律法规,并能在教学中加以运用。

（二）能力方面

1.掌握中学化学教学大纲和教材,并能根据大纲和教材进行教学。

2.熟悉中学化学实验的原理和方法,能够利用化学实验开展教学活动。

3.掌握现代教育技术的应用,并能在教学中应用现代教育技术进行教学。

4.掌握课程标准、教材等的编写意图及编写原则,能在教学中渗透课程标准和教材的内容。

5.掌握学生认知心理发展规律和化学学科的特点,能根据学生的实际情况来组织课堂教学。

6.具有良好的心理素质,有较强的组织管理能力、人际沟通能力、自我控制能力以及心理适应能力。

四、教育科学研究方法

一是掌握教育科学研究的一般程序,包括提出问题、设计方案、收集资料和整理资料等环节。

二是了解教育科学研究的主要方法,掌握科学的调查方法。

三是掌握科学研究中常用的定性与定量相结合的研究方法,能够对有关实验和调查设计进行评价。

四是了解教育科学研究中常用的统计方法,能够根据所要调查和分析的问题设计出适当的统计方法。

五是能够对搜集到的资料进行初步整理,并对其进行综合分析,形成初步结论。

六是掌握教育科学研究中常用的文献综述方法,能够对调查结果进行归纳和整理,并形成初步结论。

七是了解教育科学研究中常用的教育叙事研究方法。能够根据研究需要,选择合适的叙事研究对象和叙事角度,设计恰当、合理、有效的叙事结构,并形成相应的叙事文本。

八是能够根据研究需要,选择适当的质性研究方法进行实验、观察和访谈;能够运用质性分析法对实验结果进行分析和解释;能够运用质性研究法对调查结果进行分析和解释。

(一)学科知识

1. 了解化学与人类社会发展的关系;掌握化学与生态环境的关系;了解化学在提高人的健康水平、保护人类健康方面的作用。

2. 了解化学在科学技术和社会发展中的作用;了解化学的研究对象及其与生命现象的关系;掌握化学反应速率和化学平衡的基本概念,了解平衡运动原理。

3. 理解化学平衡的特点;了解物质之间相互转化的条件,掌握物质在不同条件下变化的规律。

4. 了解化学在工业、农业、能源、国防等领域中应用的现状和趋势。

5. 了解有关化学反应速率、化学反应与能量变化关系等方面的知识;掌握化学平衡移动原理及其计算方法,理解离子反应发生的速率与溶液中离子浓度大小的关系,并深入理解化学反应速率与化学平衡状态之间的相互关系。

6.掌握水溶液中离子平衡及其有关计算方法;掌握酸、碱、盐类及其化合物性质变化规律。

7.了解中学化学教材编写中有关知识,理解化学与生活及生产中实际问题的关系。

8.了解中学化学教学设计基本方法,掌握在教学中应用多媒体技术进行教学的方法。能够运用文献综述方法对有关文献进行分类,并对有关问题进行综述;能够运用教育叙事研究方法对有关研究进行综述。

（二）学科教学知识

1.了解化学课程的性质与价值;了解化学课程的基本理念,掌握中学化学课程的内容体系。

2.掌握化学课程目标,熟悉化学课程标准中对课程内容、教学实施与评价的具体要求,了解中学化学教育、教学改革的基本趋势。

3.了解中学化学课程与现代科技以及社会发展之间的联系,了解现代科技对化学及教师职业的挑战,熟悉化学教育在国家人才培养中所起的作用。

4.掌握学生发展指导和信息技术与课程整合的基本理念与方法,了解新一轮基础教育改革中倡导的学习方式、教学方式和评价方式,掌握《普通高中新课程方案》和《普通高中化学课程标准》提出的教学内容和要求。

5.了解中学化学教学活动及化学学习活动的主要特征。

6.了解影响学生发展的因素,能根据学生身心发展特点、认知规律、情感需要,创设有利于学生发展的教学环境。

7.掌握学生学习成绩与其知识、技能、情感、态度与价值观等多方面因素之间的关系。

8.掌握评价教学效果和评价学生学习情况的基本方法;掌握评价教师教学行为和学生学习行为是否有效的方法;掌握评价课堂教学效果和学生学习情况是否有效的方法。

9.了解现代教育技术在课堂教学中应用和发展趋势,熟悉现代教育技术与课程整合中常用的技术。

10.了解影响教学效果与教师专业发展之间关系,掌握在中学化学教育中开展校本培训工作、促进教师专业化成长和发展学校特色的策略。

五、教育心理学

掌握教育心理学的基本理论和知识,了解教育心理学在中学化学教学中的应用;了解学习动机、学习情感、学习意志等与中学化学教学关系的相关理论。

一是了解影响学习的因素,如动机、兴趣、态度等,以及在教学过程中如何帮助学生树立正确的学习观;了解影响学习的各种因素之间的关系,如知识与技能的关系、智力与非智力因素之间的关系等。

二是掌握影响化学学习效果的因素,如学生在学习中会遇到哪些困难,这些困难是怎样产生的;学生在学习中会出现哪些问题,如何解决这些问题。

三是了解影响学生成长、发展的各种因素之间的关系,如学校教育与家庭教育、教师教育与自我教育之间的关系等。

四是了解影响学生心理健康和社会适应能力发展的各种因素。

(一)了解影响学生学习的各种因素,明确教师在教学中应当发挥的作用

教师应当根据学生的年龄特点和学习基础,遵循学生的身心发展规律,针对不同的学习内容和学习方式,引导学生形成正确的学习观、良好的学习动机、积极的情感态度,明确化学教学目标。引导学生树立正确的学习观,有助于使学生把提高化学成绩与对科学的热爱紧密结合起来。

教师在教学过程中要关注学生的态度、情感和意志,为学生提供更多参与社会生活、参与化学实践活动的机会;帮助学生树立正确的态度和情感,帮助学生养成良好的意志品质。

教师应当根据学生的特点和需要,创设有利于激发学习动机和培养良好学习态度、情感、意志品质等方面的教学情境,激发学生学习兴趣;创设有利

于培养良好学习方法的教学情境,帮助学生形成正确的态度和意志品质;创设有利于培养良好学习习惯的教学情境,帮助学生形成正确的态度和意志品质。

（二）了解影响学生学习的各种因素,教师能用教育心理学理论来分析学生在学习过程中出现的问题及原因

1.学生的学习动机,如学习动机的类型、影响因素、提高学生学习动机的方法等;

2.学生的兴趣,如兴趣产生的条件、培养兴趣的途径、激发学生兴趣的方法等;

3.学生的态度,如学习态度与学习效果、影响态度形成与发展的因素、端正学习态度的方法等;

4.学生的意志,如意志品质中坚强与软弱、坚定与动摇等方面;

5.学生的性格,如性格与良好个性心理品质之间的关系、性格对学习效果的影响等;

6.学生学业成绩,如学业成绩与学生学习动机、兴趣、态度等之间的关系。

（三）教师要了解现代教育技术在化学教学中的应用

1.了解现代教育技术对化学教学产生和发展作用,能根据学生年龄特点和化学课程内容需要选择使用现代教育技术进行化学教学。

2.掌握运用多媒体手段进行教学设计和教学组织实施中应遵循的原则,并能对具体教学过程进行反思。

3.了解多媒体教学中学生在课堂中和课后所遇到问题及解决方法,并能利用多媒体手段对所学知识进行巩固。

4.了解利用网络资源开展化学教育活动并对其进行评价。

5.多媒体在化学教学中如何应用以及应用中应注意事项。

6.了解信息技术在化学学科教学中课程资源建设、课堂评价等方面的运用。

7. 了解运用信息技术手段对学生学习效果进行评价与反馈的方法,并能分析这些方法与评价方法对化学课程改革所产生的影响。

（四）根据学生学习中出现的问题,教师能提出相应的教育措施和解决方法

1. 能根据学生的具体情况,设计适当的问题,指导学生学习。

2. 能根据学生在化学学习中出现的问题,有针对性地进行个别指导,帮助学生解决学习中出现的问题。

3. 能根据教学实践中遇到的具体问题,不断反思,总结经验,提高教育教学质量。

4. 能根据学生不同阶段发展的特点,有效地组织教学活动;能根据不同层次学生的具体情况,有效地指导不同层次学生学习;能根据学生发展变化的具体情况,有效地调控教学内容;能根据学生发展变化的具体情况,有效地调控教学方法。

5. 能根据不同层次学生的具体情况,设计不同层次、不同类型、不同水平的化学作业;能根据不同层次学生的具体情况,选择适宜的作业类型;能根据不同层次学生的具体情况,选择合适的作业时间和作业量。

6. 能在教学实践中不断地反思自己,总结经验;能在反思中不断地提高自己。

7. 能根据学校和家庭环境中出现的问题进行反思。

8. 能针对化学学科特点进行反思。

9. 能够在教学实践中对所教知识和技能进行反思。

10. 能够对自己进行反思;能够对所教内容和教学方法进行反思;能够对自己课堂教学目标制定、内容选择、评价方式等方面进行反思。

（五）根据学生的学习情况,教师能设计具有针对性和实效性的教学方案

1. 能根据学生的年龄特征和心理特点,分析学生的学习动机、学习兴趣、学

习态度等。

2. 能根据学生的实际学习情况,制定相应的教学目标。

3. 能根据不同学生的特点和化学学科的特点,采取适合其发展需要的教学方式、手段,提高学生的学习效果。

4. 能根据学生的个性差异,设计不同层次、不同难度和不同水平的教学内容,满足不同层次学生发展需要。

5. 能根据不同层次学生的学业成绩,制定与之相适应的评价方式和方法。

6. 能根据教学过程中可能出现的各种情况,及时调整教学过程。

7. 能根据自身发展和学科特点,对化学教师提出相应的专业发展要求。

8. 能运用教育学、心理学、教学论等知识指导自己的教学实践。

9. 能运用现代信息技术开展教学活动,运用现代信息技术进行教育教学设计、评价与反思。

10. 能在网络上或利用网络资源进行资源开发与利用,开展科研活动。

六、新的课程标准对中学化学教师的素质要求

《课程标准》在中学化学新课程深化改革的过程中明确提出了:"应该为老师创设更多开展教学和研究的机会,让老师在教学实践的过程中不断反思,促进教师的专业素质更好地发展。"这充分说明了新课程在深化改革的过程中不但要求化学教师转变教育观念,而且也对化学教师的专业素质发展提出了更高的要求。在现代素质教育的实施过程中,教师是重要的实践者,所以中学化学教师应该不断提升自己的综合素质,以便更好地满足新的课程标准。基于此,《义务教育化学课程标准(2022年版)》着重探究新的课程标准对中学化学教师的要求,从而推动新课程改革更加顺利的进行。

(一)树立良好的思想观念

化学教师素质发展的一个非常重要的标志就是树立了良好的思想观念,这也是推动新课程改革顺利进行的重要条件。这样在基础教育课程深化改革的背景下,首先教师要热爱自己的教育职业,明白自己的教育责任,充分认识中学

化学进行新课程深化改革的重要性和必要性。始终以饱满的热情和勇气去迎接新的挑战,从根本上改变以往的教学观念和教学模式,深入领悟中学化学新课程改革的基本理念。同时,还需要深入认识到"学生未来发展""科学素养""个性发展"等重点词汇的深刻涵义,以便紧密结合中学化学课程的目标更好地实现教师的角色转换,合理调整自己的教学行为。

在中学化学新课程深化改革的背景下,教师的角色发生了较大的变化,其不仅扮演着知识的输出者,还是引导学生自主学习的领路人;是学生获取知识的给予者,也是学生掌握正确学习方法的重要促进者;是需要终身学习的人,也是落实中学新课程改革的重要实践者;是践行因材施教的重要者,也是在教学实践过程中开发新型教学策略的重要研究者。在当前中学化学新课程深化改革逐步深入的背景下,部分教师依然无法满足中学化学实质性改革的需要,其主要原因就是教师尚未转变教学思想观念,忽略了自身在中学化学新课程深化改革中所发挥的主导作用。由于教师是新课程标准落实的重要原动力,所以需要他们从思想观念上更加充分地认识新课程理念、教学模式的应用和教学评价体系的构建,从而将自己在中学化学新课程深化改革中的主导作用充分发挥出来。

（二）拥有广博的知识与素养

化学是一门应用性较强的学科,所以在中学化学教学大纲的编制过程中,从数学、语文、物理等多个方面对学生的化学知识与能力提出了更高的要求,这也充分反映出了现代科学技术对化学专业性人才综合素质的要求。为了更好地满足这个要求,需要教师在日常教学过程中巧妙地利用数学物理方法来解决化学问题,并能够应用简捷、明了、准确和精炼的语言文字来表达化学教学过程中存在的问题。这样通过将多个学科的知识点应用到中学化学的日常教学过程中,有利于让学生掌握科学的探究方法和知识,从而达到增强自身素养的目的。

1.数学思维和物理模型

在当前中学化学的教学过程中,很多问题可以利用数学、物理方面的知识点来进行解决,所以在新的课程标准下,需要化学教师具备良好的数学思维,建构完整的物理模型。例如,在学习"四中基本反应类型与氧化还原反应的关系"的知识点时,可以将数学中的集合知识渗透其中,见图1。

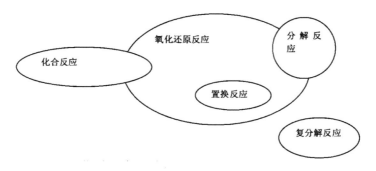

图1　化学反应的关系

针对上图的化学反应关系,当 A =(氧化还原反应)、B =(置换反应)、C =(复合分解反应)、D =(化合反应)、E =(分解反应),对于这几个概念有的是交叉关系,而又有的是包含关系,即 B 是 A 的子集,A 与 D、A 与 E 是交集,所以可以通过应用集合的概念来突破这个教学难点,从而取得良好的教学效果。

又例如,在学习"比较电解质溶液的导电能力"的知识点时,教师则可以将物理中的电路知识渗透进去展开教学;在学习"气体摩尔体积"的内容时,教师可以渗透物理学科中的气体状态方程知识点;在"焰色反应"的知识点学习过程中,由于与物理中的光本性存在紧密的关系,所以教师可以合理地将光本性的知识点应用进去;在学习"海水淡化"的知识点时,教师可利用蒸发原理进行讲解;在学习"氢弹、原子弹和作核反应堆的燃料"时,教师可巧妙地将物理中的核反应的知识点融入其中;在学习"化学键、分子间的作用力"时,可以将物理中的熔点和沸点关系结合起来。因此,在中学化学课堂的实际教学过程中,需要教师合理地将这些知识点深入浅出地应用到化学的各个概念讲解中,以便学生更加深入地掌握化学知识点的概念,逐步拓展自身的知识面。但是,为了达到这样的教学目的,需要教师通过多种途径进行学习,逐步巩固自身对数理知识的掌握程度,最大限度提升自己的综合知识和能力。只有教师具备广博的知识与良好的素养,才能更好地满足新课程中学化学改革对教师的要求。

2. 哲学思维与辩证唯物论

化学这门学科具有较强的哲学性,很多知识点都凸显了矛盾的关系,而物质与意识属于第一性与第二性的观点,其不仅是一种对立统一的辩证观点,而且也是一种质量互变的观点。例如,"化合与分解、氧化与还原、酸性与碱性、酯化与水解,以及消去与加成"等知识点;又如:在学习"钠这种还原性非常强的金属元素时,是否能够将铜从硫酸铜溶液中置换出来呢?"为了让学生能够对金属活动的顺序有深入、全面、科学的认识,以及任何的一个规律都不是绝对的,而是具有一定条件的辩证唯物主义的观点,便需要教师具备良好的哲学思维与辩证唯物论,从而更好地应对日常教学过程中出现的问题,有效提升化学课堂教学的效率。

3. 文学与艺术素养

化学这门学科的知识综合性较强,所以中学化学课堂教学是具有较强创造性的艺术。例如,针对电子互斥关系拟人化、原子轨道形象化和化学反应现象魔术化等内容,由于所涉及的概念都具有较强的抽象性,因此在教学过程可灵活利用文学研究中的修辞手法进行生动形象的描述。然而,教学语言在应用的过程中也需要拥有高素质的文学素养,所以一堂生动的化学课堂也蕴含着非常丰富的文学内涵。新的课程标准中需要中学化学教师能够将理性思维模式与艺术思维方式紧密结合起来,这是一种非常宝贵的财富。教师可通过进行书法、绘画、音乐和摄影来提升自己的艺术气息,努力提升自身素养。在今后的化学教育过程中,教师除了能够应用直观的教育来进行辅助教学之外,还要将现代化的教学手段应用于中学化学课堂中。因此,在新课程深化改革的背景下,教师应具备较强的文学与艺术修养,才能让整个化学课堂的教学效率达到最优化。从这个角度分析,化学教育科研能力是新时期老师的一个重要的特征。这种能力主要指新的教学方法、基础探究能力、应用研究能力和发展研究能力。社会需要高素质人才,而高素质人才又需要接受教育,所以教育需要高素质的教师。

（三）拥有较高的情商

在新课程深化改革的背景下，教师不再是课堂教学过程的统治者，而应该与学生共同打造高效课堂，与学生一起学习、感受教育的乐趣，站在学生的角度进行互动探究，为学生创设平等交流情景中的重要裁判。这需要老师在课堂教学的激励争论中坚持做"首席"，努力扮演好帮助学生解决问题的"活字典"，以及接受学生挑战的"应战者"。同时，还应该努力成为学生学习化学知识的良师，以及日常生活的益友，尊重每一位学生的尊严，合理应用赏识教育，逐步强化对学生的思想教育。

一位教师拥有广博的知识也不见得能够回答学生在课堂中提出的所有问题，但教师可根据实际要求对学生的实际学习和生活提出独特的建议。因此，在中学化学新课程深化改革的过程中，需要教师具备敏锐的发现力，关爱学生，及时发现学生到底什么时候需要什么帮助，更好地满足新课程深化改革背景下对化学教师的素质所提出的要求。

总而言之，在新课程深化改革的背景下，需要中学化学教师具备良好的思想观念、拥有广博的知识与素养、拥有较高的情商，才能够更好地满足对老师提出的要求，从而有效提升中学化学教学的效率。

六、其他

中学化学教师要具备一定的专业知识和技能，但这只是化学教师必备的基本条件，不是充分条件。在实际工作中，中学化学教师要根据自己的教学实际，不断地充实和提高自己的专业知识和技能，以满足学生发展对化学教学的需要。

同时，由于不同地区、不同学校、不同学科的学生在学习情况和发展水平上存在差异，所以在实际教学过程中，化学教师还需要针对不同情况进行相应的调整。如：对于学习基础好、接受能力强、学习态度端正、学习成绩优异的学生，在进行化学知识的讲授时可以适当减少一些内容；对于学习基础差、接受能力较差、学习态度不端正、学习成绩不理想的学生，可以适当增加一些内容；对于一些特殊情况如家庭经济困难或其他原因造成学习上有困难的学生,在进行化学教学时可以适当增加一些教学内容等。

第三节　中学化学教师的教育理念和价值观

随着课程改革的深入,化学新课程的教学理念已深入人心,但教师对这些新的教育理念和价值观的理解和认识还不够。首先要明确教师在教学过程中应树立怎样的教学理念,如何培养学生的科学素养。其次,还要明确教师应树立怎样的价值观。如果没有明确的教育理念,教师就不会在教学过程中对学生进行价值观教育,也就不可能在教学过程中有目的地对学生进行科学素养的培养。那么,怎样才能树立科学、合理的教育理念呢?

一、更新教学观念

随着教学改革的不断深入,在化学教学中出现了很多新的教学理念。如:以学生为主体、以发展为中心、以培养学生的创新能力为核心等,这些新的教学理念为我们在教学过程中确立了新的目标。但在实际的教学中,许多教师仍没有完全转变传统的观念,沿袭着传统的教学模式,只会一味地向学生灌输知识,而不去培养学生的创新能力,从而导致了学生对化学学习兴趣不高。

作为一名教师,要想在课堂上真正地激发学生对化学学习的兴趣,就要摒弃传统观念中对知识灌输、机械记忆等不合理的部分。教师只有树立了新的教育理念,才能从根本上提高课堂教学效率。在教学过程中,教师要注重培养学生自主学习、探究学习和合作学习的能力。例如:在实验室进行一些基本操作技能训练时,教师可以通过演示实验和分组实验来提高学生的学习兴趣。在学生实验操作中教师要引导学生仔细观察实验现象,学会正确使用仪器等。这些都能让学生感受到科学探究过程中所带来的快乐。

（一）以学生为主体，培养自主学习的能力

在传统的教学模式下，学生只是被动地接受教师所传授的知识，而在这种教学模式下，学生是被灌输知识的对象，他们不能自主地去思考和探索。这样只会导致学生对化学学习产生排斥感，从而对化学学习失去兴趣。所以在教学过程中，教师要坚持以学生为主体，使学生成为教学的主体。只有这样，才能使学生积极主动地参与到课堂中来，才能真正激发出学生学习化学的兴趣。例如：在化学实验的教学中，教师可以设置一些开放性的问题，让学生自主地去回答。例如：在讲"酸与碱"这节内容时，教师可以将课本上的实验题目给出，让学生自己去设计实验方案。这样既可以培养学生自主学习的能力，又能使课堂教学更具有趣味性。同时，教师还可以引导学生从不同方面去思考问题。教师也可以在课堂上把设计好的方案拿出来给学生展示并让他们进行讨论。这样不仅可以培养学生自主学习的能力，还能提高他们的创造力和想象力。

总之，在化学课堂中教师要鼓励学生大胆地去想象、去探究、去发现问题、去解决问题。只有这样才能激发出学生对化学学习的兴趣，从而使他们变被动学习为主动学习；只有这样才能提高课堂教学效率，让课堂教学真正达到高效课堂的要求。

（二）激发学生的学习兴趣

兴趣是最好的老师，一个人只有对某一事物产生了浓厚的兴趣，才会全身心地投入其中。因此，教师要注重培养学生学习化学的兴趣。例如：在讲完"二氧化碳的实验室制取"这一节内容时，教师可以先给学生介绍二氧化碳是地球上含量最丰富的气体，它是我们人类赖以生存的重要物质。但是在我们身边却没有多少人真正了解过二氧化碳，我们也无法用化学方法来制造二氧化碳。所以说，学习化学知识是人类认识世界、改造世界的重要工具。学生通过学习化学知识就能够了解到各种物质之间存在着千丝万缕的联系。学习化学知识还能提高我们观察问题和解决问题的能力，因此学生们对学习化学有了浓厚的兴趣。如果学生对所学的知识不感兴趣，即使教师讲得天花乱坠，也不可能引起

学生的高度重视。因此,在课堂教学过程中教师要注重从不同方面激发学生学习化学的兴趣,如:用实验现象来激发学生对化学知识的好奇心;用多媒体技术来演示各种化学反应;用故事来激发学生对化学知识的求知欲等。

(三)注重培养学生的创新精神和实践能力

化学是一门以实验为基础的学科,所以在化学教学中,教师要注重对学生进行实验技能训练,让学生通过观察实验现象,理解实验原理并学会正确的操作方法,同时还要让学生在实验的过程中学会质疑和创新。例如:在对实验室制取氧气的实验教学时,教师要通过引导学生观察实验现象,了解气体是如何发生变化的,通过这样的方法来培养学生的创新意识。又如:在对实验室制取氢气的操作技能训练时,教师要让学生掌握从试管中放出氢气后如何收集到试管底部的方法,同时还要让学生学会如何判断氢气是否已经收集到试管底部。通过这样的方法来培养学生的实践能力。当然在教学过程中也会遇到一些问题:有的教师在课堂上不能有效地引导学生开展探究活动,这就使得学生很难在课堂上得到充分锻炼。因此作为教师要注重发挥好主导作用和主体作用,要从整体上把握教学内容并灵活地加以运用。教师还要通过设计探究问题、引导探究活动、组织讨论和指导探究活动、指导评价探究过程等环节来优化教学过程,培养和提高学生分析问题、解决问题的能力。在对实验教学进行指导时要让学生通过实验操作来了解实验原理和操作方法等。因为化学是一门以实验为基础的学科,所以教师要充分发挥好主导作用,让学生在学习中通过合作探究来学习化学知识,这样才能调动学生参与学习的积极性和主动性。

二、更新知识结构

现代社会需要有文化知识、实践技能、创新精神和人格魅力的新型人才,而教师作为培养人才的"人类灵魂工程师",更需要有一个较高素质的知识结构。"学高为师,身正为范",这是我国历来就有的教育传统,也是新时代对教师提出的基本要求。从根本上说,"师德"是教师素质的灵魂。然而,随着时代的发展、科技的进步、教育改革的不断深入,新课程改革对教师提出了更高的要求。为此,作为一名合格教师必须要有较高素质的知识结构。

化学学科具有综合性、实验性、实践性和应用性等特点,这决定了化学学科知识结构具有相对独立性。因此,化学教师要在不断更新自己知识结构的基础上提高教育教学水平。如:了解化学新课程改革的理念,学习掌握新课程标准,熟悉与化学有关的信息技术和网络技术;了解中学化学教学中可能遇到的困难及解决办法,熟悉与中学化学有关的新知识和新技能,掌握化学教育科学研究方法等。只有这样,才能培养学生良好的科学素养。

此外,教师还应具备良好的心理素质,面对新课程改革时,要能够主动适应社会对教师提出的高要求。作为一名合格教师必须具备较强的社会适应能力、自我发展能力和终身学习能力。

(一)社会适应能力

随着新课程改革的不断深入,基础教育面临着深刻的变化。社会对教师的要求也在不断地提高。教师要具备良好的社会适应能力,就要做到:热爱祖国、热爱社会主义,坚持四项基本原则;树立正确的世界观、人生观、价值观;具有高尚的思想道德品质和职业道德;热爱教育事业,具有献身教育事业的精神;具有团结协作精神,有良好的人际关系;具有开拓创新精神,适应新时代、新形势、新任务对教师提出的更高要求。如:善于沟通交流,理解、关心、尊重学生,有良好的人际关系,具有团结协作精神等。只有这样,才能有效地应对新课程改革带来的各种挑战和困难,才能使自己适应基础教育改革对教师提出的更高要求。

(二)自我发展能力

教育的任务是培养全面发展的人,除了需要学校教育的努力外,更要提高教师自身素质。一个教师能否成为一名好教师,取决于他是否能不断地发展自己、完善自己、超越自己,提高自身素质。化学教师要努力做到以下几点:一是具备一定的化学教育理论水平。教师只有不断学习教育理论,才能掌握现代教育技术,具备现代教育教学方法,并在实际教学中不断积累经验、总结经验,提高自己的教学水平;二是具备较强的科学研究能力。教师必须学会研究教育教学中出现的问题,并能采取科学有效的方法解决问题;三是具备较强的综合素质。如:组织能力、沟通能力、语言表达能力、表达技巧、管理能力等。

(三)终身学习能力

教师终身学习能力是指教师对终身教育思想和理念的认同与实践。对于教师来说,终身学习既是一种义务,又是一种责任。一名合格教师应具有学习的主动性,要具有一种积极进取、永不满足、不断追求卓越的精神。一名合格教师必须要有终身学习的意识,并具备一定的终身学习能力。首先要能不断更新教育观念,转变教育思想,树立正确的教学观、学生观和质量观。其次要能够适应时代发展,不断学习新知识、新技能,掌握现代信息技术和网络技术;同时还要学会利用各种媒体进行学习,为学生提供丰富多彩的教育资源,满足学生不同层次的学习需求;最后要善于积累经验,善于总结自己的成功和失败经验,不断提高自己的教学水平。这也正是新课程改革对教师提出的基本要求。

三、更新教育理念

随着新课程改革的不断深入,教育观念的更新已成为当前教师最大的挑战。只有树立新的教育理念,才能顺利实现教学目标,培养出适应社会发展需要的合格人才。教师要想树立新的教育理念,首先必须对现代教学有一个全新的认识,理解其本质、内涵和基本特征,即现代教学是一种以知识为中心而向以能力为中心转变、以传授知识为主要目标而向以培养能力为主要目标转变、以传授知识为主要手段而向培养学生终身学习能力和发展能力转变、以静态知识传授为主要内容而向动态知识传授和过程学习转变、以教师"教"为主体而向学生"学"为主体转变。只有这样,才能树立起新的教育理念。

在教学中,教师应认真地领会这些理念,并在教学实践中不断地更新、完善。同时,教师也要不断地提高自身的素质,与时俱进,把新的教育理念真正落到实处。在新课程改革下,只有不断学习新知识才能满足不断变化的教学需要。只有不断更新教育观念,才能在教学中实现新课程改革的目标。

（一）提高自身素质

新课程改革的一个重要特征就是教师与学生一起成长，共同进步，教师既是学生的导师，又是学生的朋友。教师不能只把自己定位在"传道授业解惑"上，而是要把自己定位在与学生一起成长，一起共同进步。因此，教师首先应提高自身素质。新课程改革下，教师需要不断地学习新知识，更新知识结构。在教学过程中，教师应自觉地运用现代教育技术和教学方法，激发学生的学习兴趣，引导学生自主学习、合作探究、实践创新。同时要树立终身学习的意识，努力学习现代教育理论知识和先进的教育教学理念。还要善于学习新课程改革的先进经验和其他先进地区的教学经验。在教学中要不断地改进自己的教学方法和教学手段，采用灵活多样的教学方式和方法。在注重学生能力培养的同时，还要注重培养学生良好的心理素质。因为良好的心理素质是学生主动学习和积极思维的基础。同时教师还应注意自身人格魅力对学生所产生的影响。教师应该有高尚而又无私的人格魅力，良好的心理素质是教师具备较高教学能力和水平的重要基础条件之一。

另外教师要注重自身修养，养成健康良好的生活方式。现代社会知识更新速度加快，教师必须有终身学习、终身教育、终身发展之心。只有这样才能跟上时代发展的步伐，才能满足教学中不断出现的新的要求。因此教师必须具备良好心理素质和人格魅力、健康向上、热爱生活、积极向上、热爱自己所从事的工作、热爱教育事业。

（二）教学中要发挥学生的主体作用

教师在教学中的作用是把教材和学生的生活经验联系起来，让学生成为学习的主人。教师在教学中要充分发挥学生的主体作用，让他们参与到课堂教学中来，引导学生主动探究知识，并在探究过程中获得新知识。同时，教师还应该引导学生主动发现问题、提出问题、分析问题和解决问题，激发学生的创新思维。然后在小组内进行合作交流，看哪一个小组能设计出最佳实验方案。对于这一设计方案，教师可以适当加以引导，让小组成员发表自己的观点。这时，教师不能只进行"导演"工作,而是要给学生提供"导演"工作的机会和平台,让学生真正成为课堂教学中的"导演"。教师应该给予学生充分的时间和空间去探究、去发现、去解决问题。这样既锻炼了学生解决问题的能力和合作精神,又激发了学生的创新思维。通过这样的活动,学生会加深对所学知识的理解和掌握。

(三)在课堂上,教师要成为学生学习的组织者和引导者

在新课程改革中,教师的角色发生了转变,从传统的知识传授者变为学生学习的组织者、引导者。在课堂上,教师不能再以居高临下的姿态,而是要做一个"有心人",用自己的真情去感染学生、启发学生、诱导学生,让学生在学习中"活"起来。在课堂上要努力构建开放、民主、平等的教学氛围,努力构建和谐融洽的师生关系。只有这样才能使学生在和谐宽松的氛围中得到充分发展。同时教师还要善于营造轻松和谐的教学环境,让学生在轻松愉快的氛围中学习。例如:在化学实验教学中,教师要尽量引导学生对实验现象进行观察和思考,让学生获得直接经验或间接经验,并对这些经验进行归纳整理。如在讲"溶液浓度与溶解度"时,教师就可以指导学生通过观察和比较不同溶液、不同浓度溶液和不同温度条件下的溶液体积变化,来比较溶质质量分数与溶液体积的关系;或者让学生通过比较各种盐溶液溶解度随温度变化曲线等实验活动来比较离子浓度对溶液性质影响的大小等。这样就会使学生感到化学实验既有趣又有意义,从而激发起学习化学知识的兴趣。

四、更新教学评价方式

(一)在教学中,我们应从多方面、多角度考查学生学习情况

传统的化学教学评价,主要是以学生考试成绩为依据,这种评价方式忽视了对学生学习过程的考查。在新课程标准下,我们应根据不同的教学内容和学生的实际情况,制定相应的评价标准。例如在课堂教学中,我们可以采用"过程性评价"与"终结性评价"相结合的方式,全面考查学生学习情况。通过课堂观

察、作业批改、考试等多种途径，了解学生对知识掌握情况。在学习过程中，我们可以通过实验、观察、调查、参观等方式了解学生对化学知识的理解和掌握程度。在学习过程中，我们可以根据实际情况，设计一些综合性较强的实践活动来考查学生学习情况。在实践活动中，我们要注重培养学生的参与意识和团队协作精神。同时要注意对实践活动进行必要的指导和评价，以确保实践活动顺利开展。

（二）对学生学习过程进行评价时，我们应注重评价学生的学习方法、学习能力及态度等方面的变化

例如，在进行"探究氧气的实验室制法"教学时，教师可以在课前向学生提出以下问题：①从实验中你知道什么？②你准备怎样做？③你有哪些不同的想法？④实验过程中还有什么困难需要克服？⑤通过实验，你能获得哪些结论？说说你的发现。

在教学评价中，我们应改变过去以知识、技能的掌握为主要评价目标的做法，充分发挥评价的导向、诊断、激励作用，促进学生在原有基础上得到尽可能大地发展。教学评价不应只关注学生学业成绩的好坏，而要更多地关注学生的学习过程，关注他们在学习过程中的表现和变化。教学评价应有助于帮助教师发现问题和解决问题，帮助学生形成良好的学习习惯，提高学习能力；帮助教师改善教学方法，使教学方式多样化，能够促进教师转变教学理念和教育观念，改善教育行为。还有助于教师和学生对课程标准的理解和把握，提高教学效率，增强课堂教学效果。

在化学新课程改革下，教师要不断更新自己的教育理念和价值观，全面提高自身的综合素质。只有这样才能真正做到在化学课堂中贯彻新课程标准、落实新课程改革理念。作为化学教师要改变以往"教教材"的做法，树立正确的价值观、质量观和人才观。新课程标准明确要发展学生核心素养，培养学生健康身心、科学思维、创新意识和实践能力，要建立新型师生关系，要更新教育理念和价值观等。作为化学教师要把这些理念落实到平时的化学课堂中去。

（三）在教学中，我们应注重对学生学习结果的评价，而不是关注结果的好坏

传统的化学教学评价，往往只注重结果，即考试成绩。考试成绩固然重要，但不能忽略对学生学习过程的评价。因为只有对学生的学习过程进行评价，才能知道他们是否达到了教学目标。而教学目标是一定的，不是凭空产生的，它需要通过一定的教学活动来实现。如果忽略了学生学习过程的评价，那么学生就不会知道自己学到了什么、掌握了多少。传统教学评价只关注结果，没有把过程作为重要因素考虑进来。新课程改革要求教师改变以往只重视考试成绩的倾向，改变只重视分数的倾向，教师要更多地关注学生在学习过程中的进步和发展。

新课程改革下的教学评价应该是一种全面的评价，既要考虑到知识与技能、过程与方法、情感态度与价值观等方面，也要考虑到学生在学习过程中的情感体验和进步情况等方面。只有这样才能更好地反映出学生是否达到了教学目标和要求。在教学评价中要注意以下几点：一是要将结果与过程结合起来，重视学习结果；二是要把终结性评价与形成性评价结合起来；三是要重视教师对学生学习过程、方法及态度等方面的评价。

在化学教学中实施素质教育是一个长期而艰巨的任务。作为教师必须努力提高自身素质，更新教育理念、更新知识结构、转变教学观念、转变教育思想和观念。只有这样才能适应新课改下教育教学工作的需要。

（四）在教学中，我们要注重评价学生对知识和技能的掌握情况，同时也要关注学生在学习过程中所表现出来的态度、能力和情感等方面的变化

在化学教学过程中，我们应注意采用多种评价方式，如学生自我评价、学生小组评价、教师评价及家长评价等。通过多种评价方式的综合运用，能全面反映学生对化学知识的掌握情况，也能反映出学生在化学学习过程中的态度、能力和情感等方面的变化。通过这种综合评价，可以进一步培养学生的创新意识

和实践能力。教师在对学生进行化学教学评价时,应特别注重发挥自我评价在化学教学中的作用。教师要对自己的教学行为进行反思,并根据反思结果制定符合自己实际情况的教学目标和教学计划,还要树立终身学习意识,不断更新知识,提高自身素质和能力。在日常教学工作中,我们应树立终身学习的思想,不断地完善自我,提高自己各方面的能力。

在新课程改革中,教师作为学生学习的引导者和组织者,不仅要以新课程标准为依据,而且要以学生身心发展规律为依据,只有这样,才能全面提升教师自身素质和能力。教师要不断地进行自我反思、自我探究、自我总结、自我提高,才能更好地适应新课程改革和时代发展的要求,适应学生发展的需求。

(五)对学生学习结果的评价,应该包括平时学习过程中的表现,也包括课堂上的表现以及课后作业完成情况等

对学生学习结果的评价,我们应注重对学生学习方法、能力及态度等方面的评价,关注他们在学习过程中所表现出来的变化和发展。教学评价方式应体现多元化,重视对学生学习结果的评价。同时,还应建立科学的、全面的评价体系,要注重过程评价和终结性评价相结合,形成性与总结性相结合。在教学评价过程中,我们还应充分体现以学生为主体的教学思想,鼓励学生参与课堂讨论、探究活动。在教学过程中,我们要充分调动学生学习化学的积极性和主动性,使他们积极主动地参与到课堂教学中去。让学生在教师的引导下,积极参与到课堂讨论和探究活动中去,将化学学习变成一个有趣的过程。让他们在实践中体会到学习化学的乐趣。

五、提高教师自身素质

作为一名化学教师,除了要具备较高的专业知识外,还要具有良好的职业道德和丰富的人文素养,这样才能赢得学生的尊重。否则,教师只是一个教书匠,在教学过程中没有任何成就感,这样的教师是不可能真正提高学生的科学素养的。

　　因此,教师要不断提高自身素质,成为一个具有人格魅力、具有良好职业道德和丰富人文素养的教师。这就要求我们平时要注意以下几个方面:一是要加强自身修养,不断学习新知识;二是要尊重学生、爱护学生,做到"亲其师而信其道";三是要了解学生、理解学生、关爱学生;四是要培养自身的人文素养。只有这样,才能在教学过程中充分体现新课程"以人为本"的教育理念和培养学生科学素养的教学价值观。

第二章 中学化学教师培养的理论基础

中学化学教师培养的理论基础是教育学和化学学科的融合。教育学提供了教学原理和方法的理论支持,而化学学科则提供了教学内容和实践应用的基础知识。中学化学教师需要将这两个领域的知识融合起来,有效地传授化学知识并培养学生的科学思维和实验技能。

在教育学方面,中学化学教师需要了解教育心理学、教育方法学和教育评估学等相关理论。他们需要了解学生的认知发展和学习特点,以便根据学生的不同需求和兴趣制定合适的教学策略。他们还需要了解有效的教学方法和技巧,如启发式教学、探究式学习和合作学习等,以激发学生的学习兴趣和主动性。此外,中学化学教师还需要掌握教学评估的方法和工具,以便准确地评估学生的学习成果和提供有针对性的反馈。

在化学学科方面,中学化学教师需要掌握化学的基本概念、原理和实验技术。他们需要了解化学的各个领域,如无机化学、有机化学和物理化学等,并能将这些知识有机地整合到教学中。他们还需要了解化学实验的安全操作和实验设计,以确保学生在实验中的安全和有效学习。此外,中学化学教师还需要了解化学的应用领域,如环境保护、药物研发和材料科学等,以便将化学知识与实际应用相结合,培养学生的科学素养和创新能力。

中学化学教师培养的理论基础是教育学和化学学科的有机结合。只有掌握了教育学和化学学科的理论基础,中学化学教师才能更好地给学生教授化学知识,培养学生的科学思维和实验技能。通过注重理论的学习和实践的磨砺,中学化学教师将能够在教育事业中发挥更大的作用,为培养具备化学素养和创新能力的青年作出贡献。

第一节　教育心理学在中学化学教师培养中的应用

在教育心理学中,有一项十分重要的内容是教育心理学与课程论的关系,这是一门涉及教学内容和教学方法的科学,对于提高教师的教学能力有着非常重要的作用。近年来,随着我国教育事业不断改革与发展,化学课程也不断改革。这就需要中学化学教师能够及时了解学生的学习情况,进而及时调整自己的教学方法与手段,以更好地提高教学质量。在这一过程中,教育心理学发挥着非常重要的作用。

教育心理学主要研究学习心理、认知心理、心理健康等方面问题。其中教育心理学在中学化学教师培养中的应用,主要是通过对中学化学教师进行学习动机、学习策略以及认知结构等方面的分析,从而达到培养中学化学教师良好教学行为和教学能力的目的。

一、分析学生的学习动机

学习动机是学生学习的内在动力,是学生进行学习的驱动力。一个学生对化学感兴趣,在化学课程中能够取得较好的成绩,这就需要化学教师能够及时发现学生对化学课程的兴趣,并引导学生对化学课程进行深入的学习。在实际教学过程中,很多化学教师发现,学生在学习化学之前并没有很强的学习动机,对于学习化学的积极性并不高。因此,教师在培养化学教师时,需要注重对学生学习动机进行分析,可以从以下几个方面入手:首先,了解学生的兴趣爱好。兴趣是最好的老师。因此,在中学化学教师培养过程中,教师应该注重对学生进行兴趣爱好的分析,并引导学生喜欢上自己所从事的工作。其次,了解学生对课程的理解程度。不同年龄阶段的学生对于课程有不同程度的理解,因此在教学过程中需要根据不同阶段学生对课程理解程度来进行教学。最后,了解学生对未来生活、工作的规划。不同时期的人对于未来有着不同的规划,因此在中学化学教师培养过程中需要根据不同时期学生对于未来生活、工作等方面规划来进行教学。通过上述分析可以发现,虽然中学生对于化学课程感兴趣,但是由于很多学生在初中阶段没有很好地进行学习规划,因此导致其学习成绩并不理想。通过这一措施可以使中学化学教师能够及时了解到学生学习状况、教学情况等信息。

（一）教师需要注重对学生的情感教育

情感是人类社会生活的重要组成部分,对人们的工作、生活、学习等有着重要的影响。因此,在中学化学教师培养过程中,教师应该注重对学生进行情感教育,使其能够在化学课程学习过程中获得情感上的满足。例如,对于那些在学习上比较缺乏兴趣和信心的学生,教师可以通过一些简单的事例来鼓励他们积极主动地学习,使其建立自信心;对于那些在学习上有一定困难的学生,教师可以通过一些简单的案例引导他们对化学课程进行深入学习;那些对化学课程存在抵触情绪的学生,教师可以通过一些小游戏来激发学生学习化学课程的兴趣。例如:在进行"离子反应"教学时,教师可以准备一些"离子反应"小游戏让学生进行参与。在"离子反应"小游戏过程中,教师可以先给学生分配一些任务:让每个学生都通过自己喜欢的方式来完成游戏。这样就可以使每个学生都参与到游戏当中来,同时也能使每个学生都从中获得不同程度的满足感。例如:在进行"离子反应"小游戏时,有很多同学并不喜欢做实验,因此在分配任务时可以给他们一些相对简单一些的任务。比如:让一个小组去选择自己喜欢的离子反应装置或者选择自己喜欢的化学方程式又或者选择一个喜欢的实验现象。通过这一系列任务,每个同学都能够有机会参与到游戏当中来。通过这一系列任务可以使每个学生在游戏中获得满足感,能够对化学课程进行深入学习。

（二）培养学生的责任感

责任感是学生在学习化学过程中所应该具备的一种品质。一个学生如果没有责任感,那么其在学习化学的过程中也不会认真对待。在中学化学教师培养过程中,教师需要注重培养学生的责任感,使学生能够深刻认识到化学学科的重要性,认真对待所学课程。同时,在中学化学教师培养过程中,教师需要引导学生加强自身责任感的认识,能够根据自身的实际情况制定一个适合自己的学习规划与安排。在学习化学过程中,学生会遇到很多困难与问题,教师需要引导学生通过自己的努力来解决这些问题,这也是培养学生责任感的一种重要方式。

(三)提高学生的自信心

在中学化学教学过程中,教师的教学风格以及教学方法对学生具有极大的影响。因此,教师需要不断提高自身的教学水平,从而使学生更加自信。首先,要为学生提供良好的教学环境。化学课程是一门科学,同时也是一门艺术。化学教师需要注重对学生进行科学思想的培养,并使其能够拥有科学的思维方式。对于中学生来说,他们的自觉性不高,因此在教学过程中需要教师为其创造良好的学习环境,使其在一个安静、舒适的环境中进行学习。其次,要对学生进行因材施教。不同年龄阶段的学生有着不同的思想、心理特点以及学习方式与方法等。同时对于较为简单的化学知识内容学生可以通过合作学习、小组合作等方式来进行教学,从而使其能够更好地掌握化学知识。

(四)对学生进行适当的表扬

有的学生对于学习化学的兴趣与热情并不高,因此在进行化学教学过程中,需要注重对学生的表扬。通过这种方式可以使学生得到一定的成就感,从而进一步激发其对化学学习的兴趣。例如,当一名学生在课堂上回答问题时,教师应该给予其表扬与肯定。通过这种方式可以使学生在学习过程中更加主动、积极地学习化学知识,从而提高中学化学教师培养的效率与质量。

例如,在进行《电离平衡》一节教学时,教师可以采取以下方式来进行教学:

首先,教师需要向学生介绍有关电离平衡的相关知识,使学生对电离平衡有一个较为全面的了解。教师可以利用多媒体将有关的电离平衡的图片和相关的知识展现在学生面前,让学生能够有一个直观的感受。然后,教师让学生对这些图片进行分析与讨论。在这一过程中,教师可以向学生介绍一些有关电离平衡的理论知识。例如,电离平衡是指物质的电离程度与其浓度之间的关系。当物质的浓度较低时,其电离程度较小;当物质的浓度较高时,其电离程度也较大。然而,这种情况下并不是完全平衡,因为在进行电离平衡实验时,由于某些原因会出现一定程度上的误差,因此这种情况并不能称之为完全平衡。此外,在进行实验时还需要注意以下几点:一是应该在完全密闭条件下进行;二是应该保证温度相同;三是需要将实验溶液完全稀释。

其次,教师可以引导学生来进行有关电离平衡的相关实验,使学生对实验中出现的问题有一定的了解。当学生进行相关实验后,教师可以提问学生:"根据电离平衡原理,我们可以看出,在弱酸溶液中,加入的碱越多,溶液中的 pH 值就会越低,而在强酸溶液中加入的碱越多,溶液中的 pH 值就会越高。因此我们可以得出结论:在弱酸溶液中加入的碱越多,其电离平衡就会受到破坏。那么我们可以通过什么方式来使弱酸溶液中加入的碱减少呢?"通过这种问题让学生来思考、探索、寻找答案,从而使学生更好地掌握相关知识。

二、了解学生的认知结构

在教学过程中,教师要了解学生的认知结构,在教学内容的设计上,教师要考虑到学生的认知特点,注意到学生学习兴趣的激发。在中学化学课程教学中,教师可以通过讲授、演示实验、调查问卷等多种方式来了解学生对于知识的认知结构,然后根据学生认知结构来确定教学内容与教学方式。在此过程中,教师还应该注意到学生在学习过程中的心理活动,以帮助其更好地掌握学习内容。例如:教师可以在讲解新知识之前先对学生进行提问,以此来了解学生对于新知识的掌握情况;通过问卷调查等方式,了解学生对于化学学习的兴趣、态度、能力等方面的内容;通过心理活动分析等方式了解学生对于学习内容的理解情况。

三、优化教学策略

在中学化学教师的培养过程中,可以将教学策略作为其中的一个重要部分进行分析。在进行教学策略分析时,主要从以下三个方面进行:一是学生学习策略的分析;二是学习策略优化;三是教学策略优化。首先,在学生学习策略的分析方面,主要从以下几个方面进行:1.学习动机、兴趣、态度;2.知识经验;3.注意力、思维方式;4.努力程度和勤奋程度等。在学生学习策略的优化方面,主要从以下几个方面进行:1.掌握技能、技巧;2.独立思考和合作研究;3.及时复习和归纳总结等。其次,在学习策略优化方面,主要从以下几个方面进行:1.掌握基本方法,形成良好的学习习惯;2.灵活应用,将知识转化为能力;3.将学习策略应用于实践当中,增强记忆力。最后,在教学策略优化方面,主要从以下几个方面进行:1.掌握合理的教学目标和教学方法;2.确定恰当的教学目标;3.采用恰当的教学方法。总而言之,在中学化学教师培养过程中应用教育心理学的相关知识,对提高中学化学教师的教学能力具有重要意义。

除此之外,教育心理学还可以为中学化学教师培养提供理论指导。在实际教学中,我们可以通过以下几个方面对教育心理学进行应用:

1.研究学生认知心理特征。例如学生认知能力、学习能力等;2.研究学生的情感、态度等特征。例如学习兴趣、个性差异等;3.研究如何帮助学生形成良好的认知结构和心理品质。例如如何指导学生学习等;4.研究如何提高学生学习策略水平。例如如何指导学生采用最佳学习策略,如何指导学生进行元认知监控等。

教育心理学在中学化学教师培养过程中的应用,主要是通过研究学生认知心理特征、情感态度特征以及学习策略特征,从而帮助化学教师培养出更加优秀的教学人才。首先,在研究学生认知心理特征时,主要从学生的认知能力、学习能力、注意力和思维方式等方面进行;其次,在研究学生情感态度特征时,主要从学习兴趣、学习动机和学习信心等方面进行;再次,在研究学生学习策略特征时,主要从元认知监控、制定教学目标和教学策略等方面进行;最后,在研究教师教学能力时,主要从教学方法、教学程序以及教学评价等方面进行。此外,在研究如何提高学生学习策略水平时,主要从了解学生的学习策略类型、选择正确的学习策略以及合理应用等方面进行。最后,在研究教师教学能力时,主要从课堂管理能力、课堂教学组织能力、课堂调控能力和课堂评价能力等方面进行。

在《义务教育化学课程标准(2022 年版)》中,化学课程的目标可以表述为"致力于提升学生的科学素养,使学生初步了解化学与人类文明的联系,认识到化学在推动社会发展和人类进步中的基础性作用。课程旨在帮助学生掌握基础化学知识和初步的科学探究技能,培养学生对化学在提高人民健康水平和促进可持续发展方面重要性的认识,同时引导学生形成科学的价值观和对化学学习持有积极的情感态度"。课程目标提出了"学习物质及其变化、了解化学在生产生活中的应用"等核心内容。从课程内容来看,化学课程不仅要解决学生"学会什么",而且要解决学生"如何学习"。在高中化学教学中,不仅要让学生掌握基础知识和基本技能,还要让学生学会如何学习。教育心理学为我们提供了认识、理解、应用教育心理学理论指导教学实践的新视角。

例如,有些教师对教育心理学的学习没有引起足够的重视,有些教师认为教育心理学与化学教学没有关系,有些教师认为教育心理学对于提高中学化学教学质量没有多大帮助,有些教师认为学习教育心理学不利于中学化学教师职业发展,有些教师认为教育心理学与中学化学教学无关等。针对这些问题,我们应该从以下几个方面着手解决:首先,在中学化学教师培养过程中,学校应该提供足够的经费支持,并给予适当的奖励和补贴;其次,中学化学教师培养过程中,学校应该制定系统的课程体系和培养方案;最后,中学化学教师培养过程中,学校应该定期对教师进行培训。

四、组织化学实验

在组织化学实验中,要充分考虑学生的心理特点,采取科学合理的实验方法,尽量避免学生产生惧怕心理和厌倦心理。化学实验一般分为两种,一种是验证性实验,另一种是探索性实验。前者的目的是验证已有的理论知识,后者则是通过观察实验现象得出结论。这两种实验对于化学知识的学习都有一定的帮助。在进行验证性实验时,教师需要先让学生明确所要进行的化学实验,然后引导学生对所学的知识进行总结和归纳,同时还要让学生注意到每一个实验现象,进而发现其中存在的问题,最后通过与前人的研究成果相比较来找到解决问题的方法。在探索性实验中,教师需要注意每一个学生所处的实际情况和心理特点,同时还要采取科学合理的方法引导学生进行探究和思考。在组织学生做化学实验时要注意以下几点:

首先,要选择合适的实验组。在进行实验组时要充分考虑到学生之间存在一定差异性,同时还要保证学生都能积极参与到实验过程中来。例如在组织某一种化学实验时,可以将两个班级的学生分成两个小组进行对比实验,最后根据不同学生对所学知识掌握程度的不同来确定哪一个组是最佳实验组。

其次,要鼓励学生对实验组进行观察。在进行验证性实验时,教师可以事先准备好一定数量的已知结果的物质,然后让学生对其进行观察和记录。在观察时教师要注意引导学生认真观察物质所呈现出的现象,从而了解物质所表现出的不同性质和特点。

最后,要及时调整实验组与对照组之间存在着一定差异性。在进行实验组时要尽量避免两个班级之间存在着明显差异性,同时还要保证实验组与对照组之间所呈现出的不同性质和特点是相对稳定和一致的。在这一过程中要注意到这两个班级之间存在差异性是正常现象,因此教师在组织化学实验时要注意到这一点,才能更好地完成化学实验。

总之,在中学化学教师培养过程中运用教育心理学是一种有效方法。中学化学教师在教学过程中不仅要注重学生学习能力、知识水平和心理特点等方面的培养和提升。同时还需要对化学教师自身进行专业素养和专业知识方面的培养和提升。

（一）教师需要对其自身所学知识进行及时复习和巩固,这是保证教学质量的前提

教师要对学生进行全面了解,这是保证教学质量的关键。教师还要对所教授的内容进行透彻理解,这是保证教学质量的前提。

在当前社会发展背景下,对中学化学教师的培养模式提出了新的要求和标准。要求中学化学教师需要掌握新的教育理念和方法,同时还需要具备丰富的专业知识和扎实的教学功底。在实际教学过程中,中学化学教师需要做到以下几点:

第一,要注重对学生学习兴趣和学习积极性进行培养。由于每个学生在学习过程中都存在着不同程度的差异性,因此教师要关注到不同学生在学习过程中存在不同程度的困难和问题。教师需要先引导学生对自身学习能力进行认识和了解,然后再根据学生实际情况来确定其所面临的问题,并采取科学合理的方法来帮助学生解决所遇到的困难。

第二,要注重对学生思维能力进行培养。由于不同学生在思维能力方面存在着一定差异性,因此教师需要引导学生对其所学知识进行归纳和总结。在这一过程中教师需要充分发挥自身引导作用,对学生进行启发和引导,进而帮助学生找到解决问题方法。知识迁移能力是指当某一个学生在学习过程中所学知识无法满足其学习需求时,该学生会通过其他途径来获取其所需知识。因此在实际教学过程中教师需要引导学生对新知识进行学习和掌握。在这一过程中教师需要结合教学内容来进行知识迁移,进而提高学生学习效率。

（二）教师要注重自身素质的提高,不断学习和了解最新的化学教学理念和方法,从而提高自身专业素养

教师要不断更新自身教学理念,积极运用现代教育技术,从而提高教学效率。此外,教师还需要不断加强自身专业知识的积累和提升。由于在高中化学中涉及的知识点较多且复杂,因此高中化学教师在进行化学教学时需要充分结合学生的实际情况进行合理安排和设计。例如在讲授元素化合物知识时,教师需要先对学生进行一定程度上的知识铺垫,然后再向学生展示相关知识。另外,在进行元素化合物知识讲解时,教师还需要先讲解物质性质以及用途,再引导学生进行探究和实验。这样不仅能使学生对物质性质有一定了解,同时还能有效提高学生学习化学知识兴趣。总之,高中化学教师在进行教学过程中不仅需要注重教学方法的创新和教学模式的优化,同时还需要注重自身专业素质的

提高和专业知识的积累。在对学生进行教学时还要充分考虑到每一个学生的实际情况和心理特点。因此中学化学教师在进行教学过程中不仅需要根据所学化学知识来展开相应教学活动，同时还需要考虑到每一个学生学习能力、知识水平和心理特点等方面的不同来选择合适的教学方法和组织化学实验。总之，在进行中学化学教师培养时要充分结合教育心理学来展开相关工作，从而有效提高中学化学课堂教学质量和效率。

（三）教师要充分了解学生，注重学生的心理特点和学习能力的培养，同时还要让学生养成良好的学习习惯

在日常教学中，教师要充分了解学生，这样才能更好地进行教学工作。首先，教师要了解并且根据学生的兴趣爱好来制定相应的教学内容和教学目标。其次，教师要充分了解学生的学习习惯和学习能力，从而根据不同学生的不同特点来制定不同的教学方法和策略。例如在进行化学实验时，教师要充分了解学生在化学实验过程中可能会产生惧怕心理和厌倦心理，教师在组织化学实验时要根据这些心理特点来制定相应的实验方案和实验方法。最后，教师要根据学生对化学知识掌握程度的不同来制定不同的教学目标和教学计划。例如对化学知识掌握程度较好的学生，教师可以让他们进行一些综合性较强的化学实验，还能够提高中学化学课堂教学效率和质量。然而在实际培养过程中还要注意到一些问题：首先，教育心理学是一门新兴学科，涉及的理论知识非常丰富而且专业性很强，因此在应用时还需要注意到一些问题；其次，中学化学教师在培养过程中还需要运用科学合理的方法来对学生进行培养；最后，还要注意到教育心理学是一门实践性较强的学科。因此在应用教育心理学时还需要注意到这些问题才能更好地达到培养中学化学教师目的。

五、提高教师的教学能力

中学化学教师的教学能力主要是指化学教师对课堂教学的控制能力和组织能力。作为一名合格的中学化学教师，不仅需要良好的教学语言表达能力，还要有良好的课堂组织能力。由于课堂教学时间有限，学生在有限的时间内无

法对所学知识进行充分理解和掌握,所以在课堂上进行良好地组织和控制就显得尤为重要。这就需要化学教师能够对学生的学习情况进行深入分析,进而采取相应措施来提高学生的学习效率。

此外,化学教师在对学生进行讲解时还需要有良好的知识储备,这就需要教师在日常教学过程中多加总结,通过不断积累经验来提高自己的知识储备。例如,在讲解氧化还原反应时,教师可以将氧化还原反应与电子转移以及化合价变化相结合,通过这样的方式来加深学生对相关知识的理解与记忆。总之,化学教师要想更好地进行教学工作,必须不断提高自身的教学能力。

第二节　教育学在中学化学教师培养中的应用

教育学是一门科学,它为教师的专业发展提供理论指导。将教育学的有关理论应用于中学化学教师培养,有利于提高培养的质量和效率。《义务教育化学课程标准(2022年版)》介绍了教育学的基本原理和教师专业发展的阶段理论,分析了中学化学教师教育的特点,结合教育学有关原理对培养中学化学教师提出了要求,并提出了将教育用于中学化学教师培养的对策,以促进中学化学教育事业的发展。

一、教育学的基本原理和教师专业发展的阶段理论

教育学是研究教育现象及其发展规律的一门科学,它由教育思想、教育目的、教育制度、教育方法等要素组成,它通过对教育现象的分析,揭示出其中所蕴含的客观规律,进而对有关教育问题进行理论上的指导。教育学研究的主要内容是教师教育问题。

在教师教育问题中,对教师发展阶段的理论研究最多、影响最大。目前关于教师发展阶段的划分主要有四种观点:一是美国教师专业发展理论中提出的三个发展阶段;二是英国教师专业发展理论中提出的四个阶段;三是澳大利亚学者提出的六个发展阶段;四是我国学者提出的五个阶段。前两种观点由于缺

乏科学依据,对不同国家和不同地区,以及同一国家不同时期的教师发展情况缺乏横向比较,因而不具有普遍适用性。后两种观点在实践中得到了广泛运用,它们共同表明,随着社会、经济和科技的不断进步,人们对教师专业发展内涵的认识不断深化和完善,同时也证明了不同国家和地区或不同时期对教师专业发展内涵认识的差异性并不影响对教师专业发展阶段划分的统一性。

(一)教育心理学的相关理论

在教育学中,有一些理论与教师的专业发展密切相关,比如,著名的巴甫洛夫的经典条件反射理论和奥苏贝尔的有意义学习理论。巴甫洛夫的经典条件反射理论认为:"条件刺激和无条件刺激之间必须达到某种联结,而这种联结必须是通过某种条件而形成的。"实验表明,当把狗置于特定的条件之下时,狗就会根据有条件刺激和无条件刺激之间的连接形成条件反射。他提出了条件反射与学习的关系:"在学习中,学习是通过一系列条件所构成的'联想'(context)来实现的。"

奥苏贝尔认为:"学习是在一定的情境中发生的、在学习者与情境之间产生中介作用,从而使学习者获得意义和知识的过程。"学习是一个主动建构的过程,它需要学习者把原有经验和新经验结合起来,在原有经验基础上进行建构,形成新的意义。因此,学习就是学习者将已有的知识转化为新知识,并在新知识经验基础上建构意义的过程。奥苏贝尔认为学习有三个基本元素:同化、顺应、平衡。

(二)教育学的基本原理

教育学是一门以教育现象和教育问题为研究对象的科学,它揭示出教育现象和问题的客观规律,为教育实践活动提供理论依据和理论指导。教育学是一门综合性学科,它既涉及自然科学、社会科学、思维科学等,又涉及教育学、心理学、社会学等诸多学科。因此,在实际操作中,不能简单地把教育学看作是一门学科,它同时也是一门研究实践中的具体问题和解决这些问题的方法的学科。在中学化学教师培养过程中 如何运用教育学来指导中学化学教师培养,不仅关系到教师专业发展的具体实践,而且关系到我国基础教育课程改革和素质教育目标的实现,关系到新课程改革和学生发展核心素养的形成。

（三）中学化学教师专业化发展阶段与发展目标

我国学者根据对教师专业发展的理解,从教师的专业发展和自我发展两方面出发,将教师专业发展阶段划分为:新手型、熟手型、专家型和专家型等四种类型,并指出不同类型的教师应该达到的发展目标不同。

新手型教师是指刚刚走上工作岗位的新入职教师,他们不具备教学经验,知识结构比较单一,缺乏教学能力和教学方法。对于他们来说,最主要的任务就是学习、积累经验,为成为一名成熟的教师打好基础。

熟手型教师是指经过一定时间的实践后已经能够胜任教学工作的老教师。熟手型教师在教学中能够得心应手地完成教学任务,并具有一定的教育教学研究能力和组织能力。

专家型教师是指具有较高专业知识水平、较强教学能力和丰富教学经验的老教师。专家型教师不仅有丰富的理论知识和实践经验,而且还有较高的教育教学研究水平,对化学学科特点和学生特点有着深刻而准确的认识。

二、中学化学教师教育的特点

中学化学教师教育的特点主要有以下几个方面:

一是实践性。中学化学教师的教育工作必须是在化学教学实践中进行的,化学教学是化学教师在实践中认识、发现和解决问题,进而创造出新知识、新理论和新方法的过程,这一过程是在中学化学教师教育的具体教学实践中进行的,离开了具体的教学实践,就没有中学化学教师教育。因此,中学化学教师教育必须为化学教学实践服务。

二是综合性。中学化学教师教育不只是单纯的课程知识学习与传授,更重要的是学生实际能力和综合素质的培养。这就要求中学化学教师教育既要为学生打好基础,又要培养他们全面素质和适应能力。

三是科学性。中学化学教师教育不仅要传授知识与技能,还要培养学生的能力,特别是发现问题、解决问题的能力。因此,中学化学教师教育既要重视基础知识与技能训练,又要重视科学方法、科学思维、科学精神等方面的训练和培养;既要重视教学技能与教学方法的训练,又要重视学生创造能力和实践能力的培养。

中学化学教师教育是一个学术性很强的学科领域,其学术水平的高低直接影响到学生能否很好地掌握知识与技能,是否具有从事科学研究、开发新技术和新工艺等能力。因此,中学化学教师教育必须具备较高的学术水平和较强的学术研究能力。

四是发展性。中学化学教师教育是一项发展性很强的事业,它不仅要求学生有较高专业知识水平和较强业务能力,而且要求学生有较高文化水平和较宽知识面。因此,中学化学教师教育必须具有培养学生终身学习意识、良好学习习惯、自主探究与创新精神和实践能力等方面的素质和能力。

五是复杂性。中学化学教师教育是一种复杂多样、变化发展、层次多样、内容广泛且要求高的学科领域。培养中学化学教师不仅需要大量理论知识,而且需要大量实践经验;不仅需要科学思维方法和科学研究方法,而且需要掌握教育学、心理学等学科知识;不仅要有较高专业知识水平和专业技能能力,而且还需要有一定的创造能力和组织管理能力。

(一)培养目标

中学化学教师教育培养的目标是根据中学化学教师的培养目标而制定的。根据中学化学教师的素质结构,建立符合我国国情的中学化学教师教育的目标体系。在这个目标体系中,包括知识与技能、创新能力、职业情感与态度和专业伦理四个方面。知识与技能是中学化学教师教育培养学生能力和素质的基础,没有扎实的知识和技能,就谈不上能力和素质。创新能力是中学化学教师教育培养学生创新精神和创新意识的重要条件,它包括发现问题和解决问题的能力以及创造意识和创造思维。职业情感与态度是中学化学教师教育培养学生敬业精神、热爱教育事业、热爱学生、为人师表等职业道德品质,使他们热爱本职工作,为人师表,尊重、关心和爱护学生。专业伦理是中学化学教师教育培养学生职业思想道德水平、职业理想、职业道德修养等方面的要求。

作为中学化学教师培养目标体系中最重要的目标是提高学生的综合素质。它包括思想政治素质、文化素质、专业素质、身体心理素质和健康人格素质等五个方面。思想政治素质是培养学生坚定正确的政治方向和立场,热爱祖国,热爱中国共产党,拥护党的领导,拥护社会主义制度的一种综合品质;文化素质是培养学生掌握本学科(或专业)必需的基础知识和基本技能,了解本学科发展前沿理论知识和最新研究成果;专业素质是培养学生具有从事教学工作所需要的相关学科知识和技能;身体心理素质是培养学生良好身心品质,具有健康生活方式以及良好身心发展的条件;健康人格素质是培养学生正确对待挫折与失败,乐观向上,积极进取等优良品质。

中学化学教师教育要坚持以人为本原则、终身学习原则、实践创新原则和个性化发展原则。以人为本原则是指要以培养人为本,尊重人的个性差异和发展潜能;终身学习原则是指中学化学教师教育必须立足于社会经济发展要求及未来社会对人才需求;实践创新原则是指在中学化学教师教育中必须培养学生理论联系实际的能力;个性化发展原则是指中学化学教师教育必须针对不同学生特点、不同个性差异及不同学习需求提供个性化教育;实践创新原则是指中学化学教师教育要重视对学生进行创造性学习和创造性实践活动能力培养;个性化发展原则是指中学化学教师教育必须关注学生个性差异并使之得到充分发展,并对其进行个性化指导与培养。通过上述几个方面的目标体系可以看出,中学化学教师教育的目标体系不仅包括知识与技能、创新能力、职业情感与态度、专业素质和健康人格等方面,而且还包括培养学生创新精神和实践能力。

（二）课程设置

中学化学教师教育课程设置,应以基础教育课程改革所倡导的教育理念为指导,以现代教育思想和教学理论为依据,以化学教学实际需要为出发点,在遵循中学化学教师教育的学科特点和人才培养目标的基础上,合理设置课程。中学化学教师教育课程应该包括两大类:一类是基础知识类课程,主要包括教育学、心理学、化学课程论等;另一类是专业知识类课程,主要包括学科教学法、化学实验技术、教育心理学等。中学化学教师教育课程的开设要注重对学生专业知识的培养，更要注重对学生专业技能的培养。同时，中学化学教师教育课程的开设还应突出综合素质和创新精神的培养，把科学精神和科学方法的培养贯穿于整个中学化学教师教育过程。

1. 教育学、心理学和化学课程论

教育学、心理学和化学课程论是中学化学教师教育的三大课程，其中，教育学是中学化学教师教育的基础，化学课程论是中学化学教师教育的核心，而心理学则是中学化学教师教育的重要组成部分。教育学主要包括以下内容：教育学的基本原理、教师教育的基本理论、中学化学教师素质以及课程改革等。心理学主要包括以下内容：心理学的基本原理、学生认知发展规律、心理学研究方法和实验设计等。化学课程论主要包括以下内容：中学化学课程的性质与任务、中学化学课程目标与内容标准、教学原则与方法、教学模式与方法等。由于这三大课程是中学化学教师教育的基础性课程，因此，在设置时应该具有较高的学时比重，以保证教学质量。

2. 学科教学法、实验技术和教育心理学

这三门课程是中学化学教师教育课程的主课之间既有联系，又有区别。化学实验技术主要培养学生在实验室的操作技能，它与实验教学紧密联系，可以提高学生的实验操作技能；学科教学法主要培养学生在化学课堂教学中运用各种化学教学方法、策略、手段进行教学的能力。教育心理学主要培养学生正确理解和运用教育心理学的基本原理，学会观察、分析、研究和解决有关教育教学问题的能力。这三门课程的开设，旨在使学生了解中学化学课程改革的趋势及要求，掌握化学教育和教学理论的基本知识和基本技能，了解现代教育技术在化学课堂教学中的应用。

（三）教学改革

中学化学教师教育要适应社会发展和改革的需要，就必须进行教学改革。教学改革主要包括：课程内容改革、课程结构和教学方法改革。课程内容改革是指在课程标准框架下，根据社会对人才的需求及各学科的发展趋势，结合各学科的特点,对课程内容进行适当调整和补充,以满足社会发展的需要。课程结构改革是指根据人才培养目标,在了解社会需求和学科发展趋势的基础上,根据各学科特点,对课程结构进行调整,以满足人才培养目标的需要。教学方法改革是指教师在教学过程中,根据教育理念、课程标准、学生身心特点等因素对教学方法进行调整与改进。中学化学教师教育教学方法改革包括:教学策略、教学模式、教学法、评价方法等。教学策略是指教师为提高学生学习效率而采取的各种教学方法和技巧;教学模式是指教师在教育实践中采用的各种组织形式和活动方式;教学法是指教师在教育实践中所采用的各种不同的教学技术和手段;评价方法是指教师对学生学习过程及学习效果进行评价时所采用的各种手段和方法。中学化学教师教育教学改革主要包括:以学生为主体,建立新型师生关系,注重培养学生的自主学习能力;注重培养学生分析问题和解决问题的能力;注重培养学生的科学精神和创新能力。

总之,中学化学教师教育具有实践性、综合性、科学性、发展性、复杂性等特点。化学教育是一门以实验为基础,以化学实验为主体,以培养学生科学素养为核心内容的自然科学。在中学化学教师培养过程中,只有通过加强实践环节训练,才能提高学生理论联系实际、观察问题和解决问题以及综合运用知识解决实际问题的能力,才能全面提高学生素质和能力。因此,中学化学教师培养应坚持理论与实践相结合、知识与能力相结合、师范生与在职教师相结合。

三、教育学对培养中学化学教师提出的要求

教育学的基本原理告诉我们,教师的专业发展是一个多阶段的连续过程,需要经过不同的阶段特征。这些特征表明教师在专业发展过程中存在不同的发展阶段。在每一阶段教师都有不同的任务和目标,每一阶段也有不同的要求。只有认识到教师专业发展具有阶段性和层次性,才能有效地进行教师教育工作。

在中学化学教师专业发展过程中,其专业水平和能力是不断提高和发展起来的,并不是固定不变的。因此,对中学化学教师教育工作提出了新的要求:一

是在中学化学教师培养过程中，要重视化学教育理论和学科教学知识的学习与掌握；二是要注重对中学化学学科教学技能和方法的训练；三是要重视培养中学化学教师的科研能力和创新意识；四是要加强对中学化学教育研究方法及应用现代技术手段能力的培养；五是在中学化学教育教学实践中，要注重对学生学习方法、思维方式、情感态度价值观等方面能力培养。

总之，教育学为中学化学教师专业发展提供了科学的指导。我们应该认识到教育学对中学化学教师专业发展要求是客观存在的，不会因为个别教师专业发展阶段不同而有所变化，也不会因为个别教师没有达到某个阶段而失去意义，只要我们科学地运用教育学原理来指导中学化学教育教学工作就可以了。

（一）中学化学教师专业发展的理论基础

中学化学教师专业发展是一个持续不断的过程，从学生到教师，再到学科教学者，需要经历不同的阶段。在这个过程中，需要从不同的角度进行分析。教师教育是以教育理论为指导，以中学化学课程改革为背景，以提高中学化学教师的专业素质为目标，旨在提高中学化学教师的教育教学水平。从具体层面看，中学化学教师专业发展主要包括两个方面：一是化学教育理论和学科知识方面；二是教育教学实践能力方面。

从化学教育理论和学科知识方面来说，中学化学教师专业发展主要包括：树立正确的化学教育观；掌握有关化学教学、学生学习、学校管理等方面的知识；掌握一定的教育学、心理学、生理学知识；掌握现代教育技术知识；加强教育教学能力训练。从以上内容可以看出，中学化学教师专业发展除了要具备扎实的学科知识外，还要掌握教育学、心理学、生理学等方面的理论知识。

从教育教学实践能力方面来说，中学化学教师专业发展主要包括：具有扎实的学科专业知识，能够准确把握中学化学课程改革的方向和目标；具有较强的组织能力和综合教育教学能力；具有良好的现代教育技术应用能力；具有较强的科研能力和创新意识。通过这几个方面来看，中学化学教师专业发展是一个持续不断的过程，努力提高自己的过程。这个过程需要不断地学习、摸索和实践。

（二）中学化学教师培养应突出学生学习方法与思维方式的培养

化学学科是一门以实验为基础的科学,中学化学教师应具有较好的实验技能。但中学化学教学实践中,不少教师不重视这一点,认为学生只要会做题就行了。事实上,学生在掌握了一定知识的基础上,如果没有科学的学习方法和良好的思维方式,很难学好化学。因此,培养中学化学教师应加强对学生学习方法的指导,使学生掌握科学的学习方法和思维方式。学生在掌握了一定的知识基础后,就需要不断地运用这些知识和方法来解决问题,这就要求中学化学教师在教学中能设计出符合中学生特点和满足中学生发展需要的教学方案。同时要培养学生良好的思维方式,在中学化学教学中要贯彻"三基"思想:掌握必要的化学基本概念、基本原理和基本方法。而在教学过程中教师要引导学生掌握这些思想和方法。

（三）加强中学化学教师科研能力和创新意识的培养

近年来,随着基础教育课程改革的不断深入,科研能力和创新意识成为衡量教师专业水平的一个重要标志。因此,中学化学教师要将科研能力和创新意识作为自身专业发展的重要目标。在中学化学教师培养过程中,要以提高其科研能力和创新意识为目的,利用各种机会或方式帮助中学化学教师掌握科研方法,培养他们的科学研究意识和创新思维能力。例如,在学习中学化学教学基本理论时,可帮助他们了解科研方法、课题研究过程及研究结果的处理方法等。在中学化学课堂教学中,可采用启发式、探究式教学方法,引导学生参与课堂教学活动。通过这些科研能力和创新意识的培养,使其能够运用所学理论知识分析和解决课堂教学中出现的问题。此外,还可以采用多媒体等现代教育技术手段,培养学生的创新思维和创新能力。在中学化学教育实践中要鼓励和引导他们开展探究性化学实验,根据学生实际情况设计一些探究性实验方案,使学生从中发现问题、解决问题,并培养创新能力。这些都有助于培养中学化学教师的科研能力和创新意识。

四、将教育用于培养中学化学教师的对策

(一)制定符合中学化学教师特点的培养目标

中学化学教师教育的目标是要培养适合我国国情和中学教育事业发展需要的高素质、专业化的化学教师,因而必须明确培养目标。我们应该充分认识到,培养中学化学教师既是我国教育发展的需要,也是教育科学自身发展的需要。在确定培养目标时,要注意体现以下几个方面:

教师要具有一定的科学文化素养,尤其要具备化学科学知识和方法。由于中学化学学科具有综合性、交叉性和实践性强等特点,要达到上述培养目标,必须具备丰富的科学文化素养。

教师应掌握现代教育技术和教学手段,并具有一定的计算机知识。中学化学课程中很多内容都要借助现代信息技术来完成,如化学实验、多媒体课件、微机模拟实验等。教师要掌握一定的现代化教育技术和教学手段,才能提高化学教学水平和效率。

教师还要具有一定的教育研究能力,特别是要有较强的教育科研能力。随着中学教育改革和发展步伐的加快,中学教师在教育教学过程中遇到了许多新情况、新问题。而教育研究能力是教师创造性地运用教育理论解决实际问题的重要保证,只有具备较强的研究能力和创新能力,才能为中学化学课程改革与发展提供源源不断地动力。

(二)改革课程体系和教学内容

1.课程设置上应增加新课程理念及实施办法方面的内容

在中学化学教师培养中,一些化学专业课程,如"中学化学教材教法""中学化学教学法"等,由于缺乏科学性、针对性和实效性,难以适应新时期中学教育改革与发展的需要。因此,应该增加这些课程内容的更新速度、教学方法与手段等方面的内容。

2.要加大新课程实验及实验方法等在教学中应用力度

以新课改为契机,对中学化学教学进行改革,这是新一轮课程改革对教师提出的要求和挑战。中学化学教师在教学过程中应积极运用各种手段进行实验教学。如演示实验、分组实验、探究式实验、多媒体辅助实验等。在这些实验中都离不开化学专业知识和技能的应用。因此,教师应加大新课程实验内容及实验方法方面内容在教学中应用力度,使学生更好地掌握所学知识和技能,促进学生综合素质和创新能力的提高。

（三）建立严格规范的考试制度

中学化学教师教育是一种高师教育与职业教育相结合的高层次、应用型教育学科,在考试内容和方式上应体现出较强的专业性和灵活性。目前我国对高师院校教师资格证书考试和师范生师范技能考试制度存在不完善、不规范等问题,从而影响了教师队伍素质水平的提高和教育教学质量的提高。

为提高我国高师院校教师资格证书考试和师范技能考试质量,应在以下几方面加强管理:

一是加强对教师资格证书考试和师范技能考试试卷进行科学分析与研究;

二是要建立严格规范的考试制度、教学质量监督检查制度、教师资格证书考试档案管理制度等;

三是对高师院校教师资格证书考试和师范技能考试进行统一管理、严格要求。

五、化学教学如何发挥育人功能

立德树人是我国教育的根本任务,课堂教学是学校育人的主阵地,每一门学科都要把育人作为教学设计的起点和终点。化学学科因其特别的课程内容和性质,具有特殊的育人价值。中学化学教师应增强育人意识,培养学生科学素养,塑造学生健全人格,为他们的终身发展打下坚实的基础。

（一）以提高学生科学素养为导向

科学素养是化学学科育人价值的集中体现,对学生的发展具有广泛而深刻的影响。知识与技能、过程与方法、情感态度价值观是科学素养的三个维度,是科学素养的基本框架和形成路径。教学中,化学教师应科学整合三维目标,使之融为一体,有机统一于学生的学习过程,可按"通过某种活动或情境—学习相应的知识与技能—学会做某件事情或完成某些任务—获得某种体验和感受"的思路进行。作为基本教学设计思路,若"三维目标"相互割裂,则不利于促进学生科学素养的提升。

1. 创设真实而有探究意义的学习情境

一般认为素养是指在复杂现实情境中运用知识成功解决问题的能力,离开真实的情境,会有知识技能的熟练,不可能会有素养的发展。因此,在教学中创设真实而有探究意义的学习情境尤为必要,真实的情境让知识在探究问题的过程中"鲜活"起来,使教学更加生动有趣,让学生真正理解所学知识的意义和价值且应用自如。例如,在教学"氧化钙、氢氧化钙和碳酸钙"的相关知识时,笔者会向学生介绍:"据考证我国古代先民在 4000 多年前已掌握烧石灰的技术,并将其用作建筑材料,使地面平整而坚固。春秋战国时期就有关于石灰的文献记载,发现石灰有防潮等多种用途。"接着,笔者又从虎门销烟的历史故事中引出"为什么民族英雄林则徐不用焚烧的方法而采用生石灰和海水销毁鸦片"的疑问。随后,笔者带领学生参观当地的石灰窑厂,了解生石灰的烧制过程,指导学生做"生石灰与水反应并煮熟鸡蛋"的实验,并对食品包装中的生石灰干燥剂是否失效的问题进行探究,还回顾明代诗人于谦脍炙人口的《石灰吟》。这样学生对三种物质的性质和相互转化关系有了具体而深刻的印象,学生观察到化学反应中能量的巨大变化,学会了消石灰粉和消石灰浆不同的制作方法,了解了使用这些物质的注意事项,以及对物质的巧妙应用。

2. 帮助学生初步构建化学基本观念

化学教学不能只满足于学生知识的简单积累,还要帮助学生将知识进行提炼与升华,初步建构化学基本观念,如物质观、微粒观、变化观等。我们可通过变化得到对生产、生活有益的物质,而且一种物质变成了其他物质,一定是内部结构发生了变化。有的变化能自发进行,如铁生锈;有的变化则需要光照、加热或其他条件的驱动,如水的分解需要电流作用;有的变化我们不易察觉到,如光合作用;有的变化则发光、放热,反应异常剧烈;物质的变化也有快有慢,如炸药爆炸和橡胶老化,神奇的催化剂却能改变反应的快慢。物质千变万化却蕴含着普遍规律,这些都是化学变化观的基本内涵。化学基本观念是化学认识事物和解决问题的视角和观点,能使学生眼界开阔而深刻,不再孤立刻板地看待事物,提高学生的认识水平。

3.使学生养成科学的思维方式

化学教学还要培养学生学科的思维方式,如化学采取宏观与微观紧密相结合来认识物质,也就是宏观上对物质的性质和变化进行观察描述,从微观结构上进行解释,并常以符号形式表征出来,即所说的"宏观辨识与微观探析"。金属活动性的差异源于原子核外电子排布不同,钢比铁坚硬是由于掺入了少量的碳……学生认识到物质的秘密往往深藏在表面之下,物质的结构决定着性质,微观世界影响如此之大,只有跳脱人类的经验尺度,才能深刻地把握物质变化的本质和规律。"证据推理"是科学思维方法在化学学科中的应用,探究过程中提出假设、实验获得有效的证据验证猜想,实际上就是一个证据推理的思维过程。"二氧化碳有没有与水发生化学反应""铁制品锈蚀的条件""燃烧的条件"等探究实验,更重要的意义在于让学生学习科学探究中的思维逻辑和科学探究规范,知道问题、证据、解释和检验等探究的核心要素。教材中还蕴含着培养学生辩证思维的许多素材,如二氧化碳能用来灭火和促进作物的生长,但会增强温室效应;氧气供给人呼吸但会使食物腐败等。这对看问题容易绝对化和有片面性,喜欢把局部当成整体,好钻牛角尖的中学生都有启发意义。学生正从具体形象思维向经验型的抽象思维过度,教学中,教师有意识地渗透这些学科思维方式,能使学生透过现象联系本质,体察世界的物质性与运动规律,有利于学生形成科学的世界观。

(二)改变学生的学习方式

1.激励学生积极主动地学

教学其实最重要的是让学生获得终身学习的能力,从这个意义上说,怎样学比学什么更重要,只有落实学生的主体地位,培养学生的主动性和积极性,使学生会思考会探究,他们才能真正地学习和成长。教代替不了学,只能为学服务,教学中教师讲得越多,学生自主习得就越少,自主钻研的意识就越薄弱,反而阻碍了学生创造力和思考能力的提升。化学教师要建设民主友好的课堂,使之有一定的"容错度",给予学生试错和纠错的机会。笔者在教学中就常常鼓励学生勇于挑战,敢于质疑,敢于表达自己的见解。让学生思维缺陷暴露出来,不再是隐蔽的"黑匣子"。这样教师就更易察觉学生的思维方式及学习效果,有利于对其进行精准指导。教师要有"耐得住等待三分钟"的性子,让思维再飞一会儿,不轻易否定学生的发言,若仅仅以对错为标准,就等于拿着一根鞭子,学生不敢想不敢说,又何来积极主动地学。

2. 精心设计问题和情境,让学生在探究中学

研究表明,科学探究活动是将"三维目标"有机整合在一起的最有效载体。学生通过制定计划,操作、观察、测量、推断和交流等个性化的探究活动,亲身经历科学研究过程,获得科学解释和结论,拉近与知识的距离,理解知识的本质和形成过程,体验发现的乐趣,能培养实事求是的科学态度。探究活动有多种形式和不同水平,包括实验探究、调查探究、讨论探究等。笔者在教学中帮助学生科学组建合作小组,精心设计探究的问题和情境,指导学生开展活动,鼓励小组呈现合作探究成果。除了课本上要求的探究实验外,笔者还结合本地资源,组织学生探究学校所在地的空气污染物质及其成因,调查城市污水的来源及处理措施、城郊农村沼气利用现状和恐龙化石的成分及保存办法等,学生得到了真实的体验,留下了深刻的印象。

3. 巧用过程性评价,调动学生学习的积极性

教师对学生学习的评价和反馈是教学的重要环节,好的评价会促进学生自我效能感的提高和良好学习品质的形成。笔者在教学中更注重采用过程性评价,对学生学习过程中的课堂发言次数、大胆质疑情况、合作探究表现、化学用语使用情况、作业完成效果等都认真记录统计,作为评价内容和依据。笔者每月写出书面点评或与学生当面交流,为他们提供策略性建议或针对性辅导。

4. 制定科学的课程目标,优化教学过程,使学生向深度学习转变

中学化学课程知识点多而繁杂,许多内容学习起来有一定的难度,学业水

平考试又即将来临,时间弥足珍贵。教师要制定科学、可行的课程目标,精心设计和优化教学过程,利用好学生有限的精力,摒弃题海战术,改变低效的教学模式,促进学生向理解型的深度学习转变。

(三)以生为本,因材施教

中学化学教师授课班级多但与学生交往时间短,大多不担任班主任。许多化学教师往往只重视研究教材教法,注意力全放在教学内容上,容易忽视对学生的关注和了解,但教学若不和学生的实际情况联系起来,则难以对学生产生深远的影响,了解学生是教育教学取得成功的前提条件。初三学生学业水平已明显分化,有的学生思维活跃,好奇心强,喜欢刨根问底探个究竟,甚至购买仪器、药品在家建起了自己的小实验室,独立探究感兴趣的化学问题;有的学生面对一门新课程充满焦虑,内心渴望得到帮助和指导,希望与教师成为朋友;有的学生因之前的学习成绩不理想而自卑,产生了所谓的"习得性无助",丧失了求知欲和进取心;有的学生不是学习能力弱,而是缺少关爱或有一定的心理问题;个别学生是非辨别能力不高,缺乏经验和自控力,已经沾染社会不良习气,偏离人生正确航向等。人是具体的,成长关键期育人工作更加复杂且重要,教好每一名学生是学校和教师义不容辞的责任。如教学中遇到对科学比较感兴趣的学生时,我会多向他们介绍一些化学书籍和科普网站,使他们能超越教材拓宽视野、丰富想象;面对学习稍有困难的学生时,笔者则侧重于学习方法的指导和帮助,为他们"量身定做"发言机会,只要有一点点进步就予以肯定和表扬,使他们抓牢基础、树立自信;面对动手能力强的学生时,笔者会引导他们参与多彩而有意义的探究活动,丰富课余生活,避免其沉溺于不良嗜好;有的学生在参与家务劳动中积累了大量生活常识,笔者则引导他们把生活经验与课本知识相对接,理解化学的应用……教师解放思想转变观念,就会看到学生更好的一面,用心钻研就会发现"小小"的化学课程可以帮助许多学生成长。

教学是途径和手段,育人是目的和根本。作为化学教师,我们应利用化学学科育人的优势,结合中学生成长的内在规律,积极开展基于提高学生科学素养和学习能力的教学改革,让学生通过化学课程的学习,在掌握知识和技能的同时,启迪科学思维,厚植求真、向善、唯美的种子。

六、小结

在中学化学教师的培养中,教师教育心理学为教师的专业发展提供了理论指导,在教学中要注意"以人为本",尊重学生的人格和个性差异,教学中要体现教师主导与学生主体的统一;在教育过程中,教师应把握学生的发展规律,对学生的学习进行合理有效地指导,激发学生学习兴趣和动机;在教育评价中应重视评价功能、过程性评价和终结性评价相结合,并注重发展过程评价与终结性评价相结合,以全面提高学生的素质。

第三节　化学教育学在中学化学教师培养中的应用

教育的根本目的是人的发展。为适应社会经济发展和现代化建设对人才的需要,现代教育应以培养全面发展的人才为根本任务,教育的任务是培养具有创新精神和实践能力的人才。而教师是实施教育的主体,是学生获取知识、认识世界和发展自身素质的引路人。随着社会经济的发展和新课改的不断深入,化学课程在培养学生化学知识与技能、探究能力和创新意识等方面发挥着越来越重要的作用。因此,新时代对中学化学教师提出了更高的要求。化学教育学是现代教育科学的一个重要分支学科,它不仅研究教育过程中教师、学生和教育内容之间的关系,而且也对教师和教育内容之间以及教师、学生与教育内容之间如何相互适应,具有重要意义。

一、更新教师教育观念

教师要具备较强的专业知识,对化学课程标准的理解、对化学学科内容的把握能力,以及对教学过程的反思和研究能力。作为教师,必须具有较高的理论素养,能够以现代教育理论指导自己的教学实践,以提高自身业务素质和专业能力。中学化学教师必须更新教育观念,树立新时代的人才观、质量观和发展观,同时,还要树立全面发展和终身学习的理念。教师要树立终身学习的思想。终身学习是指通过不断更新知识结构和知识经验,以适应新时代发展的需要。教师要不断学习新知识、新技术、新方法和新理念,以适应教育改革与发展的需要。在教学过程中教师要用现代教育理论指导自己的教育实践活动,并且在实践活动中反思自己的教育行为,并对自己在实践活动中存在的问题进行剖析,以提高自己教育教学水平。教师要树立正确的教育观念,更新教学方式方法和评价方式。

（一）化学课程教学要注重培养学生的能力和创新精神

化学课程是一门以实验为基础的自然学科,化学实验是化学课程的基本活动,实验教学可以提高学生学习化学的兴趣,增强学生观察、分析和解决问题的能力。教师要充分发挥化学实验对学生学习和发展的作用,组织学生开展化学实验活动,使学生能够更好地理解和掌握化学知识,激发学生学习化学的兴趣。教师要把化学课程中的探究学习、合作学习、项目学习等实践活动融入教学过程中去,让学生在实践中体验,在体验中合作,在合作中探究。教师要改变传统教学方法,采用灵活多样的教学方法和教学手段。例如,教师可以将传统的"一言堂""满堂灌"的教学模式改为以"问题—讨论—结论"为主要内容的课堂模式;可以采用案例教学、问题教学等方式开展合作学习;还可以采用启发式、探究式、讨论式等方法进行探究学习。同时,教师要注意培养学生科学探究能力和创新意识。教师要有意识地引导学生从身边熟悉的事物出发,开展探究性学习活动。例如,教师可以组织学生开展"学做小实验""课堂小实验"等活动,让学生自己设计实验方案和实验步骤进行探究和体验。

（二）教学方式要以探究式教学为主,鼓励学生主动参与到教学过程中来

学生是学习的主体,要让学生在学习过程中主动地探究、发现,培养学生的

创新精神和实践能力。同时,还要让学生了解自己的优缺点,树立自信,不断完善自己。教师要注重学生探究能力的培养,鼓励学生动手实验、自主探究,培养他们的创新精神和实践能力。教师要重视实验教学,提高实验教学质量。教师要帮助学生设计好实验方案和步骤,鼓励学生大胆尝试。在课堂教学中,教师可以采用一系列的探究式教学法。一是问题探究式教学法:教师在课堂上提出问题并加以引导,让学生通过主动探索和合作学习去发现问题、解决问题;二是实验探究式教学法:让学生通过动手实验或自主探究去发现并理解知识、掌握方法;三是成果展示式教学法:让学生在小组讨论中相互交流、分享成果。教师可以在课堂上鼓励学生相互交流、取长补短,也可以让不同层次的学生进行展示、发言和评价,这样不仅能充分调动各层次的学生的积极性和主动性,还能提高他们的合作意识和创新意识。

(三)化学课程评价要以多元化、多层次为评价标准

化学课程评价不仅要注重结果,更要重视过程,让学生在学习中体验成功,通过对学习过程的评价和反馈,提高学生的综合素质。要发挥评价的激励功能和诊断功能,促进学生全面发展。中学化学教学应以促进学生的全面发展为目标,对学生的学习结果进行评价时,应尽可能使评价反映出学生在知识和能力方面所达到的程度。教师对学生的学习过程进行评价时,应关注学生在探究活动中思维品质、探究能力、学习习惯以及情感态度与价值观等方面所取得的进步和发展。同时,还要通过形成性评价和终结性评价相结合的方式,对学生进行全面、客观、科学的评价。在形成性评价中要以发展为中心,要充分肯定学生在学习过程中取得的进步和成绩。在终结性评价中要以提高为中心,通过考试或其他方式了解学生在某一方面取得的成绩,从而给学生提出改进意见和建议。

二、培养化学教师的新课程意识

传统的教育理念认为,教学内容和教学方法是由教师决定的。新课程改革实施后,要求教师对自己的教学行为和教学内容要有新的认识。教学行为是由

教师所决定的,而教育情境又受课程标准所制约,所以,教学内容和方法是由课程标准决定的。但新课程改革以后,在新旧知识结构发生矛盾时,教师必须根据课程标准来重新组合旧知识和新知识,建立新的知识结构体系。也就是说,教师必须从课程标准出发重新审视自己所教学科。

在传统教育观念中,教师只是学生学习活动的组织者、合作者和指导者,而不是学习活动的主人。随着新课改对教师角色定位的不断调整和完善,要求教师必须具有角色意识,由传统的知识传授者向学生学习活动的组织者、合作者和指导者转变。教师要想胜任教学工作就必须具有新课程意识。因为,化学教师作为新课改实施中的"实施者",其行为将直接影响到化学课程标准的贯彻落实和化学教学效果。所以,化学教师必须具备化学课程意识。

(一)课程意识是化学教师对化学课程及其功能的理解、把握和认识程度

化学课程是化学教师完成化学教学任务、提高学生科学素养的主要载体,是实现学生全面发展的主要途径和重要途径,是国家意志与化学学科知识的载体,是以课程的形式体现出来的对化学教师教学活动的基本要求。从课程功能上看,化学课程是实施化学教育,实现教育目标的重要载体和主要途径,也是教师进行教育教学活动的重要依据。从课程性质上看,化学课程具有基础性、实践性和发展性三大功能。基础性体现在既是学生学好其他学科的基础,实践性体现在不仅能丰富学生对周围世界认识的内容,还能使学生学会用科学方法去认识世界;发展性体现在能够促使学生形成一定的科学思想和方法,以促进学生终身学习能力和发展能力。因此,作为一名化学教师必须具有课程意识,这样才能更好地完成教学任务。

(二)化学课程意识是化学教师对课程体系和教学过程的理解

教师的化学课程意识,主要体现在教师对化学课程体系和教学过程的理解,对化学课程目标、内容体系、学习方式等方面的理解。对于新课程改革,教师应该意识到化学课程体系的重构是一项系统工程,不仅需要教育行政部门制

定统一的课程标准,也需要各学校根据自己的实际情况来开发相应的化学课程。这就要求教师应该加强对学科内容体系的研究,从宏观角度把握化学学科与其他学科之间、与其他科学之间的相互联系、相互作用,以便更好地促进学生化学素养的提高。因此,教师应该具有整合课程体系的意识,全面考虑学生学习内容和学习方式的改变,使化学教育与其他科学教育相互配合、相互促进、共同发展。

三、提高中学化学教师的科研能力

科学研究是创新的源泉,科研能力是教师专业素质中的重要内容。教学是教师的主要工作,但也是一项创造性活动,这就要求教师要不断提高自己的教育教学水平,提升自己的科研能力。化学教师应具有一定的化学专业知识和专业技能,在研究化学教育教学过程中,要分析和解决在教育教学过程中遇到的实际问题,并把所学知识与实践相结合。因此,在培养中学化学教师科研能力时应注重对化学专业知识和技能的培养。为使化学教师能够做到理论联系实际,应定期组织教师进行课题研究。通过对教育教学过程中遇到的具体问题进行分析、研究,从而提高化学教师对新课程标准的理解程度,及时更新知识结构、增加知识储备、提高科研能力。同时还应注重培养学生学习化学知识的兴趣和良好学习习惯,在教学过程中渗透科学研究方法,使学生学会用科学的方法思考问题和解决问题。

(一)化学教育研究中常用的方法

1.文献分析法

文献分析法是指以文献资料为主要依据,通过阅读和分析大量的文献资料,来研究某个问题的一种方法。文献分析法是研究问题的一种基本方法,通过对大量的文献资料进行阅读和分析,从中提取出具有普遍性、规律性和客观性的信息,然后再用自己所掌握的知识对其进行归纳、推理和论证,从而得出科学结论。

2. 调查研究法

调查研究是一种全面系统地研究各种现象的方法,它通常包括文献调查、实验研究和比较研究三种主要方法。

第一种,文献调查法涉及系统性地回顾和评论现有的研究、撰写综述、引论以及研究背景等。

第二种,实验研究法是一种通过实验来探究事物的方法,它通常包括实验设计、观察、调查和访谈等手段。这些方法基于客观事实,在特定条件下对事物进行观察和研究。实验研究法通过设计实验来观察事物的发展变化及其内在联系,揭示事物的发展规律。这种方法可以提供关于事物本质属性、内部联系以及事物间关系的重要信息,有助于深化对事物本质和规律的理解,提升我们的认识能力。在化学教育领域,实验研究法可用于化学教学改革和教育理论的研究。

第三种,比较研究方法通过比较两种或两种以上的不同事物或现象,分析它们之间的差异和联系,从而获得对事物的正确认识和理解。是在科学知识体系中选取或构建具有相似性的知识单元,通过比较它们之间的差异和联系,来获得对知识的正确理解和认识。比较法分为纵向比较和横向比较两种类型。

(二)培养化学教师科研能力的方法

1. 课题研究

化学教育是一门实践性很强的学科,我们只有不断地开展课题研究,才能使教育教学活动在科学研究的基础上,不断地提高教育教学水平和教育教学质量,从而进一步提高课堂教学效率,实现化学教学的效益最大化。

2. 学术交流活动

化学教师只有经常参加学术交流,才能开阔眼界、更新知识结构、拓宽思路,不断地提高科研能力和水平。教师通过参加学术交流活动,能够更好地了解自己所从事学科的最新发展动态,不断地更新知识结构和理念,从而更好地服务于课堂教学。

3. 发挥化学科研基地的作用

科研基地是进行科学研究的重要场所。化学学科具有自身的特点,在研究化学问题时要坚持实事求是的科学态度和严谨求实的学术作风,教师应该把科学态度和严谨求实的精神渗透到自己日常的教育教学中去。因此,化学学科具有培养教师科研能力的独特优势。化学教育科研基地是一种以科研为依托、以理论研究为基础、以实践为主体、以创新为特色、以开放为动力的教师教育理论与实践相结合的研究机构。化学学科基地将理论研究和实践教学紧密地结合起来,化学学科基地在培养教师科研能力方面具有不可替代的作用。

通过开展课题研究,教师可以把教育教学理论转化为化学教学实践并将其加以深化、完善、提高和创新。

(三)如何进行课题研究

课题研究是一项高层次、创造性的劳动,它要求研究者对自己从事的工作具有全面而深刻的认识,并在此基础上,根据所掌握的知识、技能及经验,从实践出发,对有关问题进行分析、综合、综合和概括,从而提出新的观点或解决新问题的方案。化学教师科研能力培养可以从以下几个方面入手:

一是学习、了解化学教育教学的基本理论及方法,提高自己对化学教育教学理论的理解程度;

二是学习、了解国内外有关化学教育教学方面的研究动态和研究成果;

三是根据中学化学教学的实际情况,确定研究课题,明确研究目标、内容和方法;

四是根据研究内容选择适当的研究方法。

首先,课题要有一定的理论价值和现实意义。课题必须要有一定的理论价值,因为只有理论上正确了,才能指导实践。课题必须要有一定的实践意义,因为只有在实践中才能发现问题。最后,课题要有一定的可行性。课题必须是在科学研究和教育教学实践中能得到较好解决的问题。

化学教师进行科研能力培养时应注意以下几点:(1)选题时应选择自己感

兴趣且有研究价值并能解决问题和获得较大成果的课题;(2)确定课题时应考虑到教师的自身条件和实际水平;(3)进行课题研究时要注意将教学理论和实验结合起来;(4)化学教师在进行课题研究时应具有一定的科研能力;(5)化学教师在进行课题研究时应注意提高自己科学素质和科学思维能力。只有这样,才能有效地促进教师科研能力的培养。

(四)科研能力的具体表现

中学化学教师的科研能力具体表现为:能在教育教学过程中发现问题,并进行研究,解决问题;能在教学过程中创造性地运用专业知识和专业技能;能根据需要编制适合自己教学特点的教学方案;能根据所掌握的知识和技能对化学教材进行改造,以适应自己的需要;能从化学角度对教育教学活动进行设计,使其更有利于学生的发展。

作为新时代教师,必须具备较强的科研能力,它是教师专业素质的核心。中学化学教师应成为"研究型、学习型"教师。教师只有具备了较强的科研能力,才能不断地更新知识结构,充实自己的知识储备和视野。中学化学教师应具有良好的科研意识、科研素养、科研能力和科学研究方法,同时还应具备一定的科研技能,如查阅资料、文献研究、实验研究、调查研究等基本科研方法。只有具备了这些基本素质和能力才能促进中学化学教师更好地开展科研工作。而要做到这一点,就必须在中学化学教师培养过程中进行长期的系统训练,全面提高科研能力。

四、加强中学化学教学法培训

教师是教学过程中的组织者和引导者,教学效果的好坏直接关系到教育质量的高低。因此,加强教师队伍建设,提高教师素质,对教育质量的提高起着至关重要的作用。

中学化学教学法是一门综合科学,它强调以化学原理和知识为基础,结合化学实验,根据中学化学教学实际,运用先进的教育思想和教学理论,科学地设计化学教学过程。它是教师在讲授化学知识的同时,采用一定的手段和方法来帮助学生学习化学知识、培养学生学习能力和化学实验技能、提高学生创新意识和科学素养的一门学科。

要提高中学化学教师素质,就必须加强中学化学教学法培训。通过培训使中学化学教师了解中学课程标准对教师素质提出的要求,熟悉中学课程标准对教材、教法提出的具体要求和新课程所倡导的教学原则和方法。通过培训使中学化学教师掌握中学课程标准中提出的基本概念、基本原理、基本技能等;掌握实施新课程应遵循的基本原则;掌握教学中应采取的具体策略和方法;掌握运用现代化技术进行教学和评价学生学习成绩等方面内容。

在新课程改革中,如何提高中学化学教师自身素质和专业素养已成为当前迫切需要解决的问题。只有将理论学习与实践活动结合起来,才能真正提高自身素质和专业素养。

总之,要培养出符合社会需求、高素质、高水平、能承担教育重任的高质量人才,就必须加快教师队伍建设步伐,加大师资培养力度。现代教育强调"以人为本"和"以学生为主体",这就要求我们必须不断提高教师自身素质,包括教师观念、知识结构、教育思想、教育方法和教育技能等,只有这样才能培养出符合现代社会需求和高素质、高水平的人才。

(一)树立正确的教育观念

中学化学教师应树立正确的教育观念。科学的教育观念是指教师在教学过程中,把化学教学置于社会发展需要和学生身心发展规律之上,把人作为发展的目的来看待,以实现人的全面发展为终极目标。人文的教育观念是指教师在教学过程中,把学生作为具有独立人格、自我完善、自我发展潜力的主体来看待。这些都是新课程所倡导的教育观。

通过学习和实践使中学化学教师认识到:现代社会需要什么样的人才? 怎样培养他们? 人才应该具有哪些素质和能力? 这就要求中学化学教师必须树立"以人为本"和"以学生为主体"的教育观念,既要重视知识目标,又要重视能力目标;既要重视发展学生智力因素,又要重视非智力因素的培养。

在中学化学教学中,我们要倡导启发式和探究式教学方式。通过多种教学方法来培养学生学习兴趣和学习能力。在化学实验中,要引导学生注重观察、分析、比较、综合、抽象与概括等思维能力的培养。在化学课外活动中,教师应指导学生开展各种化学兴趣小组和实验活动,注意培养学生的观察能力、分析判断能力、综合概括能力以及实验操作技能和创新能力等。只有树立正确的教育观,才能真正实施素质教育,培养出新时代所需要的教师人才队伍。

(二)积极参加教育科学研究

在新课程改革中,中学化学教师要根据新的课程标准和教材内容,不断地提高自身素质和教育教学能力,这就要求我们要积极参加教育科学研究。教育科学研究是现代教育的一种重要方式。它是以现代教育学、心理学、信息学和现代教学论等学科为基础,以最新的教育理论、实验成果、科技信息为依据,以促进教师专业发展为目的,通过对一定的社会现象进行调查研究,提出假设,分析论证,探索事物发展规律和提出解决问题的方法与途径的活动。随着教育科学的发展和化学新课程改革的深入推进,教师们必须进一步掌握新的教学理念和教学技能,并运用这些理念和技能对课堂教学进行设计和实施。因此,中学化学教师应积极参加各种类型、各种层次的教育科学研究活动。例如:课题研究、论文写作等。只有通过这些活动,才能不断提高自己的科研水平和理论素养,才能真正了解教育科学研究在现代教育中的作用。同时还可以使中学化学教师开阔眼界、拓宽思路、丰富知识、提升教学水平。

(三)不断提高教学技能

中学化学教师的教学技能主要包括课堂化学实验技能。课堂教学技能包括讲授、提问、归纳、练习、复习等基本技能。讲授是教师将自己的知识传授给学生的一种方式,是一种由教师通过语言传授给学生的知识。提问是教师根据教学内容,有目的地向学生提出问题,从而启发学生思维的一种手段。归纳是指从已有的知识中归纳出新的知识或经验。练习是指在一定时间内,通过多种练习方式来巩固已学知识的一种方式。复习是教师在教学过程中对学生学习情况进行检验的一种方式。

通过课堂教学技能训练，可以培养学生良好的学习习惯和思维方式，同时也可以提高教师自身素质。课堂教学技能训练主要包括如何运用现代化教学手段；如何组织课堂教学；如何设计和实施课程方案；如何创设良好的课堂氛围；如何组织和引导学生进行探究学习等。化学实验技能包括怎样设计并进行化学实验，怎样设计、组织和实施化学实验，怎样控制化学实验中各种因素，使实验达到最好效果等。化学实验技能是中学化学教师应掌握的最基本、最重要的教学技能，它直接影响到学生学习化学知识和能力以及教师教学效果。我们要通过理论与实践相结合、课堂与实验室相结合等多种方式，使中学化学教师熟练掌握并能应用现代教育技术进行教学。

目前，我国许多地区对中学教师培训工作还不够重视，经费投入不足、培训内容不丰富、培训方式单一、培训手段落后等问题比较突出。要解决这些问题，就必须采取切实有效的措施加快步伐。只有这样才能为教育事业提供充足的高素质人才储备力量。

（四）加强教师职业道德建设

教师是教育事业的主要承担者，他们的素质和行为对学生的成长起着重要影响。教师职业道德是教师从事教育活动过程中表现出来的具有本职业特点的道德关系和行为准则。教师职业道德水平的高低，直接影响着教育质量，因此，加强教师职业道德建设，是提高教育教学质量的重要保证。对于中学化学教师来说，要做到"以德立身、以德立学、以德施教"。首先，要有强烈的事业心和高度的责任感。只有具有强烈的事业心和责任感，才能真正做到教书育人。其次，要树立正确的荣辱观，要有奉献精神和团队合作精神。一个人只有在集体中才能更好地发挥自己的才能，才能为社会作出更大的贡献。再次，要不断提高自身修养和业务水平，树立终身学习的观念。只有具备了这种精神和能力，才能真正成为一名合格的教师。最后，要遵守职业道德规范，做到为人师表、率先垂范、以身作则。只有这样才能真正做到"一切为了学生"，才能真正做到教书育人、为人师表。

五、加强教学反思和教学研究

中学化学教师的培养,不仅仅是简单的学科知识学习,更重要的是对其进行教育理论知识和教学实践的学习与训练。化学教育教学在教师教育中的应用,使教师在学习中能够有明确的目标和方向,不断地提高自身的综合素质。化学教育教学对于培养中学化学教师具有十分重要的作用。因此,化学教育工作者应对中学化学教育理论进行深入学习和研究,同时积极开展教育教育实践活动,通过研究来促进中学化学教育实践水平的提高。

第三章　中学化学教师培养的实践模式

在现代社会中,化学作为一门重要的科学学科,在中学教育中占据着重要的地位。中学化学教师的培养对于培养学生的科学素养和培养未来科学人才具有重要意义。然而,当前中学化学教师培养存在着一些问题,如教师专业素养不足、教学方法单一、实践经验不丰富等。因此,探索适合中学化学教师培养的实践模式,提高教师的教学能力和专业素养,成为当务之急。

本章将深入探讨中学化学教师培养的实践模式,并提出一些有效的培养方法和策略。首先,我们将分析当前中学化学教师培养的现状和问题,明确培养的目标和需求。其次,我们将介绍一些成功的实践模式,如研讨会、实践教学、教学实习等,以帮助中学化学教师更好地提升教学能力和专业素养。最后,我们将总结本章的内容,为中学化学教师培养提供有益的参考和指导。

第一节　教师教育课程设置与实施

近年来,我国中小学教师队伍建设取得了明显成效,教师的整体素质有了明显提高。但是,中小学教师的数量仍然存在较大缺口,而且这些缺口大多集中在农村地区和经济不发达地区。要解决这一问题,必须要有一支高素质的师资队伍。为适应基础教育改革和发展的需要,教师教育课程改革势在必行。本文拟从中学化学教师教育课程设置入手,结合新课程改革对中学化学教师的素质要求,阐述新课程改革对中学化学教师教育课程设置的影响。

一、中学化学教师的素质要求

素质是人的身心素质,包括思想政治素质、道德素质、心理素质和身体素质等。作为化学教师,在新课程改革中,需要具备良好的心理素质,因为化学是一门自然科学,其本身具有科学性;其次,化学教师还需要具备扎实的专业知识和相关专业知识。在新课程改革中,需要具备丰富的化学知识,同时要掌握一定的化学教学技能。而作为一名合格的化学教师还必须具备扎实的化学专业知识和相关专业知识。此外,一名合格的化学教师还应具备良好的道德素质和健康的心理素质。良好的道德素质是指教师必须具有崇高的师德。健康的心理素质是指教师必须具有正确的世界观、人生观、价值观。

(一)化学专业知识和相关专业知识

化学教师的专业知识,主要包括化学专业基础知识、专业技能以及相关专业知识等。同时,作为中学化学教师还应该具备较高的化学专业技能和相关的专业知识,因为中学化学教师不仅要教授学生掌握基本的化学知识,同时还需要教授学生如何运用化学知识去解决实际问题。另外,中学化学教师还应具备一定的教育教学技能。教育教学技能是指教师在进行教学活动时所具备的相应的教学方法和策略。而教育教学技能包括课堂管理技能、课堂板书技能、多媒体应用技能等。

(二)良好的心理素质

现代教育的发展需要教师具备良好的心理素质,因为一个人在教学过程中能够充分发挥自己潜能的前提和保证。因此,教师在教学过程中应具有良好的心理素质,同时也要有较强的意志力和承受能力,要能够正确面对学生学习上的挫折,以及在学习中遇到的困难;教师还应该具备良好的情绪管理能力。在教学过程中,教师自身情绪和心理状态会对教学效果产生影响,因此教师必须要不断调整自己的心态和情绪状态;教师还应具有良好的人际关系管理能力。作为一名化学教师必须要与学生、家长、同事、领导建立良好的人际关系,才能更好地完成教学工作和其他相关工作。

二、教师教育课程的性质

教师教育课程是培养教师的教育课程。它与师范类专业教育课程是有区别的,其特点是师范性。从课程性质上看,它属于培养教师的专业教育。在理论上,它属于教育学类中的学科专业,但在实践中,它又属于师范教育类专业。在课程结构上,它具有明显的师范性,但又不完全局限于此。教师教育课程更重要的是在教学过程中体现师范性。

目前我国中学化学教师的学历层次普遍较低,但在学科知识方面的要求却较高。化学新教材是以中学化学学科为基础编写的,其内容几乎涉及中学化学中所有重要知识点、教学原则和教学方法。因此,中学化学教师必须具备相应的学科专业知识和技能。

(一)课程内容的学理性

教师教育课程的内容主要是教育学和心理学,这些课程都有明确的理论依据。新教材体现了新的教育理念,在课程内容的安排上,首先强调了"三维目标"的要求,即知识与技能、过程与方法、情感态度与价值观。这三个目标具有内在一致性。同时,在教学过程中注重以学生为中心,教学方法和手段也是围绕"以学生为中心"来进行的。这样做符合新课程理念对教师提出的要求,教师不仅要传授知识,更要教会学生如何学习,如何思考问题。因此,在教学内容的选择上必须符合学生的认知水平和发展需要。化学学科中涉及的各种知识体系、元素化合物知识、实验和化学计算等都是教师所必须掌握的基本内容。

(二)课程目标的师范性

教师教育课程目标的师范性体现在两个方面:一是教师教育课程的目标要与中学化学课程相一致。在《义务教育化学课程标准(2022 年版)》中,中学化学课程目标有三个方面:一是使学生理解和掌握基本的化学知识,学会基本的学习方法,形成基本的实验技能;二是使学生形成良好的情感态度与价值观,并在此基础上学会学习;三是通过化学实验使学生了解化学在社会发展和人类生活中的作用。

教师教育课程目标要体现对中学化学教师的要求。教师教育课程不仅要为培养中学化学教师提供必要的知识和技能,更重要的是要通过各种活动使中学化学教师能够掌握所教学科知识体系和研究方法,并形成相应的思维能力,从而更好地适应现代教育教学活动。

三、课程设置

《中华人民共和国教师法》规定,教师应当具备一定的科学文化知识,掌握教育教学理论和方法,具有从事教师职业所必需的基本能力。新课程改革要求中学化学教师不仅要具备一定的科学文化知识,还要具备一定的教育教学理论和方法。而传统的化学教师教育课程设置,是以学科为中心设置的,主要是以学科为本位。传统的中学化学教师教育课程设置忽略了化学与社会生活、经济发展的联系,以及学生在知识、能力、情感态度价值观等方面的发展需要。新课程改革要求中学化学教师教育课程必须从学科本位转向学生本位,要把学生作为课程学习的主体。因此,中学化学教师教育课程应该以学生为中心,以能力培养为中心。中学化学教师教育课程应以学生为主体而设置,在课程内容设置上应该体现"宽口径、厚基础",注重通识教育和学科教育相结合;在课程结构上应该体现"大类划分、分模块"的特征;在课程实施上应该体现"多元整合"和"综合实践"。中学化学教师教育课程应以科学知识与技能、科学探究与创新、学科知识与技能、教育教学能力为主。

(一)课程内容设置

中学化学教师教育课程内容主要包括理论课程、实践课程和教育研究方法等三部分。其中,理论课程包括:中学化学教师教育相关的基础知识和基本理论、化学科学发展历史、化学科学研究方法、化学实验技术与方法、化学新进展等。实践课程包括:中学化学教学论、中学化学课堂教学设计、中学化学微格教学、中学化学实验教学等。教育研究方法主要包括:教育研究方法的概念、分类及发展过程,教育学、心理学和化学学科教学论等相关理论知识。

在课程内容设置上,要体现"宽口径、厚基础"的特点,注重通识教育和学科教育相结合。既要让学生掌握扎实的理论知识,又要注重培养学生的综合素质。中学化学教师教育课程内容应包括:中学化学教师必须掌握的基本知识、基本理论和基本方法,中学化学学科教学论,中学实验教学,中学化学教学设计,中学化学微格教学等。

（二）课程结构

中学化学教师教育课程结构是指在一定的课程计划指导下,依据一定的课程标准,在课程内容方面体现出相对稳定的结构。中学化学教师教育课程结构是由各学科、各模块在其发展中相互联系而构成的有机整体,它为学生提供了学习科学知识和技能的具体内容和组织形式,为学生学习和发展提供了方法、策略、技能、态度等方面的指导,从而提高学生对中学化学教育教学规律的认识和理解。

中学化学教师教育课程结构是由三部分组成:一是学科专业课程,即各学科知识;二是教育专业课程,即各学科教学技能;三是教师教育理论与实践,即化学教师教育教学能力。在此基础上,形成一个大类划分、分模块的课程结构。具体来说,就是由必修模块、选修模块和活动模块构成。

必修模块包括通识教育、化学与科学探究、化学与技术实践以及相关的研究性学习;选修模块包括学科专业课程、教育专业课程和教师教育理论与实践;活动模块包括教育见习、实习等。根据中学化学教师教育专业的性质和特点,还可以按照一定比例设置其他类型的课程。

（三）课程实施

中学化学教师教育课程实施过程中,应该注重教育理论与实践相结合,加强与中学化学教学实践的联系,以实践来丰富理论,以理论指导实践。可开设综合实践活动、专题研究活动、研究性学习等课程。

在中学化学教师教育课程实施过程中,要开展一系列的综合实践活动,如:"走进化学实验室""走进新课改"等活动。通过综合实践活动,使学生了解化学教师教育的基本特点和要求,熟悉中学化学课程标准和中学化学教学实际,认识到中学化学教师的职责是教育学生学习科学文化知识、培养学生科学探究能力和创新精神,培养学生正确的世界观和价值观。通过综合实践活动,使学生了解教师教育的特点,认识到中学化学教师培养的目标是造就面向基础教育的合格教师。

教师要重视研究性学习在中学化学教师教育课程实施中的重要作用。研究性学习可以拓宽学生的知识视野,培养创新精神和实践能力;研究性学习可以培养学生学会学习、学会合作、学会创新的能力。要充分利用网络等现代信息技术开展研究性学习。

四、课程实施

(一)教育实习

一是实施方式:学校将教师教育课程与中学化学教师的实际需求相结合,采用集中实习与分散实习相结合的方式。集中实习是在学校或地方教育部门指导下,由教师教育专业学生所在学校组织,在大学教师指导下进行的为期一学期或一学年的教育教学实践。分散实习是在各中学进行,主要是在大学教师指导下,由参加实习的师范生利用课余时间进行教育实践活动。

二是指导教师:各大学要根据自身情况,有针对性地聘请一定数量的中学化学教师参加。同时,要为师范生提供必要的帮助,以保证其实习活动有明确的目的,有具体的计划和安排。各大学可根据本校实际情况自行确定指导教师的人选,如有必要可聘请中学化学教研员等作为导师。

(二)考核方式应多元化

考核方式一般包括:成绩考核、过程性考核、毕业论文等。其中成绩考核应在每学期末进行。各大学要充分利用网络技术对师范生进行教育教学能力评价,保证评价结果客观、公正和及时。

一是实习管理:各大学要认真做好教育实习的组织工作,强化学生在中学化学教育教学实践中的主体地位,保障其在实习期间充分发挥主观能动性。

二是加强实验教学:各大学要强化学生实验技能培养,加强实验室管理和开放力度。同时,各大学还要重视学生实验技能的训练和创新能力的培养,重视培养学生分析问题和解决问题能力。

三是加强学生素质教育：各大学要积极组织学生参加社会实践活动，引导他们理论联系实际地观察、思考问题，学会运用所学知识解决实际问题。

四是加强与中学化学教师的交流：各大学要积极与中学化学教师进行交流，了解中学化学教学现状和要求，探索师范专业改革与发展方向。同时还要积极向中学化学教师宣传教师教育课程改革的意义及当前中学化学教育教学改革的现状和趋势。

（三）《关于进一步加强高等学校教师教育课程建设的若干意见》提出了加强高等学校教师教育课程建设的目标、基本原则和具体要求

根据《关于进一步加强高等学校教师教育课程建设的若干意见》（以下简称《意见》），教师教育课程建设的目标是：形成具有师范性和职业性双重特色的教师教育课程体系，建设一批体现时代特点、适应社会需求、具有中国特色的教师教育课程，使课程成为教师培养的重要资源；通过多种方式提高学生的实践能力，促进师范生素质全面提高，使其成为德智体美全面发展的高素质专业化教师；建立一支结构合理、素质优良、相对稳定、专兼职结合的高水平师资队伍。

《意见》指出教师教育课程建设要遵循以下基本原则：坚持教师培养与基础教育改革发展相结合，以改革发展需求为导向；坚持理论知识与实践能力培养相结合，注重师范生综合素质提高；坚持教育理论与教学技能训练相结合，着力提高师范生的教育教学能力；坚持教育理论与教育实践相结合，加强对师范生进行综合素质培养。同时，《意见》还对教师教育课程建设提出了具体要求：课程建设要面向全体师范生，突出师范性和职业性；课程结构要体现师范性和职业性有机融合；课程内容要反映基础教育改革发展要求，突出实践性、开放性和应用性；课程形式要灵活多样；课程评价要体现发展性、综合性和多元化。《意见》还提出了加强教师教育课程建设的措施：各级教育行政部门要把教师教育课程建设纳入高等教育发展规划；高等师范院校要加大改革力度，制定相关政

策,积极开展教师教育课程改革与建设。

（四）《关于大力推进教师教育课程改革的意见》,提出"四位一体"的教师教育课程体系

《关于大力推进教师教育课程改革的意见》(以下简称《意见》)指出,教师教育课程体系是培养合格教师的主要途径。教师教育课程的主要目标是培养具有良好的教育教学能力和教育科研能力,能适应新时期基础教育改革与发展需要的高素质专业化新型教师。《意见》明确了教师教育课程体系建设的指导思想,即坚持师范性与综合性相结合、理论与实践相结合、职前培养与职后培训相结合;明确了教师教育课程建设的目标,即加强培养创新精神和实践能力,优化课程结构,增强课程内容的时效性、针对性和选择性;强调了教师教育课程建设的原则,即坚持师范性与综合性相结合;明确了教师教育课程建设的保障机制,即政府要加大投入力度,构建教师教育课程体系。

《意见》指出,在当前教师教育课程体系改革中,要积极推进"四个一体",即由教师职前培养为主向师范院校与培训机构共同培养转变;由学科专业培养为主向学科专业与教师专业相结合转变;由课堂教学为主向课堂教学、实践教学和自主学习相结合转变;由单纯注重知识传授向能力和素质协调发展转变。《意见》提出,要进一步完善师范生的"双证"制度。即在师范生毕业时应取得中学一级以上教师资格证书和相关学科领域的硕士研究生毕业证书;在中小学任教期间应取得本科学历和教育学、心理学等方面的国家规定的相关学科专业知识和教育教学能力。

在师范类课程中增加"现代教育技术""心理健康教育"等新课程;在师范类专业课程中增设"中学化学课程"等新课程;在学科专业基础课程中增设"中学数学课程""中学物理课程"等新课程;在师范类专业选修课程中增加"中学政治与法律"等新课程。师范类专业要强化学生的职业意识和职业技能训练,强调培养学生的职业道德修养。

《意见》指出,要积极探索教师教育的有效途径。一方面,要积极推进师范生实践教学改革,建立实践教学制度;另一方面,要加强师范生教育研究,

鼓励教师教育专家、学者与中小学开展合作研究,促进教师教育理论与实践相结合。

《意见》要求各地在建设教师教育课程体系时要加强省级统筹。各地应根据基础教育发展对师资的需求情况、教育改革和发展要求以及教师队伍建设规划等因素,结合地方经济社会发展实际情况和高师院校办学条件等情况,认真制定本地区师范专业招生计划和培养方案,并将其纳入本地区高校招生计划和培养方案。《意见》要求各地要加强对教师教育课程建设工作的领导和管理,落实改革任务;要按照"统一规划、协调实施"的原则,建立省级统筹、市级为主的教师教育管理体制和运行机制;要将教师教育课程建设工作纳入本地区师资队伍建设总体规划;要充分发挥地方政府在教师教育课程体系建设中的作用。《意见》还要求各地要大力推进"双证书"制度试点工作。

(五)《教育部关于加强师范生教育实践的意见》提出了明确教学技能训练的目标、内容和实施途径

一是加强师资队伍建设:各大学应组织本专业教师认真学习和研究《教育部关于加强师范生教育实践的意见》,提高教师教育专业人才培养质量。各大学要重视培养中学化学教师的教育教学能力,积极引导和鼓励教师教育专业毕业生进入中学进行实践锻炼,使其尽快适应中学化学教学工作。

二是加强与中学的合作:各大学要充分利用本校的优质教育资源,加强与中学的合作,共同探索和实践教师教育课程改革与发展的方向。同时要注意加强对中学化学教师的指导,以帮助其更好地履行教师职责。

三是注重学生创新能力和实践能力培养:各大学要认真落实《面向 21 世纪教育振兴行动计划》和《基础教育课程改革纲要(试行)》,改革传统的课程设置、教学模式、教学方法和评价方法,重视培养学生的创新能力和实践能力。

四是加强教育实习管理:各大学要认真做好教育实习的组织工作,在实践过程中严格按照《中小学教师职业道德规范》要求进行管理,确保实习质量。同

时,要建立健全实习管理制度,完善各项管理措施。

五是重视化学学科素养:各大学要重视化学学科素养培养,加强对学生化学学科知识和科学探究能力、创新精神和实践能力的培养。同时要注重对学生科学精神和人文素养的培养,引导学生关注化学学科发展动态。

五、新课程改革对中学化学教师素质要求的影响

新课程改革对中学化学教师素质提出了更高的要求,其中包括了师德、教育观念、专业知识和技能、教育教学能力、现代化教育技术手段等方面。教师要通过对这些方面的学习和培训,适应新课程改革的需要,在教学过程中真正体现新课程的理念和精神。中学化学教师要努力学习,不断提高自身的专业素质,只有这样才能适应新课程改革的要求,更好地履行自己的职责。

总之,新课程改革给中学化学教师提出了更高的要求。中学化学教师必须适应时代发展需要,认真学习专业理论知识,努力提高自身素质,不断地充实自己、更新自己、完善自己。只有这样才能真正适应新课程改革对中学化学教师的要求。

(一)关于中学化学教师教育课程改革的几点思考

当前,我国进行着新一轮基础教育课程改革,一个重要目标是全面落实国家基础教育课程改革的精神,推进素质教育,培养学生的创新精神和实践能力。在这种背景下,新一轮基础教育课程改革中的一个重要方面是转变教师的教育观念。这就要求中学化学教师不仅要有良好的政治思想素质、职业道德素质和业务素质,还要具备现代教育观念和现代化教学手段。新一轮基础教育课程改革主要围绕着如何培养学生的创新精神和实践能力这一中心问题展开,但中学化学教师教育课程在这方面也有自己的特殊要求。我国目前的中学化学教师教育课程存在着与基础教育改革不相适应的问题。

一方面,由于我国基础教育课程改革正处在起步阶段,许多问题还没有完全明确;另一方面,新课改提出了新的教学要求,一些教师还没有完全适应这种要求。因此,中学化学教师教育课程改革既要吸收我国基础教育改革中成功的

经验,也要吸取一些不符合时代要求的内容和做法。在这一背景下,笔者认为中学化学教师教育课程改革要以学生发展为本,以培养学生创新精神和实践能力为目标,要树立新理念,要构建新课程体系,要优化教师知识结构,要构建实践教学体系,要深化教学方式和教学方法改革。

（二）中学化学教师教育课程设置存在的问题

目前,我国中学化学教师教育课程体系已经基本形成,但是,在课程设置方面仍存在一些问题,主要表现在以下几个方面:

首先,中学化学教师教育课程体系中还缺乏基础教育和化学课程的内容。在这种情况下,中学化学教师教育的内容就很难保证学生学习到最新的知识,也很难适应新课程改革对中学化学教师的要求。

其次,中学化学教师教育课程体系中还存在着理论与实践相脱离的问题。我国目前对中学化学教师教育课程的重视程度不够,大多数中学化学教师都认为只有在课堂上才能获得相关知识和技能。另外,中学化学教师教育课程体系中理论与实践相脱离的问题也很严重,大部分中学化学教师在实际教学过程中只会照本宣科,不会灵活地运用所学的知识和技能进行教学。学生在这样的环境下学习,不能很好地提高自己的教学能力和素质。

（三）深化中学化学教师教育课程改革的几点建议

随着课程改革的不断深化,教师教育课程改革也面临着许多新的问题,这些问题如果得不到及时解决 就会影响教育的质量和教师的发展。因此,需要我们不断地研究和探索新形势下中学化学教师教育课程改革的新问题,及时提出解决问题的新思路。为此,笔者提出以下几点建议:一是针对当前中学化学教师教育课程体系中存在的突出问题,必须加强中学化学教师教育课程体系中课程设置与实施的改革研究;二是加强中学化学教师教育课程内容体系与教学方法改革;三是加强中学化学教师教育课程资源建设与开发;四是加强中学化学教师教育课程实施的研究。

六、小结

基础教育课程改革的不断深入和发展,对中学化学教师提出了更高的要求,也对中学化学教师教育提出了新的挑战。教师教育课程改革的重点和难点在于培养中学化学教师的专业素质。在课程设置中,应将中学化学教师应具备的专业素质结构与中学化学新课程改革相结合,既要体现出新课程改革对中学化学教师专业素质提出的新要求,又要适应新课程改革对中学化学教师专业化发展的要求,从而促进基础教育课程改革的顺利进行。

第二节　实习与教学实践

"师者,传道授业解惑也。"随着教学改革的深入,新课程的实施,给师范生提出了更高的要求。作为一名师范生,在校学习期间不仅要掌握扎实的专业知识,还应具有一定的教学技能和教学艺术。师范院校毕业的学生除了要具备扎实的专业知识外,还应具有较高的教师素养,这就要求师范生在实习期间努力提高自己的教学技能和艺术。新课程标准要求教师树立"以学生为主体"的思想,重视学生的主体地位,发挥学生在学习中的主动性、创造性。师范生通过一个学期的教学实习,可以对中学化学教育教学有了更深刻、更全面的认识,对未来职业有了初步规划。

一、努力学习教育教学理论

教师不仅要有丰富的专业知识,还要有先进的教育理论和科学的教学方法。因此,师范生应重视对自己专业知识的学习。在教学过程中要虚心向老教师请教,认真备课,用心修改教案,及时总结课堂教学中的成功与不足。课前认真仔细备课,根据课程性质和学生特点选择教材和教学方法。认真备课、上课、听课、评课,及时批改作业、讲评作业,做好课后辅导工作。

师范生还要重视发现教育教学理论对实践指导性。实习期间要有意识地将学到的教育学和心理学理论知识应用于实践之中,逐渐形成自己的教育教学方法。

（一）让学生学会学习

在教学过程中，师范生应要求学生课前预习，在课堂上对学生预习中遇到的问题进行提问，活跃课堂气氛。学生们在此基础上还会互相交流、互相帮助，形成了良好的学习氛围。学生们不仅能在课堂上学习到知识，还能在课下养成良好的学习习惯，这一点是十分重要的。上课时不再是教师让学生听课，而是让学生主动去探索知识，鼓励他们积极发表自己的见解。这样做不仅能让学生把所学知识掌握得更牢固，而且还能培养他们良好的思维习惯和创新意识，要让学生学会学习就要教给学生学习的方法。

（二）培养学生良好的行为习惯

在实习的过程中，师范生要培养学生的行为习惯，这也是影响学习成绩的关键因素。在课堂教学中要注重培养学生良好的学习习惯。在上课之前先告诉学生上课要做到：认真听讲，做好笔记，举手发言，不懂就问，认真完成作业等。课堂上要采取多种形式来进行教学，例如让学生自己进行小组讨论，然后汇报给老师，再由老师点评。同时也鼓励学生之间互相交流学习心得。在课堂上有一部分同学没有听懂老师的讲解，所以上课时他们也没有认真听讲。针对这种情况要在课堂上请他们回答问题并让他们先预习下一节课的内容。这样就可以解决上课时不听讲的问题，让他们认真听老师讲课。这既能增加课堂教学效果，又能提高学生的学习成绩。

师范生除了课堂上要注意培养学生良好的学习习惯外，还要注重培养学生良好的行为习惯。例如在课间休息时让学生先把自己的学习用品整理好然后再出去玩。同时对于教室里乱扔纸屑、吐痰等不文明现象也会进行制止和批评教育。同时让学生每天早晨到学校后先把自己一天要做的事情写在一张纸上贴在黑板上，等等。通过这些日常行为习惯的培养，学生们都养成了良好的行为习惯，从而也提高了他们的学习效率和成绩。

二、加强师德修养，塑造高尚人格

作为一名教师，不仅要具有广博的知识，更要有高尚的道德。教师必须用自己的言行举止去影响和教育学生，使他们树立正确的世界观、人生观、价值观。所以，在教育教学过程中，师范生要注重自身的道德修养，以身作则，为人师表。用自己的模范行动来教育和影响学生。在教学工作中，要始终保持良好的精神状态和高尚的道德情操，做到关心集体，团结协作；尊重领导，尊重同事；热爱学生，一视同仁；严谨治学，为人师表。在教学工作中做到不体罚或变相体罚学生。在处理师生关系上能做到以理服人、以情感人、以情动人；对学生做到严而有格、严而有度、严而有恒。特别是在化学教学中注重发挥学生的主体作用。鼓励学生大胆质疑、讨论和交流；让学生通过化学实验等多种途径获得知识；让学生从"学会"到"会学"再到"喜欢学习"。

（一）从生活中来，到生活中去

如在学习"碱"的时候，可以给学生介绍碱的作用，再举出生活中的例子：盐的用途很广，可以做调料，也可以做肥料；可以用作造纸，也可以用作纺织；可以用作药品，也可以用作农药……笔者还给学生介绍了"酸"的用途：如清洗玻璃、器皿、镜子等；向学生介绍了"碱"的用途：如洗衣服时放入碱水后能洗净衣服上的污渍；向学生介绍了"盐"的用途：如吃火锅时放入一些盐后能防止食物变色；向学生介绍了"酸"的用途：如将水果放在强酸中浸泡后，水果会变得更加新鲜。通过这些简单而又有趣的介绍，让学生学到了很多有关生活中常见物质的化学知识，激发了学生学习化学知识的兴趣。生动有趣的教学方式上，学生也记忆深刻。把抽象、枯燥、乏味的化学知识，以游戏等形式表现出来，让学生在愉快中学习知识。

（二）通过教学，让学生养成良好的学习习惯

俗话说："习惯成自然。"要想取得好的成绩，好的习惯是必不可少的。在学习上，要学生养成预习、听课、复习和作业等学习习惯。预习是提高学习效

率的重要方法,课堂上老师讲得再多,不预习也是没有用的。师范生应在课前花点时间对知识点进行预习,让学生知道这节课要讲哪些内容,自己可以掌握哪些知识,可以通过查阅资料自己解决哪些问题等。在课堂上认真听讲、积极思考,课后及时复习,完成作业,多做题。只有这样才能真正把知识掌握牢固。

在平时教学中,师范生不仅要求学生掌握所学知识,还要求他们养成良好的学习习惯和生活习惯:上课时要做到专心听讲,认真做好笔记;遇到不懂的问题要及时请教老师或同学;课后要及时完成作业;按时独立完成作业;主动复习所学知识;平时还要积极参加体育锻炼和课外活动等。另外在平时也要求学生养成爱读书、爱思考的好习惯。因为良好的学习习惯有利于提高学生的学习成绩。

（三）以点带面,全面提高教学质量

在教学中,师范生要根据教材内容及学生的实际,设计课的类型,拟定采用的教学方法,并对教学过程的程序及时间安排都作了详细的记录,认真写好教案。每一课都做到"有备而来",每堂课都在课前做好充分的准备,并制作各种利于吸引学生注意力的有趣教具,课后及时对该课作出总结,写好教学后记,并认真搜集每课书的知识要点,归纳成集。在课堂上力求讲练结合。为了做到这点,师范生要不断探索新的教学方法。

在教学上,有疑必问。在各个章节的学习上都积极征求其他老师的意见,学习他们的方法,同时,多听其他老师的课,做到边听边讲,学习别人的优点和长处来弥补自己的不足和缺点。师范生实习生还应常到网上找一些优秀的教案课件学习借鉴,还可以经常参加各种教学研讨会以及外出听课学习。

（四）加强科研意识,努力提高教育教学水平

师范生应充分利用业余时间认真学习教育理论,认真学习新课程理念,钻研教材教法,研究新课程标准。在教学工作中,以培养学生能力为目标,重视对学生各种能力的培养。在教学中注意抓住重点,突破难点,精讲精练。运用多

种教学方法来激发学生的学习兴趣,充分调动学生学习的积极性和主动性。

三、积极主动地与指导老师交流沟通,学习其教育教学经验

教务处是学校教学工作的组织、管理和指导部门。作为一名实习生,要想尽快熟悉中学教学业务,就必须到一线去,多听、多看、多学。而听课是提高自身业务水平的一个有效途径,特别是没有教学经验的实习生,更需要通过听课来学习别人的长处,克服自己的不足,不断改进教学方法,提高自己的教学水平。要经常向教务处其他老师请教,学习他们先进的教育思想和丰富的教育理论知识。此外利用一切可能的机会到其他学校听课,向老教师学习他们丰富的教学经验和课堂管理方法。

应通过各种渠道了解中学化学教育教学情况和学生的思想动态。当遇到自己无法解决的问题时,主动向指导老师请教。通过与指导老师交流沟通,能在教育教学上受益匪浅,并加深对教师这一职业的理解和热爱。

(一)坚持学习教育教学理论,树立正确的教育思想

在教育实习工作中,我们要时刻谨记自己的身份,做一名人民教师。我们要有强烈的事业心和责任感,要热爱教育事业,要对教育事业尽心尽力。我们既要注重研究教育教学理论,提高自己的教育教学能力;又要脚踏实地,从点滴做起,要热爱学生、尊重学生、相信学生,把自己当成学生中的一员,到生本课堂中去学习、去实践。只有这样才能让自己真正融入到课堂中去。我们还要及时学习与借鉴优秀教师的先进经验和成功做法,积极参加学校组织的各种培训活动。比如参加新教师培训活动,通过培训学习新教师在备课、上课、课后反思等方面的经验;参加骨干教师培训活动,通过学习教育教学理论以及教育教学经验和方法等;参加教研活动,通过与老师们的交流和研讨,学习其他老师的优秀教学方法和先进经验。树立正确的教育观、学生观、教学观。

(二)坚持听课和评课

俗话说:"没有调查就没有发言权。"听课是了解实习学校教学情况的重

要途径。在听完课之后要写好听课笔记,认真做好每一次的评课,把听课中学习到的经验运用到平时的教学当中去。同时也认识到作为一名教师应该具有较高的师德修养和丰富的专业知识,努力学习新课标,以新理念指导自己的教学工作。同时我们也及时进行了反思与总结,不断提高自己的教学能力。在听完课之后都会写听课笔记和课后反思,以便在以后教学中做到有所改进。

(三)积极主动参加各种教研活动

在学校里,教研活动是提高教师教育教学水平的重要途径。在实习期应积极主动参加学校组织的各项教研活动。认真参与、虚心求教、认真学习,提高自己的教学水平。在听课过程中,还要注意听指导老师讲课的思路和方法,学习其严谨细致的教学作风和灵活多变的教学方法。课前,认真备好课:在备课中,认真钻研教材和教辅材料,查阅相关资料,精心编写教案;课堂上尽量采用多种教学手段,运用多媒体课件进行教学;课后认真批改作业;另外还利用网络资源及其他各种途径学习新课程改革相关理念和先进经验。作为一名教师不能只是懂得一些教育理论知识,还应该具有较强的实践能力。

(四)与指导老师交流沟通

要做好一名教师就必须具备良好的思想素质和职业道德水平。所以,我们在实习期间,一定要严格要求自己,要做到为人师表,以身作则。虽然只是一名实习生,一定要对学生负责,不能让自己所教的学生在将来的道路上有遗憾。多与指导老师交流沟通,把对中学化学教学的所见、所闻、所感记录下来。向指导老师请教教学过程中遇到的问题和疑惑,还向他们请教如何处理好师生关系等。通过与指导老师交流沟通,不但能明确自己的职业目标,同时也对当前教育教学改革的新形势、新理念有了更深一步的了解和认识学到宝贵的教育教学经验。比如:如何处理好师生关系;如何引导学生进行探究性学习;如何在教学中实施素质教育等。

四、加强自身基本功训练,不断提高业务水平

师范生要将在学校所学的化学知识与教学方法进行综合运用,加深对教材的理解,使自己的教学水平有较大的提高。实习过程中还要反思自己在教学中存在的不足之处,积极探索提高课堂教学质量和效率的新方法。除了认真学习课程标准、教材、教育理论、方法外,还应积极参加教育实习培训,通过学习化学教学新理念,掌握了一些先进的教学方法和策略。在教学中要遵循"学高为师、身正为范"的原则,做到为人师表。在备课过程中认真钻研教材、教参,学习好大纲,虚心向有经验的教师学习、请教。力求吃透教材,找准重点、难点。上课时注重"以学生为主体""教师为主导",注重讲练结合。在课堂上特别注意调动学生的积极性,加强师生交流,充分体现学生学得容易、学得轻松、学得愉快;注意精讲精练,在课堂上老师讲得尽量少,学生动口动手动脑尽量多;同时在每一堂课上要充分考虑每一个层次的学生学习需求和学习能力,让各个层次的学生都得到提高。

一名教师要想从本质上提高自己教育教学水平就必须在多方面下功夫,不能满足于一般知识水平的提高,而应把所学知识灵活运用到课堂教学中去,做到举一反三、触类旁通。

教学过程中,对于一些学生在课堂上反映比较强烈的问题,我认为在课堂上不能一味地责备学生,这样会使学生的思维受限,不能全面地对问题进行思考。应采取了一些措施,让学生意识到自己的错误,并且鼓励学生之间相互讨论,在相互交流中解决问题。例如当我问到某些问题时,有的同学就开始说自己已经明白了,我没有马上否定他们,而是让他们继续说下去。有时我还故意在某些问题上放慢速度让学生思考,学生兴奋地说出了自己的想法。这一现象使我很惊讶,他们的思维能力远比我想象的要丰富。

对化学教师来说,他必须对化学有着更深刻的认识,才能教好化学。这就要求我们要多读一些关于教育教学方面的书籍和杂志。新课程标准下的化学教学与传统的教学有很大不同,传统的教学只重视对学生基础知识和基本技能的培养,而忽视了对学生能力、情感态度和价值观等方面的培养。而新课程改

革则要求我们在教学过程中要重视能力、情感态度和价值观等方面的培养,尤其要重视培养学生分析问题、解决问题以及合作交流的能力。教师在课堂上要注意启发学生思考问题,这样才能使学生全面地、准确地理解所学知识。化学是一门实验科学,作为一名教师不仅要有扎实的专业知识,还要有丰富的经验和熟练的实验技能。作为一名化学教师不仅要懂得化学方面的理论知识而且还要具有化学实验技能。教师只有具备了这些基本技能才能更好地为学生服务。

课堂上,教师应该采用多种教学方式,调动学生的积极性,激发学生的学习兴趣,培养学生的学习能力。化学实验是化学学科教学的重要内容,实验可以使学生对物质有感性的认识,可以帮助学生理解知识,还能培养学生动手操作能力和分析问题、解决问题的能力。激发学生学习化学的兴趣,提高学生学习的积极性和主动性,培养学生创新意识和实践能力。而这一切都离不开教师在课堂上的精心设计和组织。

在平时的教学过程中,要善于总结和反思,及时掌握教育教学发展动态和趋势,要加强自身学习,多读教育教学书籍,向老教师请教,要多听优秀教师的课,结合自身的教学实际进行反思和总结,改进教学方法和教学手段。

加强业务学习,不断提高自身素质。作为一名教师要不断地提高自身素质才能适应社会发展的需要,只有精通自己的业务,才能将自己所教的学科教好。虚心学习,取人之长补己之短。要注重反思总结自己在教育教学过程中遇到的哪些问题和困难?如何解决?在处理问题时要反思总结自己教育教学方法和教学手段是否科学?多向老教师请教经验,从他们那里不断地汲取营养和经验。通过总结他们所教班级学生成绩和学习情况的分析,寻找自己存在的不足之处并积极改进。

五、加强对教材的研究,掌握教学规律

对教材进行研究是备课的基础,通过研究教材,可以使自己的教学内容更加丰富、充实,从而更好地驾驭课堂。在备课过程中,我认真研究教材,力求准确把握重点,难点,在备课中从整体上把握教材内容,从而更好地确定教学思

路。对课堂上的临时应变也作了充分的准备。认真制定教学计划,注重研究中学教学理论,认真备课和教学,积极参加科组活动和备课组活动,并能经常听各老师的课,从中汲取教学经验,取长补短,提高自己的教学的业务水平。每节课都以最佳的精神状态站在教台上。按照"学高为师"的要求,努力使自己的课堂教学实现"优化"。

第三节　培养中学化学教师的评估与认证

教师培养是提高教师质量的关键环节,我国师范类教育质量在很大程度上取决于教师培养的质量。我国目前尚未建立系统的中学化学教师培养评估与认证体系,许多师范类专业都是在"自然状态"下进行的。建立和实施科学、系统的评估与认证体系,是提高中学化学教师质量的关键。

一、问题的提出

当前,我国已经建立了教师资格证书制度,教师职业准入制度,但在教师培养方面却存在着一系列的问题。从当前情况看,我国中学化学教师的数量严重不足,存在着结构性缺编,许多高校由于师资不足而不能承担中学化学教师的培养任务。而有的学校在师资不足的情况下仍盲目扩大招生规模。这种"大锅饭"式的培养模式使许多师范院校培养出的毕业生在数量上不能满足中学化学教师需求。另一方面,我国中学化学教师质量较低。有的学校师资水平较低,无法承担中学化学教师的培养任务;有的学校师资水平较高,但课程设置不合理,学生对所学专业课程知识不能融会贯通,教育理论不能很好地指导中学化学教学实践;有的学校教育教学质量低下,学生缺乏动手能力和创新精神。这些都直接影响了中学化学教师的培养质量。因此,探索科学、合理、有效的师范类专业人才培养评估与认证体系就显得十分必要了。如何建立和实施科学、合理、有效的评估与认证体系,如何构建科学、有效的评估与认证标准,是当前我国师范类专业人才培养需要解决的问题。

（一）开展师范类专业人才培养评估与认证的意义

师范类专业人才培养评估与认证是我国高等教育质量保障体系的重要组成部分，其目的是全面、客观、准确地了解师范类专业人才培养情况，促进人才培养质量的不断提高，保证师范生的质量和师范生的就业。通过对师范类专业人才培养状况进行全面评估与认证，可以及时发现问题、分析原因，为政府制定教育政策和学校改进教育教学工作提供科学依据；有助于各师范院校间进行相互学习与交流，提高人才培养质量；有助于师范生对自身的职业定位和发展目标有更清晰地认识；有助于提高社会对师范类专业人才培养工作的关注和支持程度，形成政府、社会和学校共同参与、协同推进的良好局面。

我国师范类专业人才培养评估与认证工作起步较晚，经过几年的发展，已经形成了比较完善的体系。自 2005 年以来，我国师范类专业人才培养评估与认证工作进入了快速发展阶段。目前，全国已有 80 余所师范院校参加了师范类专业人才培养评估与认证工作，其中大部分都是有一定办学历史和规模的院校。我国在建立和实施师范类专业人才培养评估与认证制度方面积累了丰富经验，具备了一定的基础。开展师范类专业人才培养评估与认证工作不仅符合我国高等教育大众化进程的发展趋势，也符合世界高等教育改革发展潮流。

（二）如何构建科学、合理、有效的师范类专业人才培养评估与认证标准

构建科学、合理、有效的师范类专业人才培养评估与认证标准，应首先明确评价的基本原则，即客观性、发展性和有效性。客观性原则是指评价要以事实为依据，评价结果要准确反映被评价对象的真实状况；发展性原则是指评价要体现师范类专业人才培养的实际效果；有效性原则是指评价结果要有利于促进师范类专业人才培养质量的持续改进和提高。

在构建师范类专业人才培养评估与认证标准时，应遵循以下原则：

第一，要建立以人才培养为核心的评估体系。人才培养质量是评价的最终

目的,应围绕人才培养目标、课程设置、实践教学、师资队伍、教学条件等方面进行综合评估。在制定人才培养评估与认证标准时,应从实际出发,充分考虑到我国对中学化学教师的需求,兼顾教师教育的目标和要求。

第二,要建立健全相关制度和机制。建立健全相关制度和机制是实施评估与认证标准的重要保证。各师范类专业应制定相关制度和机制,确保师范类专业人才培养评估与认证工作得以有效实施。

第三,要以学生为中心,不断改进人才培养质量。在评估与认证标准中要充分体现学生中心、产出导向、持续改进的理念,不断改进和不断提高人才培养质量。

第四,要实现评估与认证标准的有效实施。在实践中要不断总结经验、吸取教训,并不断对评估与认证标准进行修改和完善,以使其更加符合师范类专业特点。

（三）目前国内对师范类专业评估与认证的研究现状

近年来,国内对师范类专业评估与认证的研究主要集中在师范类专业评估与认证的理论和实践问题方面,在师范类专业评估与认证标准研究方面几乎是空白。而这一空白使得师范类专业在发展过程中出现了盲目追求规模、忽视质量等一系列问题,导致了人才培养质量低下。为了保障师范类专业人才培养质量,许多省份都开始了对师范类专业评估与认证的探索。

例如,2022 年,山西省教育厅出台了相关政策文件,进一步规范和加强了师范类本科专业毕业生的能力（职业）水平认证工作。这一政策的实施标志着陕西省本科师范类专业评估与认证工作在制度上更加规范化、法制化。同年,教育部引发了《关于进一步推进实施普通高校教师资格认定与定期注册制度改革的意见》,这是国家层面对教师资格证书制度的进一步完善。在此之前,教育部办公厅引发了《关于做好 2022 年高等学校教师资格考试工作的通知》,该通知明确指出了教师资格考试的相关要求和安排。此外,教育部还发布了《普通高等学校师范类专业认证实施办法（暂行）》,该办法指出了师范类专业认证工作的指导思想、认证理念、认证原则、认证体系、认证标准、认证对象及条件、认证组织实施、认证程序、认证结果使用、认证工作保障、争议处理以及认证纪律与监督等方面的具体内容。至此,我国师范类专业的评估与认证制度得到了进一步的发展和完善。

总的来说,目前我国对师范类专业评估与认证的研究主要集中在理论层面上的探讨和研究,而在实践层面上的探索还很少。

(四)研究中存在的问题

1.研究时间短,相关研究资料较少

当前,我国师范类专业人才培养评估与认证体系的研究还处于探索阶段,在研究时间上,相关的研究资料较少,在资料来源上,主要以教育部直属师范院校为主,有关其他院校的资料相对较少。

2.研究方法单一,研究方法的借鉴不多

从已有的研究成果看,在师范类专业人才培养评估与认证体系构建的相关文献中,有很大一部分是采用调查问卷和访谈相结合的方法进行研究。这种方法虽然可以较为全面、客观地了解师范生对教师职业的看法以及对师范生培养质量的意见和建议,但对于更深层次地了解师范生对教师职业的认识以及对中学化学教师专业发展和质量保障的认识还比较欠缺。

3.对实践经验总结不足

在已有的研究成果中,我们主要是从理论上进行研究,而对师范类专业人才培养评估与认证体系构建和实践经验总结不够。相关文献中虽有一些实践经验总结,但大都是从师范生对教师职业认识以及中学化学教师专业发展和质量保障等方面进行论述,并没有涉及师范生对中学化学教师专业发展和质量保障等方面的认识。

4.在评估标准方面存在不合理之处

如在"师范类专业人才培养评估与认证体系构建"一节中,提出了师范生发展需要达到的六个标准:知识与技能、情感态度、思想品德、创新精神和实践能力和终身学习能力。但在实践中我们发现,这六个标准并不能完全反映出师范生培养质量。

(五)研究的目标

本研究的目标是建立师范类专业人才培养评估与认证体系,对师范类专业人才培养质量进行评估与认证,以达到提高师范类专业人才培养质量的目的。通过构建科学、合理、有效的评估与认证体系,形成师范类专业人才培养的内部质量保证机制,实现师范类专业人才培养的质量保证和持续改进。同时,通过实施科学、合理、有效的评估与认证标准,促使师范类专业人才培养质量不断提高,以满足社会对优秀师资的需求。

本研究将构建师范生核心能力框架,分析中学化学教师能力结构要求和特征,探讨中学化学教师能力培养标准和评估认证方法;提出基于能力框架的师范生核心能力评价体系;提出基于能力框架的师范生核心能力指标体系。并根据中学化学教师资格认证标准要求和高中化学课程标准对师范生核心能力进行量化评价,建立师范生核心能力评价标准。

二、评估与认证体系建设

评估与认证是学校、政府、社会等对师范类专业人才培养质量的评价与认定,其目的在于以教育教学质量和办学条件为基础,推动师范类专业人才培养质量的提高。师范类专业的评估与认证应遵循"政府指导、高校自主、社会参与、市场竞争"的原则,实行"政府主导,社会参与"的办学模式。

《国家中长期教育改革和发展规划纲要(2010—2020)》明确提出"提高教师业务水平"是提高教师队伍质量的关键。教育评估与认证机构可以对师范类专业人才培养进行定期或不定期地评估,以科学地了解其培养质量,进而对培养方案进行必要调整或改进。同时,还应建立完善的教师资格考试制度。师范类专业人才培养质量评估与认证体系可以包括评估与认证机构、评估与认证结果等方面。

师范类专业人才培养质量评估与认证体系的建立是一个复杂的系统工程,需要不断地探索和完善,建立和完善相应的制度和政策,建立科学、合理、系统、规范、可行的评估与认证体系,从而保证师范类专业人才培养质量的提高。

(一)建立师范类专业评估机构

教育评估与认证机构是师范类专业评估与认证体系建设的重要组成部分。在我国,师范类专业评估与认证机构有两种类型:一是国家教育行政主管部门;二是独立的社会评估机构。我国目前教育评估与认证机构的设置,通常有两种方式:一是教育部专门设立一个教育评估与认证机构,如教育部普通高等学校师范类专业教学指导委员会等,负责对师范类专业人才培养质量进行评价与认证;二是教育部和省级教育行政部门共同设立一个师范类专业教学指导委员会,负责对本地区师范类专业人才培养质量进行评价和认证。但是,这两种机构的性质、功能以及管理体制等方面都存在着较大的差异,这就要求在国家教育行政主管部门设立一个专门负责师范类专业评估与认证的机构,同时还应考虑到各地区经济社会发展水平、各地区师范类专业布局和层次、各高校办学规模等因素。

(二)建立评估与认证制度

评估与认证制度是在一定的制度框架下进行的,它是师范类专业人才培养质量的保障体系,是保障师范类专业人才培养质量的重要手段。我国的师范类专业评估与认证制度需要从以下几个方面来进行:

第一,制定《教师教育课程标准》和《教师教育课程评价标准》,以促进教师教育课程改革的发展。

第二,建立评估与认证制度,以推动师范类专业人才培养质量的提高。

第三,制定和完善师范类专业教学质量国家标准,并实行定期评估制度。

第四,制定师范类专业学位制度和师范类专业人才培养质量标准。

第五,加强对师范类专业教学工作的指导和管理。

在我国师范类专业评估与认证制度中,首先要建立起相应的组织机构并明确相关责任;其次要制定评估与认证的具体标准和操作程序;再次要建立评估与认证机构;然后要加强对师范类专业教学质量标准的研究;最后要建立健全评估与认证信息平台等。

三、评估与认证机构建设

我国师范类专业评估与认证机构的建设,一是要尽快制定《全国师范类专业评估与认证暂行办法》,对师范类专业的评估与认证工作进行具体指导;二是要尽快建立国家教育评估中心,负责全国师范类专业的评估与认证工作,并实行有效的管理;三是要尽快建立一支高素质的评估与认证队伍。

在国家教育评估中心的指导下,各省(自治区、直辖市)教育行政部门在省(自治区、直辖市)教育评估中心的指导下,负责本地区师范类专业的评估与认证工作。

师范类专业评估与认证工作的具体内容包括:制定科学合理、操作性强的师范类专业办学标准和人才培养方案;定期或不定期地开展教师教育课程质量调研活动;根据调研结果,定期或不定期地开展教学工作质量监控活动;组织教师教育课程教学水平自评和督导评估等。

师范类专业评估与认证人员要具有较高的政治素质和道德修养,坚持"以人为本"和"全面发展"的育人理念,不断提高自身业务素质。同时,还应具备相应的学科背景和实践经验,并能够深入了解中学化学教师队伍的实际情况。

还要建立科学合理、操作性强的教师教育课程质量监控机制,加强对课程内容、教学方法和教学手段等方面的监控,保证课程质量。

(一)提高对中学化学课程的地位和作用的认识

化学是与生产、生活和社会密切相关的科学,对促进我国社会经济发展起着重要作用。化学教育是国民素质教育的重要组成部分,也是基础教育的重要内容。因此,在我国目前的教学计划中,中学化学课程虽然不占主要地位,但其地位和作用不容低估。

化学课程在中学课程体系中有独特的地位和作用。它是由数学、物理、生物、地理等学科共同组成的一门科学。化学课程不仅要求学生掌握必要的知识,而且通过学习化学知识,能使学生掌握获取信息、分析问题和解决问题的能力。通过化学课程的学习,可以培养学生科学探索、交流与合作等能力;可以提高学生的思维能力、想象能力和创造能力;可以培养学生的创新精神和实践能力。

在中学教学中,化学教育是实施素质教育的重要途径之一。随着经济发展和科学技术进步,社会对人才提出了更高要求。这就要求我们必须认真贯彻党的教育方针,努力实施素质教育。同时,也要让我们对中学化学课程改革有一个清醒的认识。当前,我国高中阶段学生面临着升学和就业两大压力。如何帮助他们缓解升学压力、提高素质,是摆在我们面前的一个重大课题。而要实现这一目标,高中化学教育是一个不可缺少的途径。

中学化学教育作为基础教育中一个独立的学科课程体系,它肩负着培养学生科学素养和人文素养以及为社会主义现代化建设培养合格人才的任务。因此,必须加强中学化学课程在基础教育中的地位和作用。

(二)加强中学化学课程教学内容和方法的改革

师范类专业要改革传统的"化学 +"模式,加强学科与相关学科的融合,拓展教师教育课程内容,开发利用教育技术手段,积极探索"学科 +"模式的实践应用。师范类专业要充分利用化学科学的实验方法、仪器设备以及社会资源等优势,在课程设计中以真实情境为基础,创设各种学习活动的机会和条件,激发学生学习兴趣;以问题为核心组织教学内容,使学生在主动参与、探索实践、合作交流中获得知识、培养能力,并形成正确价值观。

师范类专业要重视与中学化学教师之间的交流和合作,可以通过共同开发校本课程、开设选修课程等形式进行合作,并探索建立学生参与教师教育课程建设的评价机制。师范类专业要与中学化学教师密切合作,在开设课程的内容选择、教学方法等方面进行积极探索。

师范类专业要重视学生综合素质的培养,加强通识教育课程建设。充分利用校园文化和社会资源,加强学生人文精神和科学精神教育。师范类专业要为学生提供更多的实践机会,注重理论与实践相结合。在理论教学方面,教师教育课程应重视学科素养和基本教学技能的培养;在实践教学方面,教师教育课程应重视学生化学实验操作能力的培养。师范类专业要加强学生创新精神和实践能力的培养。师范类专业要建立师范生实习评价机制和机制,严格把好实习关。同时,教师教育课程应注重采用多种教学手段来组织教学活动,开展以学生为中心的探究性学习和研究性学习活动,采用现代信息技术辅助教学。

(三)强化中学化学教师的培养

中学化学教师的培养是师范教育的重要内容,也是师范生学习专业知识和专业技能的关键。这就要求师范生既要掌握化学学科基本理论、基本知识和基本技能,又要具备化学教育教学能力。目前,我国师范教育体系中尚未设置中学化学教育专业,培养中学化学教师的任务主要由相关专业(如化学教育、生物科学教育等)的教师培养机构承担。然而,从目前情况来看,我国中学化学教师队伍的现状不尽如人意,有的地区甚至存在严重的"化学教师荒"。因此,建立师范院校与中学合作培养中学化学教师的机制、加强教师队伍建设已成为迫切需要解决的问题。通过加强师范生培养,使其不仅能够胜任中学教学工作,而且还应具备较强的教育教学能力和教研能力。

我国中学化学教育专业在课程设置上存在着两个主要问题:一是缺乏专门培养中学化学教师的师范课程;二是部分师范专业课程设置没有突出"师范性"。为加强师范生培养,必须加强对相关课程内容和教学方法等方面的改革。在师范教育改革中,一方面要设置专门的中学化学教育专业课程,为师范院校培养中学化学教师提供理论基础和知识支持;另一方面要针对目前部分师范生"重理论、轻实践"等问题,加强相关课程的教学改革和实验教学。

(四)加强中学化学教师的在职培训

随着社会的发展,越来越多的中学生开始对化学产生兴趣,而中学化学教师却相对较少。中学化学教师要想胜任教育教学工作,就必须具有丰富的专业知识和深厚的专业功底,同时还必须具有较强的实践能力。要提高中学化学教师的专业水平和教学能力,就必须对他们进行在职培训。职前教师教育课程应该为中学化学教师提供教育理论、学科知识和教学技能方面的培训。通过对在职教师进行职前教育和职后教育相结合的在职培训,可提高中学化学教师的专业水平和教学能力,促进中学化学教学改革。但在进行在职培训时,应该注意以下几点:一是要加强在职培训内容与中学化学课程标准之间的联系;二是要注意培养学员进行新课程改革实践的能力;三是要注意选择适当的培训形式,如可与中学化学实验工作相结合,参加科学研究工作等。

四、评估与认证标准建设

首先,制定《化学教师教育课程标准》,构建化学教师教育课程体系。在师范类专业人才培养方案中,应规定化学教育课程的学分比例,确定课程的必修和选修学分,同时规定课程内容标准、教学质量标准、考试方式和考试时间等。在师范生教育实践活动中,应通过师范生实习基地与中学共同开发的形式,让师范生在中学一线进行教育实践活动。

然后,制定《中学化学教师资格认定标准》,建立中学化学教师资格考试制度。为保证中学化学教师资格考试的公平、公正和顺利实施,应制定《中学化学教师资格考试办法》,在《普通高等学校本科专业类教学质量国家标准》的基础上,制定《普通高等学校本科专业类教学质量国家标准》。《专业认证标准》是实施《大学本科毕业生专业认证标准》的基础,是对《大学本科毕业生专业认证标准》的具体化。各高校应参照《大学本科毕业生专业认证标准》制定自己的实施细则和措施。同时,为保证考试工作的公平、公正和顺利实施,应建立国家统一考试制度和保障制度。

在现行师范类专业人才培养方案中,应明确规定中学化学教师教育课程的地位、内容、课时比例、教学方式和考核方式等。

具体考核方式是:学生对中学化学学科教学知识的掌握情况;学生对中学化学学科教学基本能力的掌握情况;学生对中学化学教学艺术的掌握情况;学生对中学化学教学技能和教学方法的掌握情况等。

在现行师范类专业人才培养方案中,应明确规定师范类专业毕业生必须具备的相关知识和能力,以及取得相应资格所要求具备的条件和程序等。同时应制定《中学化学教师资格考试标准》,并规定师范类专业毕业生必须达到的具体要求。同时还应建立师范生学习效果评价体系。

五、思考与建议

教师教育改革的核心是提高教师培养质量。要建立科学的师范类专业人才培养评估与认证体系,保证师范类专业培养目标、教学内容、教学方法和教学质量的一致性,就必须在教育行政部门、学校和师范类专业之间形成一个有效的互动机制。从评估与认证体系建设、评估与认证机构建设和评估与认证标准建设等方面提出建议。中学化学教师应在教师教育改革中具有较强的可持续发展能力,要注重人才培养方案的更新,增强教师教育的针对性和适应性。师范类专业应加强对中学化学教师的培养,建立符合中学化学学科特点的课程体系,强化中学化学课堂教学方法,关注学生在化学课堂中的表现,帮助学生养成终身学习的习惯。

第四章 培养乡村教育情怀

　　乡村教育一直以来都是教育领域中备受关注的话题。乡村地区的学生教育资源相对匮乏,教师队伍缺乏优秀的教育人才,这给乡村学生的教育发展带来了一定的困难。然而,正是这样的困难环境,需要有乡村教育情怀的中学化学教师去关注和投入。

　　中学化学教师是乡村学生学习化学知识的重要指导者和启蒙者。他们不仅要具备扎实的化学知识和教学能力,还需要有对乡村教育的热爱和奉献精神。培养中学化学教师乡村教育情怀,不仅可以提高他们的教育素养,更是为了让他们能够更好地适应乡村教育的需求和挑战。

　　本章将探讨培养中学化学教师乡村教育情怀的必要性和策略。首先,我们将分析乡村教育的特点和面临的问题,明确培养乡村教育情怀的重要性。然后,我们将提供一些具体的培养策略,如加强师范教育、开展实践教学、加强师资培训等。最后,我们将探讨乡村教育情怀对中学化学教师教学效果和学生综合素质培养的影响。

第一节　乡村教师教育理念的培养

　　乡村中学化学教师是新课程改革的直接参与者和实施者,也是新课程实施的实践者。作为一名乡村中学化学教师,必须具备先进的教育理念,只有这样才能适应新课程改革的需要。但由于我国长期以来城乡教育资源分布不均衡,城乡教师受教育程度、教学能力、知识结构等方面存在明显差距,因此在化学教师培训中存在重理论轻实践、重知识轻能力、重学科知识轻人文素养等问题。解决这些问题的关键是提高乡村中学化学教师教育理念。

一、更新教育观念，转变教育思想

在化学教学中，教师的作用是组织学生学习化学知识，并在学习过程中进行启发、诱导和点拨。化学教学的目的是使学生通过观察、实验、操作、讨论等形式，获取知识和技能，发展思维能力和创新能力，形成正确的情感态度价值观。因此，化学教师在教学过程中必须改变过去的"重知识传授，轻能力培养"的观念，要牢固树立"以学生发展为本"的教育观，以培养学生的创新精神和实践能力为重点。在教学中要转变"一言堂"的教学方式，提倡启发式教学；改变教学手段，提倡探究式教学；改变学习方式，提倡体验式学习。通过引导学生开展各种探究性活动来培养学生创新精神和实践能力。教师要从传统的知识传授者转变为学生学习的组织者、引导者和合作者。要从"灌输式""填鸭式"的传统教学中解放出来，真正确立以学生为主体的现代教学理念。

（一）转变教师角色

教师角色是随着社会的发展而变化的，在传统的"传授者"和"灌输者"的角色下，学生主要是被动地接受知识。而随着社会的进步和时代的发展，教师在新课改中不再是知识的唯一传播者，而是学生学习活动中的指导者、组织者、参与者和合作者。在新课改中，教师要扮演好"合作者"或"指导者"，以引导学生自主探究为主。教师要做好角色转变，首先要做到由"课堂主宰者"变成"学生学习活动的引导者"，然后由"知识权威"转变成"学习共同体成员"。这样才能更好地培养学生的创新精神和实践能力。因此，教师要不断学习新知识、新理论、新技能，以适应社会发展和新课程改革的需要。其次是要转变自己的角色和观念。教师角色从传统知识的传授者转变为学生学习活动的指导者，必须改变自己的教学方式，善于创设情境和启发诱导，在课堂中努力创造民主、平等和谐的学习氛围，使学生充分体验到学习的乐趣。同时教师还要善于利用身边一切有利条件进行教育教学活动。

（二）创设问题情境

传统教学方法往往把学生的思维限定在课本和教师所规定的范围内，形成"一条腿走路"的局面。这种教学方式是一种封闭的、静态的学习方式，学生在这种模式下，往往会变得单调、呆板，逐渐失去创造力。因此，我们应注重创新教育，创设问题情境，鼓励学生大胆想象、勇于探索、不断创新。

例如：在讲到氧气的化学性质时，笔者先展示了几个生活中常见的物品：塑料、电池、酒精等。问学生提问："你们知道塑料可以回收再利用吗？能重复使用吗？"学生马上回答："可以回收再利用，不能重复使用。"笔者接着问："这是为什么呢？"学生回答："塑料容易燃烧"。这时笔者又问："生活中有哪些东西不容易燃烧呢？有什么方法能使它们不燃烧呢？"学生思考后说出很多东西。如塑料、电池、酒精等都是可燃物。"那如果这些不易燃的东西遇到高温呢？"学生说出了很多物品不能用火来加热的原因，如金属铁在高温下会发出耀眼的白光；铝会与氧气发生化学反应而产生氢气。

通过这样创设问题情境，让学生在教师的启发下自主探索，提高他们的创新精神和实践能力。这种教学方式不仅让学生学到了知识，还让学生获得了科学探究的方法和能力。

（三）营造民主氛围

要想提高教学质量，关键在于教师。教师是教学的组织者、引导者和参与者，教师的作用不仅体现在课堂教学上，还体现在组织课外活动上。因此，要使学生全面发展，教师要善于创造各种条件，让学生充分展示自己的才能。比如组织学生参加社会实践活动，让学生亲身体验生活；组织学生开展化学小制作、小发明、小论文的竞赛，使学生体验到成功的喜悦。教师要树立民主平等、自由和谐的教学思想，营造一个宽松和谐的教学氛围。要尊重每一位学生的人格和自尊心，既要肯定他们的长处和优点，又要注意他们存在的问题和不足。对每一位学生都要一视同仁、耐心教导；对好学生、优生与后进生应区别对待。教师应尽量让他们参加各种有益于身心健康发展的活动，使他们获得一些成功经验并保持一种积极向上的心态。

二、加强专业理论学习,提高专业知识

化学是一门理论与实践相结合的学科,而化学教师是实践的指导者和实施者,如果不了解化学学科的基本知识、基本原理和基本技能,就很难在教学中创造性地实施新课程。要提高化学教师的专业素质,必须加强专业理论学习,适应新课程改革的需要,就必须做到以下几点:一是要认真学习和掌握教育理论及课程改革的新理念、新思想、新方法,了解中学化学教学的历史与现状,明确化学学科在科学探究中的地位与作用,认真领会新课程标准,对初中化学教学有一个全新的认识。二是要认真学习化学专业知识,这是基础知识。化学是一门基础学科,它有坚实的理论基础和系统的学科体系。要学好化学专业知识必须掌握中学化学基本知识、基本理论和基本技能。只有这样才能为课程改革打下良好的基础。教师除了要有扎实的专业基础外,还必须有丰富的学科专业知识。只有具备了扎实而丰富的学科专业知识,才能做到因材施教、因人施教、注重个性发展,从而更好地引导学生全面而有个性地发展。

(一)学会运用多媒体课件

多媒体课件的应用,能够在较短时间内集中学生注意力,使学生进入最佳的学习状态,从而达到理想的教学效果。教师利用多媒体课件进行教学,可以通过视频、动画、图片等方式创设学习情境,激发学生兴趣,引起学生思考。通过多媒体课件的演示和讲解,能让抽象的化学知识具体化、形象化。在进行化学实验时,利用多媒体课件可以在较短时间内向学生展示出化学实验的全过程,使学生清楚地看到实验中的每一个步骤。在进行化学反应原理时,利用多媒体课件可以将化学反应过程用动画的方式直观地展示出来。通过动画,不仅可以让学生更好地理解化学反应原理中各部分之间的相互关系,而且还可以将化学原理直观、形象地呈现出来。在进行化学反应速率和化学平衡时,利用多媒体课件可以模拟出化学平衡状态的画面。通过演示这些画面可以让学生直观地感受到化学平衡是处于相对稳定状态的,是一种动态平衡。多媒体课件还

可以将一些难以观察到的现象用图片或动画的形式展示出来,这样就能使学生的注意力集中到所要观察和学习的内容上来。

(二)多参加一些继续教育

要使教师不断提高教育教学水平,必须在思想上更新观念,多参加一些继续教育,及时接受新的教育理念,并把这些新理念、新思想应用到教学中去。通过参加继续教育,可以不断充实自己的知识结构。参加继续教育也可以拓宽教师的知识面,开阔教师的视野。对于每一位教师而言,终身学习都是必备的素质和能力。教师不仅要学习业务知识、教育教学技能等内容,还要学习学生心理、教育心理学、教育技术等方面的知识。总之,新课程改革是一项艰巨而复杂的任务,我们每一位化学教师都应肩负起这一光荣而艰巨的使命。在今后的教学中应继续加强专业理论知识和新课程标准的学习,不断更新自己的专业知识,提高自己的教学水平和能力。

(三)努力提高自身的文化修养

教师的文化修养直接影响到教学的效果。只有具备较高的文化修养,才能培养出全面发展的人才。作为一名教师,要有扎实的专业知识和深厚的文化底蕴。在中学化学教学中,化学知识是构成化学学科体系的主要内容。没有这些知识就没有化学学科,就谈不上培养学生能力和创新精神。因此,教师应具有丰富的文化修养,要从各方面不断地充实自己,才能更好地在教学中体现教育理念。

在教学中,教师还应学习心理学、教育学等方面的知识。心理学是一门研究人类心理现象和行为活动规律的科学,它研究人们在实践活动中形成的心理活动过程及其规律。它致力于对人与人之间的相互作用所引发的心理现象、心理规律、心理特征及心理行为等各方面内容进行研究。教育学是一门研究教育规律的科学。旨在研究教育实践中人们认识和解决教育问题的规律以及人在接受教育时产生的心理现象、心理过程及规律。教育心理学是教育工作中最活跃、最富有创造性、最具有生命力的学科之一,是教育科学体系中最基本、最重要、最活跃的组成部分,也是从事其他学科教学工作者必须学习和掌握的学科之一。因此,教师必须通过学习掌握心理学方面理论知识和实践经验,从而不断提高自身素质。

(四)进行学科课程的学习,提高教学水平

学习化学学科课程的知识,可以让我们对化学的本质有一个更深刻的认识,帮助我们更好地把握教学内容。同时,化学学科课程的学习还可以使我们了解和掌握学科知识的相互联系与相互渗透,这是其他学科所不可代替的。通过对化学学科课程的学习,教师不仅可以掌握一定的学科知识,而且还可以对教学过程中产生的新问题、新情况、新经验等进行反思,进而不断完善自己的教育观念。通过化学课程学习,教师可以从知识结构和教育观念两个方面来认识化学课程。知识结构是指化学知识体系所反映出来的教学内容结构和教学方式结构,它是对化学知识系统、科学体系和内在联系的反应。而教育观念是指人们在教育过程中所形成的一种理念、思想、行为或品质。这些都是在长期教学实践中形成并逐步完善起来的,它是教师从事教育教学工作时最重要的素质。例如:新课程改革要求教师要转变观念,更新知识结构,而化学课程标准要求教师转变教育理念,树立现代教学思想,改变传统的教学方法和方式。只有通过学习化学学科课程,教师才能形成正确的教育观,掌握先进的教学方法和教学手段,更好地进行教育教学工作,促进学生全面、健康和谐发展。

(五)利用业余时间,参加函授教育等形式提高水平

化学教师要适应新课程改革的需要,必须不断进行教育教学改革,首先要转变思想观念,更新知识结构。因此,化学教师应该加强学习和进修。化学教师要积极参加学历提高培训、在职进修和继续教育,参加新课程培训、教学研讨等活动。作为一名合格的中学化学教师,应该不断学习先进的教学方法、教学理念和教育理论,提高自身的业务水平。作为一名农村中学的化学教师,由于受条件的限制,要想成为一名优秀的中学化学教师就必须不断学习新知识,掌握新技能。由于农村中学化学教育水平落后以及中学化学教师整体素质不高,

大部分教师缺乏教育教学经验和对教材教法的研究能力。在新课程改革背景下要想成为一名合格的农村中学化学教师就必须不断学习新知识、掌握新技能、更新知识结构,以适应新课程改革对化学教师提出的要求。

三、强化实践教学,提高教学能力

在新课程改革中,对乡村中学化学教师的教育理念和教学能力提出了更高的要求。而在这一过程中,既需要有先进的教育理念作支撑,也需要有科学的教学方法作保证。而要实现这两点,必须提高乡村中学化学教师的实践能力。

随着新课程改革的不断推进,一些乡村中学化学教师虽然已有了一些新课程改革理念,但由于受自身专业水平限制,他们在教学实践中往往不能灵活运用新课程改革理念和方法来开展教学。实践是检验真理的唯一标准,只有在实践中才能检验和提升化学教师的教育理念与教学能力。因此,乡村中学化学教师培训机构应该以实践为基础,以提高乡村中学化学教师教育理念和教学能力为目的。

例如:组织开展"说课比赛""说题比赛"等实践活动,并在此基础上组织开展微格教学训练活动,开展"农村中学化学教师送教下乡活动"和"乡村中学化学教师远程教育培训活动"以及组织开展化学校本研修、校本培训和教育实习等活动。

(一)说课比赛

说课是教学研究的一种基本形式,是课堂教学的一种创新形式,是教师开展教研活动的重要载体,是提高教师教学能力、实现"以研促教"、促进课堂教学质量提升的重要途径。说课不仅可以在教师之间形成一种相互借鉴、交流教学经验的有效平台,而且能让乡村中学化学教师在相互学习和交流中取长补短,提升自身的教育理念与教学能力。因此,在乡村中学化学教师培训机构中要定期组织开展说课比赛活动。具体做法为:先由说课专家制定说课题目,再由参加说课比赛的教师根据自己的专业特长自选课题进行说课;比赛前,参赛教师要认真研读所选课题相关的教育理论书籍、教育教学案例和新课程改革理念等材料;比赛时,参赛教师根据所选课题内容,从不同角度阐述自己对课题的理解、教学设计意图以及如何将新课程改革理念贯穿于课堂教学过程之中等;最后,专家根据参赛教师所讲内容,组织进行现场点评与指导。这样做不仅可以有效促进乡村中学化学教师对新课程改革理念和方法的理解,而且还能有效提升他们的教育理念与教学能力。

（二）微格教学训练

微格教学是一种现代教学训练技术,它是以系统、科学的教育理论为指导,通过模拟教师的课堂教学实践,对师范生和在职教师进行训练的一种方法。它通过微格教学的形式,将化学课堂教学过程分解为若干个教学技能动作,并分别进行训练,使师范生和在职教师在较短时间内掌握一种或几种具体的教育技能。而这些技能对促进新课程改革、提高教育教学质量具有重要作用。

微格教学的基本要素有三个:一是要明确微格教学训练的目的;二是要选择微格训练内容;三是要根据不同对象选择不同的训练内容。具体而言,首先要明确微格教学训练的目的,然后根据培训对象的实际情况确定其教育技能训练目标,最后根据具体训练目标选择微格教学训练内容。在此基础上,根据不同对象选择不同的训练方法,如对于师范生而言,可以通过讲授法、提问—示范—反馈—修改等方法来提高他们的教育技能;对于在职教师而言,可以通过录像法、角色扮演法、自我分析法等来提高他们的教育技能。

（三）送教下乡

为了有效促进新课程改革在乡村地区的深入实施,中华人民共和国教育部、财政部于 2009 年启动了"农村中学化学教师送教下乡"项目,旨在帮助、促进和扶持农村地区的教师提高自身的教育教学水平,使他们能够更好地适应新课程改革的要求。通过这种项目,不仅能为农村地区培养一大批优秀的化学教师,同时也可以促进优秀教师成长,使他们进一步掌握现代教育技术和教育方法,促进新课程改革的全面推进。送教下乡项目主要由三个部分组成:一是送教下乡活动,即为乡村中学化学教师提供观摩课堂教学、学习新课程理念及相关新知识和新技能的机会;二是送教下乡培训活动,即为乡村中学化学教师提供课堂教学观摩、培训学习和教育实习等机会;三是送教下乡实验活动,即为乡村中学化学教师提供观摩课堂教学、学习新知识及相关新技能的机会。

四、加强教育研究,提高教育科研能力

教师在新课程改革实践中,通过参加教育研究活动,不仅能够增强责任感、使命感和紧迫感,而且可以不断充实自己的专业知识和技能,丰富自己的教育实践经验,提高教育科研能力。为了提高教师教育科研能力,要注意在以下几方面下功夫:一是要强化培训的针对性。要明确培训的目的、内容、要求和方法,注重与教师教学实际相结合,提高培训质量。二是要针对教师的不同层次和需求开展多样化培训。不同层次、不同需求的教师采用不同的培训方式,如理论学习、实验操作、课堂教学观摩等;三是要注重形式与内容相结合。对新课程理念学习与实践等内容,既可集中授课,也可采用报告、座谈、研讨等形式进行;对新课程实施中存在问题的调查、分析与对策等内容可采用专题讲座等形式;四是要注重培训的实效性。教师在新课程实施中遇到各种具体问题时,应根据其特点和需要,有针对性地进行指导。如教学方法上出现新情况时,就可以指导教师分析学生的特点和变化规律,采用不同的教学方法;课堂上出现新情况时,就可以指导教师采用多种方式进行处理等。

基础教育新课程改革是一项庞大的系统工程,需要政府、学校、教师和社会各界共同努力。其中,政府是新课程改革的主导者。只有政府积极推进新课程改革,才能为教师转变教学观念、提高课堂教学效率创造良好的条件。因此,我们应充分认识到加强教师队伍建设的重要性和紧迫性,充分认识到加强教师队伍建设是我国教育改革与发展的战略任务。同时,我们也应看到在新课程实施过程中,存在着不少问题,这些问题有些是由教师本身原因造成的,有些则是由社会和学校环境因素造成的。因此,提高教师素质是解决新课程实施过程中存在问题的根本途径。

我们一方面要重视新课程实施过程中出现的各种具体问题,通过采取措

施,促进新课程改革的顺利实施;另一方面要大力加强新课程改革的宣传与教育工作,通过培训、进修等多种途径加强教师队伍建设。只有这样,才能逐步扭转社会上对教师职业认识上存在的偏差和错误认识,逐步形成全社会共同关心教师队伍建设、支持新课程改革的良好氛围。

如何培养师范生的教育理念是当前农村中学化学教师教育改革面临的主要任务。目前,农村中学化学教师教育理念存在诸多问题,制约着新课程改革的深入实施。因此,我们要培养合格的化学教师,就必须进行观念更新和培养教育理念。

一要更新传统的教育观念,树立正确的人才观。树立"以人为本"的教育思想,坚持"素质教育"和"能力教育"相结合的原则。二要树立科学的教育价值观。从学生发展出发,以学生为本,以促进学生全面发展为目标,尊重学生个性差异和潜能开发。三要更新教学观念,确立新的教学理念。改变传统的以传授知识为中心的教学方法;改变"填鸭式"教学,倡导探究式学习;改变传统课堂教学组织形式和教学方法;改变传统考试评价制度和考试内容;改变传统课堂教学中教师主导作用与学生主体地位相分离等。四要更新知识结构,适应新课程改革要求。

对化学教师的教育理念进行培养,关键在于更新他们的教育观念,提高他们的素质。作为一名合格的化学教师,应该具备以下几点素质:一是必须树立全新的教育观念。新课程改革要求教师更新教育观念,这是提高教学质量、实现教育现代化、培养创新人才的需要,也是新时代教师所应具有的素质。新课程改革对教师提出了更高更新的要求,这就要求教师必须具备全面发展和终身学习的意识,在不断学习中更新自己、充实自己。二是必须树立现代教育技术观。现代教育技术是培养学生创新精神和实践能力不可缺少的重要手段。因此,作为一名合格的化学教师,必须树立现代教育技术观,熟练掌握运用现代化教学手段进行教学。三是必须树立正确的学生观。新课程改革要求教师尊重学生、理解学生、宽容学生、爱护学生、引导学生;要求教师要成为一名学生学习活动的积极参与者、合作者和指导者;要求教师成为一名新型教师。四是必须树立终身学习思想。新课程改革要求我们不断充实自己,不断完善自己。只有不断提高自身素质,才能更好地胜任自己的岗位;只有不断学习新知识,才能更好地适应教学工作需要,提高教学能力。

五、加强教育评价改革,转变教育评价观

新课程改革要取得实效,评价是非常重要的环节,必须建立科学的评价体系。新课程标准以促进学生全面发展为宗旨,关注学生知识与技能的理解与掌握,以及情感、态度和价值观的形成与发展。新课程评价体系应充分体现发展性、全面性、动态性等特点。在评价目标上,从知识与技能、过程与方法、情感态度与价值观三个方面评价学生,使评价成为促进学生发展的有力手段。在评价内容上,应注重全面性和多样性,除了学科知识外,还应注重对学生社会责任感、实践能力等方面的评价。在评价主体上,应发挥教师、学生、家长以及社区等多元主体参与评价。在评价方法上,采用多样化的方式和方法。新课程标准还强调对学习过程和学习结果进行评价,而不仅仅是考试成绩。这种多样化的评价方式不仅能提高乡村中学化学教师教育理念水平,而且能增强乡村中学化学教师教育理念实施能力。

第二节　乡村教师教育实践的培养

在新课程背景下,乡村中学化学教师面临着巨大的挑战,作为培养乡村中学化学教师的重要基地,师范院校需要转变传统教育观念,明确乡村中学化学教师培养的目标与任务。在此基础上,从理论与实践的角度探索如何通过师范生教育实践课程体系的改革、课程内容的优化以及教学模式的创新来提升师范生教育实践能力,从而培养出适应新课程要求的乡村中学化学教师,为农村化学教学和学生全面发展提供优质师资保障。

一、转变传统教育观念,明确培养目标与任务

教师是教育的直接实施者,担负着培养学生、传播知识、传承文化的重任,所以教育实践能力是教师专业素质的重要组成部分,是培养师范生成为合格教

师的重要保证。乡村中学化学教师作为农村中学化学教学和学生全面发展的引导者、促进者和研究者,在新课程改革中面临着前所未有的挑战。因此,师范院校在培养乡村中学化学教师时,必须树立新理念,从传统教育观念中走出来,从"传授者"转变为"指导者"。

传统教育理念强调学校教育与社会的紧密联系,师范生是学校教育的"预备军"。然而新课程改革提倡终身学习和可持续发展,强调教师职业的专业性与全面性。因此在培养师范生时需要更新教育观念,突出"三师"素质的要求。

一是教师不仅要掌握技能、化学教学方法和实验技能,还要具备较高的心理学知识和现代教育理论知识;二是教师不仅要具备扎实的专业知识和相关学科知识,还要具备扎实的化学教育知识、教育科研能力、教学创新能力;三是教师不仅要注重理论学习与实践操作相结合,还要注重形成"在研究中学习""在学习中研究"和"在实践中创新"的学习方式。只有这样才能培养出适应农村中学化学教学和学生全面发展需要、具有较强教育教学能力的新型教师。

（一）培养目标的定位

对于师范生而言,要成为一名合格的教师,就必须具备扎实的专业知识、广博的相关学科知识、较强的教育教学能力、一定的科研能力和良好的心理素质。而这些都是建立在扎实的专业知识基础之上。因此,师范生在校期间要注重专业知识学习,在注重通识教育的同时,注重加强学科专业知识和教育教学技能方面的训练。

学科专业知识是指系统地掌握本学科领域基本理论和基本知识,了解其历史发展概况,掌握本学科基本研究方法和实验技能。教育教学技能是指在教育教学实践中,运用科学方法与手段获取、传递、处理和应用各种信息,有效地开展教育教学活动,提高教学效果和质量,实现培养目标的能力。具体来说包括:能运用所学理论、方法和技术解决农村中学化学教学中的实际问题;能运用化学新理论、新技术设计教学活动,创新教学模式和方法;能对学生进行学习指导并帮助其建立学习兴趣与信心；能开展研究性学习并指导学生撰写研究论文。

化学学科专业知识主要包括：化学学科基本概念、基本理论和基本实验技能；元素化合物知识、物质结构知识、化学反应原理等；实验操作技能、化学新技术应用以及中学化学课程标准与教材研究等。

教育教学能力主要包括：课堂教学能力；教育研究能力；现代教育技术能力；与学生沟通的能力；现代教育管理能力。

（二）教学任务的确定

随着基础教育课程改革的推进，教学内容的深度与广度不断拓展，新课程标准对化学教师提出了更高的要求，即要成为学生学习活动的指导者和促进者，成为学生发展的促进者和研究者。因此乡村中学化学教师除了要有扎实的化学专业知识之外，还应该具有深厚的化学教育知识、较强的科研能力以及能够进行研究性教学。

目前乡村中学化学教师缺乏高学历人才，很难从事研究生阶段的化学教育研究。因此，培养乡村中学化学教师时必须注重高学历与高素质的有机结合，既培养既掌握扎实的化学专业知识又具有深厚教育理论素养和较强科研能力及实践能力的应用型人才。为此，学校应建立多元化教学模式，对师范生进行多层次、多方位教育实践指导。

在培养师范生时应在通识教育阶段开设"中学化学教学论"课程，让学生掌握中学化学课程教学的基本原理与方法。在此基础上进行高中各年级各学科教材教法专题讲座及实习等活动。在此阶段可以培养师范生树立正确的教育理念，学习新课程标准及中学各学科课程标准、了解各学科课程之间的联系。在此阶段可以培养师范生掌握多种化学教学方法，如讲授法、谈话法、演示实验法、实验法等。在此阶段可以培养师范生学会课堂观察和分析教学现象，通过观察和分析来改进课堂教学，学会撰写反思型教育教学论文并进行教育实践总结。通过这种多层次、多方位的教育实践活动，一方面可以提高师范生教育实践能力，另一方面也为其将来成为中学化学教师积累了经验和方法。同时还可以帮助其转变传统教育理念,改变传统课堂教学模式,提高其课堂教学水平和反思能力。

(三)考核方式的确立

师范生的培养是一项复杂的系统工程,其考核评价方式也是多样的。以往师范院校通常采用笔试加面试的方式来考核师范生的教育实践能力。这种考核方式主要考查师范生对中学化学教学知识、学科知识、心理学知识和教育理论知识的掌握程度。然而,新课程改革的深入推进对教师职业素质提出了新的要求。新课程改革不仅要求教师要具有一定的教育教学能力,而且要具有较高的专业素质。因此,为了适应新课改对教师素质的要求,应把考核评价方式从笔试考核转变为面试考核。在面试中,师范生既要掌握化学知识和学科知识,又要掌握教育学和心理学知识;既要掌握化学实验技能和操作技能,又要掌握一定的教育理论知识;既要具有较强的专业能力,又要具备较强的教育科研能力。然而由于受到各种因素影响,目前教师资格考试中面试环节一直处于空白状态。因此,可以在师范生培养中实行师范生教育实践考核评价机制,具体实施过程如下:从教学基本技能、教学方法、教育研究能力三个方面考核师范生;从教育教学理论知识、教育科研能力两个方面考核师范生;从专业能力、思想政治素质两个方面考核师范生;从教师基本职业素质、师德修养两个方面考核师范生。

(四)学习教育学知识,提高理论素养

我们常说:"老师就像工程师一样,为我们构建知识的大厦。"但是教师和工程师又是不同的,工程师每天需要进行精密的数据计算,面对的是冰冷的机器,而老师则每天要和不同类型的学生打交道,是一个从交流到交心的过程,所以首先应该掌握一些教育学和心理学知识。这就要求老师要广泛的阅读书籍,例如王后雄《化学课程与教学论》等,开展个案研究,探索可能会影响化学学习的各种原因,根据自己的分析和调查及时调整教育计划,让学生们喜欢学习化学。

（五）改变刻板严肃的教师形象，让课堂活起来

在以往的课堂中，教师总是居高临下，一切听指挥，学生只能被动地接受，课堂变得枯燥无味。在新课程改革下，我们应该想办法让课堂活起来，让学生回归课堂的主体地位，这样才能真正的让学生听的开心，学习有劲头。想要改善课堂氛围，可以从以下几个方面入手：

一是转变教学方式：想要学生参与课堂最简单的方法就是教师提出一些问题，让学生来思考和讨论，然后教师进行分析和总结。例如：在讲空气污染的时候，我们可以提出"什么行为会造成空气污染""哪些物质可以计入空气污染项目"等，让学生畅所欲言，从日常生活中寻找答案，从而引起学生们自己思考。

二是多鼓励，少批评：在学生心里，老师的一个赞扬的表情和一句鼓励的言语都会让学生有很大的满足感，进而会对化学产生一定的兴趣。化学对于初中生来说比较陌生，在一开始学习的时候都会害怕犯错误。这时候教师就应该多鼓励、少批评。例如：教师在面对学生的一些小错误的时候，可以采用"老师觉得你的陈述很有道理""老师和你的想法一致""你的踊跃发言更值得赞扬"等话语，课堂氛围也会越来越好，老师和学生之间的关系也会越来越融洽。

（六）巧用互联网，让化学知识丰富起来

随着科学技术的不断发展，学校的教学设备也越来越先进，多媒体设备走进了我们的化学课堂。因此，老师学会利用互联网来拓展知识面，构造知识网，补充和发掘教学资源也就越来越重要。互联网中蕴藏着大量的资源，除了我们比较熟悉的，还有一些例如：中学学科网、化学资源网等都可以得到丰富的资源。同时，化学老师也可以从这些网站上找到一些精品的课件和教案，然后自己进行加工，通过多媒体给同学们展示。

另外，网络上有很多有趣的知识，一些化学老师选择把化学知识编成顺口溜，比如：化合价实质要记准 金正非负单质零；氢一氢二应记住，正负总价和为

零;许多元素有变价,条件不同价不同。这样的顺口溜读起来朗朗上口,学生在轻松的氛围内就可以把内容牢记心中。

二、优化课程体系,构建教育实践体系

根据新课程标准的要求,师范院校可以对教学内容进行调整,突出乡村中学化学教师教育的特色,优化课程体系,构建教育实践体系。

一方面要增加具有地方特色的化学课程内容,使乡村中学化学教师的培养有地域特色。另一方面要增加教育实践课程的课时。师范院校可以根据生源地不同,增加不同类型、不同层次、不同区域的教学实践课程,如实习基地建设、实践教学改革等。比如在甘肃农村地区,可开设"农村环境与可持续发展"等教育类实践课程,将所学理论知识与化学教学相结合;在广西农村地区,可开设"化学教师专业技能"等教育类实践课程;在内蒙古农村地区,可开设"草原民族化学文化"等教育类实践课程。同时要合理安排教育实践课程的内容和时间,构建完整的教育实践体系。学校可以根据当地的经济发展情况和学生实际情况,利用节假日和寒暑假时间来开展教育实践活动。比如在暑假期间组织师范生到当地学校进行社会调研、走访调查等活动;在寒假期间组织师范生进行支教、支农等活动。同时要注意保证教育实践活动时间,比如在课程开设方面,学校可以将教学实习时间固定在学年内的某个学期或某一周,如每周周三下午、每周五下午等。这样不仅保证了学生有足够的时间进行教学实习活动,而且使学生能够真正融入教学环境中去。学校还可以把实习基地建设作为一个重要抓手来抓,利用实习基地的条件和资源来促进师范生教育实践能力的培养。

（一）充分利用实习基地的资源,拓宽学生的教育实践渠道

化学教师不仅需要具备良好的理论知识和技能,而且要具备良好的教育教学能力。师范院校应该重视学生教育实践能力的培养,在课程设置上要增加教育教学实践类课程,并将其列为必修课。为了更好地培养师范生的教育教学能力,学校可以建立实习基地,使师范生获得更多的教育实践机会。比如在实习

前,学校可以向实习基地的领导和教师介绍实习生的情况,让他们知道实习生是师范生中最优秀的学生。这样既能保证实习生在短时间内尽快适应实习环境,又能对实习生进行培训,提高他们的教育实践能力。学校还要让实习生了解中学化学教学和课程设置情况,熟悉中学化学教材和教学大纲,明确所要学的知识和技能。比如在新疆农村地区实习时,可以让学生了解当地中学化学教师的教学现状,以便选择合适的实习学校。如果当地中学没有化学教师数量不足时,学校可以请当地有经验的教师到实习学校代课。在甘肃农村地区实习时,学校可以请甘肃省酒泉地区临泽县中学来帮忙代课。通过以上方式可以使实习生了解中学化学教学和课程设置情况、了解当地化学教学现状及发展趋势等。在实习过程中要充分发挥实习生的主动性和积极性。在实习生与学校签订《教育实践协议》后,学校要将学生分到各个实习班级中去进行教学实践。在实习期间要让学生参加所在班级和其他班级的教学工作。在实习结束后,要组织师范生进行教学技能考核,并给予相应的学分。除了在实习基地参加教育教育实践活动外,师范生还可以通过校外教育实践活动来提升自己的教育实践能力。比如在暑期期间可以到当地中学进行支教活动,通过与学生面对面交流、引导学生参与课堂教学、鼓励学生参加校外教育实践活动等方式来提升自己的教育实践能力。师范生在假期可以选择到当地中学参加支教活动,比如到中学进行生物、化学知识讲座;到当地中学进行调研;参与化学课外兴趣小组活动等。同时在假期也可以让师范生到当地农村中学进行社会实践活动,比如到当地农村中学进行调研、走访调查等。此外还可以请当地中小学教师来学校参加观摩教学活动,观摩师范生的教学过程并给予一定的指导和评价。通过这些方式可以使学生对农村中学化学教师有一个全面的认识,从而提升他们对教育事业的责任感和使命感;通过这些方式也可以让学生了解不同地区不同学校化学教学水平和教学方法以及学生的教育实践能力状况。

（二）组织师范生走进乡村中学,开展教育实习活动

开展教育实习活动,是师范生教学技能形成的重要途径。通过教育实习,

不仅能让学生更好地掌握教学技能,而且可以使学生对教育实践活动有更深层次的认识。很多教师在参加教育实习时,往往会感到"教师是一种职业而不是事业",因此在对待教育实习活动时也表现出"应付了事"的态度。其原因就是在以往的教育实习中,由于学校对师范生的重视不够,使得很多师范生没有机会到农村进行教学实习,而且有的师范生甚至没有机会到学校进行教育实习。但是在乡村中学开展教育实习活动,使学生对乡村中学化学教师的职业有更深刻的认识。因为教师是一个需要不断学习、不断更新知识的职业。只有教师自身素质高了,才能更好地适应学生的需求。在开展教育实习活动时,学校可以有计划地组织师范生到农村学校进行教学实习活动。总之,在开展乡村中学化学教师教育实践活动时,要注意教育实践活动与课程改革相结合、与教师专业发展相结合、与学生职业发展相结合。通过教育实习活动,使师范生不仅能更好地适应农村学校教学环境和教育工作特点,而且还可以提高师范生的综合素质,培养他们适应新课程改革需求的能力。只有这样才能有效地提高乡村中学化学教师的培养质量。

（三）利用网络平台,促进师范生教育实践能力的发展

随着网络技术的发展,网络已经成为现代教育技术的重要组成部分。网络平台给师范生提供了丰富的资源,师范生可以利用网络平台上的丰富资源,自主学习、自主研究、自主创新。例如利用网络平台上的开放性教学资源,进行开放式教学,培养学生的创新精神和实践能力。通过网络平台开展"微型教学"活动,教师可以在网络上展示自己的教学设计、课件、教案等,其他教师可以在网络上进行点评。师范生在小组内交流自己的教育教学经验,展示自己的教学设计等,以达到提高教育实践能力和教学水平的目的。同时,利用网络平台还可以建立师范生与实习基地之间的联系渠道,及时了解实习基地在教学中出现的问题等信息。

三、优化课程内容,增强师范生综合素质

在新课程改革的背景下,乡村中学化学教师面临着新的挑战,因此,要对传

统的师范生教育实践课程进行优化和调整,增强师范生综合素质。首先,要在原有的教育教学技能课程中增加乡村中学化学教师教学技能、教育科研技能以及信息技术等方面的内容。其次,要适当调整教育理论课程,优化课程结构和内容。根据当前社会对师范生专业能力的要求,在学科课程设置上增加化学教育理论、化学教学方法、化学实验设计与操作以及科学研究方法等课程,丰富师范生的知识结构。再次,要开设专业素养类课程。将师范专业知识、技能与学科前沿知识、新课标理念和教学改革相结合,使师范生能够获得新的知识与技能,提高师范生专业素养。最后,要加大教育实践类课程的比重。如开展教学观摩活动、"三下乡"社会实践活动等。

总之,要优化师范院校师范类专业人才培养方案和课程结构,对师范生教育实践进行调整和优化。同时还需要通过构建新的教学模式来培养出适应新课标要求的乡村中学化学教师。改革传统的师范生教育实践教学模式,通过提高教师职前培养质量、拓展职后培训渠道等方式来实现新时代乡村中学化学教师培养模式的转变。为农村基础教育输送优质师资,促进学生全面发展。

四、创新教学模式,提高师范生实践能力

"教学做一体化"是当前我国师范院校化学教师教育改革的方向,即在理论学习和技能训练相结合的基础上,将理论知识学习、技能训练和实践活动紧密结合,实现"教学做一体化"。具体来说,教学做一体化模式是指师范生通过观摩、交流、反思等形式参与实际教学活动,从而获得丰富的经验,不断提高自身的教育实践能力。这种模式有助于师范生对理论知识与实践活动的有机融合,以理论指导实践,以实践检验理论。在传统的化学教育课程中,由于对"做"与"学"之间的关系认识不足,往往存在重"学"轻"做"、重理论轻实践等现象。师范生在实习过程中不能充分发挥主观能动性,不能及时将所学知识用于实际教学。在师范生教育实践的改革过程中,需要通过教育实习、毕业实习、见习、社会实践等多种形式来加强对学生进行教育实践能力的培养。通过一系列教学活动,师范生能获得丰富的教学经验,不断提高自己的教育实践能力。这也要

求师范院校要树立正确的教育理念和教学观念,培养师范生良好的教学素养和心理品质,提高师范生的综合素质。

(一)建立一支师德高尚、专业知识过硬的高水平指导教师队伍

高水平的指导教师队伍是提高师范生教育实践能力的基础。在改革的过程中,师范院校要明确指导教师的职责,确保指导教师在实习期间能够发挥积极作用。首先,师范院校应加强对指导教师的培训力度,不断提高指导教师的政治素质、思想素质和师德修养。指导教师应认真学习教育学、心理学、教育实习法等相关课程知识,不断提高自己的专业素养和教学技能。其次,师范院校要根据学生数量和实习时间确定合理的指导教师,在学生集中实习时实行"一对一""一对多"等方式进行教学。这样可以更好地保障师范生教育实践活动的开展,使其在实际教学中更好地锻炼自己的教学技能。再次,师范院校应对指导教师进行定期考核,根据考核结果发放相应的报酬。为了提高指导教师队伍的积极性,可以在政策上给予一定优惠措施。比如在经费、工作调动、职称评定等方面给予一定的优惠政策。

此外,师范院校还应该充分发挥校内师范生教育实践基地作用。在校内建立师范生教育实践基地时,要保证学生参与到实习活动中来。师范生可以通过参与教育实践活动获得宝贵的教学经验,在提高自己教学能力的同时也能帮助指导老师更好地开展教学工作。师范院校可以通过此方式建立一支师德高尚、专业知识过硬的高水平指导教师队伍。

(二)教育实习

教育实习是师范生走向教师岗位前的一次实践训练,它是师范生在学校所学知识和技能的实际应用过程。在教育实习中,师范生不仅要掌握学校所学知识和技能,还要学会如何处理教学过程中出现的各种问题,更重要的是要不断反思自己的教育实践,提高自己实践能力。在实际教学过程中,由于经验不足、教学方法不成熟等原因,师范生往往会出现一些错误的做法或不当的操作。教育实习要求师范生要具备较强的反思能力,并进行积极主动的反思。通过反思

可以使师范生不断积累经验、吸取教训,提高自己的教学水平。

教育实习是师范生走上工作岗位前最为重要的一次实践活动,它可以帮助师范生将理论知识转化为实践能力。在实习过程中,学生需要进行大量的备课、讲课、听课、评课等工作。在实习中,学生不仅要学会备课和上课,还要学会如何与学生交流沟通、如何处理课堂突发事件等。此外,师范生还需要注意观察其他老师是如何开展教学工作的。教育实习还需要师范生进行认真地听课,做好笔记,以便日后总结反思。教育实习对于师范生来说是一个提高自己教育教学能力和专业水平的良好机会。

总之,师范院校要加强对化学教师教育实践能力培养的重视,从教学方法和教学理念方面进行改革创新,积极探索实践教学模式和评价方式,从而提高师范生教育实践能力和教师专业素养。

(三)毕业实习

毕业实习是师范生进入教师职业前的最后一次实践机会。在这一阶段,学生必须深入到中学课堂,充分了解中学化学的教学内容及方法,通过观察、听课、评课等活动,对中学化学教师的教学工作进行全面、客观的评价。毕业实习是一个相互交流与学习的过程。在这个过程中,师范生通过与中学教师和其他实习生交流,不断提高自己的教育实践能力。同时,也有利于学生全面了解中学化学的教学情况和工作状态。为了提高师范生的实践能力,在毕业实习期间,学校还应该提供充分的指导和帮助,安排好实习生的工作和学习时间。在实习前,学校要根据教育实践的内容和要求对学生进行有针对性的教育指导;在实习过程中,学校要安排优秀实习生承担重要教学任务;在实习结束时,学校要组织实习教师召开总结会议,对师范生进行全面评价。通过这一系列工作,师范生可以充分了解中学化学教学工作及管理工作的基本情况和工作内容,从而提高自己从事化学教育工作的能力。

(四)见习

见习是师范院校化学专业师范生教育实践的重要环节,主要是帮助师范生了解教师工作的内容、职责、要求以及相关的规章制度,通过听课和观摩等形式,使师范生对中学化学教育工作有一个较为全面的了解。同时,通过与中学化学教师的交流与学习,使师范生掌握如何指导学生进行化学实验和实验探究活动。通过见习,不仅使师范生了解中学化学教育工作的主要内容和基本要求,而且让学生有机会直接体验中学化学教师的工作情况。此外,在见习过程中,也会遇到一些实际问题。例如,在见习过程中,学生由于紧张而不能很好地完成指导教师布置的任务;指导教师对学生提出的问题和提出的疑问没有及时进行解答和引导;对学生在见习过程中遇到的一些特殊情况没有给予及时解答和帮助等。因此,在见习过程中要注重解决这些问题。

五、小结

教育实践是教师专业发展的重要环节,也是师范生职业发展的必由之路。因此,师范院校要在明确培养目标的基础上,优化师范生教育实践课程体系,创新师范生教育实践教学模式,并进一步完善与乡村中学化学教师职业发展相适应的教育实践能力培养机制。当然,在实施过程中还需要相关政策的支持与保障,这将是一个复杂的系统工程,需要不断地探索与总结。但我们相信,师范院校将继续秉承"以学生为本"的教育理念,不断探索乡村中学化学教师培养的新路径和新模式,为推动我国基础教育课程改革、促进农村基础教育发展作出应有贡献。

教育是一个民族的基石,教师就是奠基者。在新课程改革中,教育应该更重视学生在课堂上的主体地位,教师也应该通过各种途径提高自己的素养,如:学习教育学和心理学的知识,提高自己的理论素养;从转变教学方式和多用鼓励的表情和言语来让课堂氛围活起来;以及巧用互联网,吸收互联网上的精华,开阔学生的视野,增加学生的知识贮备。当然,改善教学质量,不能只靠教师单方的努力,更需要教育部门提供相应的资金,完善化学教学监督和激励机制,为老师的成长提供一定的条件,从而能让老师更好地为化学教学做出贡献。

第三节　培养乡村教育情怀的教育策略

在我国广大的乡村地区是中学化学教育的主要阵地,但由于地理位置、经济条件、教育水平等原因,农村中学化学教育存在一些问题,主要表现为化学教学条件差、教学手段单一、师资队伍建设落后等。因此,乡村中学化学教师的教育情怀非常重要。笔者通过调查了解到某高校化学教育专业学生对乡村中学化学教育的态度和期望,发现他们普遍存在着对乡村中学化学教育不感兴趣、缺乏职业认同感、对教学过程缺乏信心等问题。作者通过调查发现问题的原因是师范生对乡村中学的认识不到位、专业认同感低、缺乏职业认同感和对教学过程缺乏信心等。针对这些问题,笔者提出了培养师范生乡村教育情怀的措施。

一、思想情怀培育

教师是推动教育事业发展的中坚力量,而乡村教育事业发展需要的是一批情怀深厚的乡村教育工作者。师范生在学习期间应接受系统的思想教育,注重乡村教育的投身精神的培养。

引导师范生了解关于乡村教育的历史、现状及其在国家发展战略中的地位和作用。通过师范教育课程的设置,引导师范生参观农村学校,深入乡村家庭,了解乡村学生的现状,感受乡村教育的现实与问题。同时,也要组织师范生参加各种志愿活动,让师范生在接触弱势群体的过程中体会到所谓教师责任的真正含义。

知识是师范生进入乡村教育工作的基础。师范生不仅要有专业的知识,还需要有一定的社会科学知识以及乡村教育所需的知识。因此,师范生专业课程教学应面向乡村教育。

针对农村学校等基础设施落后的实际情况,教授师范生如何利用有限资源进行教学,培养师范生的创新意识,让他们在条件有限的情况下掌握教学技巧,使教学变得更为精彩。对乡村教育问题开展讨论,引导师范生从多种角度分析探讨乡村教育问题的症结所在,发现问题、解决问题,提高教育质量。另外,还可以通过开展学生家校沟通的兴趣班等教学形式,提高师范生与乡村学生及家长之间的沟通能力。

教学技能是教师的核心素养之一,对于师范生而言也尤为重要。对于乡村教育而言,除了应具备基本的教学技能外,还需要提高教师的全面素质。

具体而言,师范生需要掌握如何在乡村环境中创造良好的课堂氛围,如何为学生提供个性化教育,如何灵活制订教学计划以适应各种教学环境。同时,师范生还应注重发掘乡村学生的特长,掌握相应的教学技能,为学生提供更具发展性的教育活动。

综上所述,通过思想、知识、技能三方面的情怀培育,可以帮助师范生打造多元化的乡村教育情怀培育路径,加强师范生对乡村教育的理解与认识,不断提高他们的教育敏感性、责任意识和创新能力,为乡村教育的发展注入新鲜血液,激励更多有情怀的人投身乡村教育事业。

二、改变学生对乡村中学的认识,加强乡村教育情怀培养

在调查中,有80%以上的学生认为乡村中学教学条件差,师资力量薄弱,教育质量不高,不能满足他们的学习需要。大多数学生认为,农村中学教学条件差,教学资源短缺,因此不想学习化学知识。学生对乡村中学的认识不到位,一方面是因为学生对于乡村中学的了解不够,另一方面是因为学校、教师和家长缺乏乡村教育情怀。因此,在培养师范生的过程中,要加强对师范生教育情怀的培养,让他们对乡村教育有全面、客观、正确的认识。教师应引导学生对乡村教育有正确、全面的认识,让学生看到农村中学化学教育教学条件差、师资力量薄弱、教育质量不高等方面的问题,对乡村中学化学教育产生一种职业认同感和职业使命感。

(一)指导学生阅读《乡村教育——我们的使命》一书,了解乡村教育的现状

《乡村教育——我们的使命》一书是一部关于农村教育的纪实作品。在该

书中,作者以亲身经历、观察和思考,为我们提供了有关乡村教育现状的第一手材料,也为我们提供了了解乡村教育现状的新视角。书中介绍了很多作者亲身经历过的农村教育中的典型案例,如:乡村小学、乡村中学的发展状况、农村教育问题、农村教师的生存状态等。书中还记录了作者对农村教育问题的思考和分析。例如:"当我们把目光投向乡村学校,就会发现:没有像样的图书馆,没有像样的体育设施,没有像样的学生食堂……""在当今中国,城市里几乎找不到一所像样的乡村小学;在城市里几乎找不到一所像样的中学;在城市里几乎找不到一所像样的中学附属幼儿园;在城市里几乎找不到一家像样的书店……""从这些描述中可以看出,城乡教育差距正在日益扩大。"

(二)指导学生了解乡村中学化学教育的现状,明确乡村发展的方向

调查结果显示,农村学生对化学教学的兴趣不高,多数学生认为化学知识的学习是枯燥无味的,认为学习化学没有前途,这与目前农村中学化学教育的现状有很大关系。因此,在培养师范生过程中,教师要引导学生了解乡村中学化学教育的现状,让他们认识到化学学科是农业经济发展的基础学科之一,化学科学在现代农业中发挥着重要作用。乡村中学化学教育在提高农村人口科学素质方面起着举足轻重的作用。调查中发现,许多学生对乡村中学化学教育持观望态度,这是因为他们没有深刻认识到乡村中学化学教育所发挥的重要作用。因此,在培养师范生过程中,要引导他们了解乡村中学化学教育的现状及发展趋势,从而明确乡村中学化学教育发展的方向。

三、针对学生对化学专业不感兴趣,进行学科思想教育

化学是一门实验科学,是研究物质世界变化规律的学科。化学也是一门重要的基础学科,一门与生产和生活密切相关的实用学科。化学家们从各种物质的性质、变化规律入手,探索物质及其变化的本质,不断地发现新事物,推动了人类社会的发展。例如,在初中阶段,学生了解了碳元素、氧气、氢气、甲烷等物质,并通过这些物质了解到火是在森林里发现的。因此,学习化学不仅可以让

学生了解火是怎样产生的,帮助学生树立绿色化学意识和可持续发展意识。

在教学中还应注重化学实验教学,鼓励学生多动手、多动脑、多观察、多思考,让他们在掌握基本知识和技能的同时找到科学探究过程中发现问题和解决问题的能力与方法。例如在教学元素周期表时可以向学生介绍一些著名科学家为了揭开元素周期表中未知元素奥秘所做出的贡献。英国科学家玻意耳就是用自己的名字命名了元素周期表上第 79 号元素——锂。玻意耳和他的同事经过长期实验发现:在水溶液中以钠为中心形成了一条由钠原子组成、宽度约为 2 纳米、长度约为 1 微米、厚度约为 0.5 纳米的电子云,将这条电子云命名为"玻意耳带"。玻意耳和他的同事用这条电子云成功地解释了原子序数为 61 个原子中第 59 个原子为何位于第 73 号位置上。

(一)教学中结合化学史,培养学生的民族自豪感和爱国情怀

化学作为一门自然科学,具有科学性和文化性。化学史上每一次重大突破都与化学的进步有关,都是人类社会发展的产物。因此在教学中教师可以结合化学史介绍一些科学家为探索物质的奥秘所作出的贡献,让学生了解科学技术是第一生产力,只有不断地创新才能推动社会向前发展。例如:在讲到碳原子时,可以介绍英国科学家威廉·哈维通过对碳元素的深入研究发现了碳元素,从而得出火是怎样产生的秘密;再如讲到元素周期表时可以向学生介绍 19 世纪法国科学家安托汀·洛朗·拉瓦锡通过研究氧气的性质,发现氧气是一种有毒气体,从而揭开了自然界第一例因空气污染而死亡的人;又如讲到现代科学之父牛顿通过实验发现了万有引力定律等。通过这些介绍让学生知道,化学在人类文明中所起到的作用以及化学科学家为人类社会作出的贡献。

(二)鼓励学生树立远大理想,努力学习科学文化知识

每一名学生都应该树立远大理想,努力学习科学文化知识,成为对社会有用的人。因此,在教学中要结合化学学科的特点,结合教材内容进行爱国主义教育,引导学生认识到中国近代以来经历了百年沧桑巨变,尤其是改革开放以

来发生的翻天覆地的变化,深深感到国家日益强盛,人民生活日益幸福。在教学过程中教师要加强对学生爱国主义教育,培养学生热爱祖国、热爱家乡、热爱科学、热爱学习的情感。

教师不仅要教好书,还要育好人。因此教师要加强师德师风建设,以身作则、为人师表。在教学过程中要注重培养学生的品德和良好习惯。如:要培养学生诚实守信的品质。教师应做到言行一致,做诚实守信的榜样;在教学过程中注意培养学生尊敬师长、团结同学、努力学习、刻苦钻研等良好品德。要培养学生顽强拼搏的意志品质。教师应教育学生勤奋学习、不怕困难、持之以恒地奋斗;要教育学生勇敢面对挫折与失败,勇敢地迎接人生挑战;还要教育学生遵纪守法,遵守社会公德,养成文明行为习惯;还要教育学生珍惜时间,珍惜生命以及培养学生良好的学习习惯。

总之,在新课程改革下的化学教学过程中教师应采用灵活多样的教学方式,对学生进行思想政治教育和情感态度价值观教育。只有这样才能使每一位教师都热爱自己的工作岗位,把对教育事业的热爱转化为自己的行动。

(三)注重实验教学,激发学生学习化学的兴趣

化学是一门以实验为基础的自然学科,因此,在实验教学中应注意:

1. 学生的认知规律决定了实验的作用。如在教学"酸、碱、盐"等概念时,通过让学生观察酒精灯的火焰、浓硫酸、氢氧化钠溶液的颜色变化,从而让学生知道酸、盐都有一定的溶解性。

2. 实验要以学生为主体,教师应给学生提供尽可能多的动手操作机会,如设计简单实验让学生亲自操作来验证已学过的理论知识。

3. 注重探究性实验教学。教师应在教学过程中培养学生进行探究性实验,通过现象来分析和解决问题。例如:在学习"碳单质"时,教师可以让学生探究碳元素是否可以和其他元素形成化合物? 通过设计简单实验验证碳单质的化学性质。又如:将木炭放入酒精灯中加热,观察到木炭表面逐渐变黑并发出亮光;将浓硫酸倒入水中,观察到水面上有气泡产生;将生石灰放入水中加热,观察到水面上出现大量气泡等。通过让学生对现象进行分析,引导学生归纳出物

质反应前后现象的变化规律,从而加深对化学反应本质的认识。

（四）引导学生从身边的小事做起,树立爱护环境和保护地球的意识

随着科学技术的快速发展,人类的生产和生活方式也发生了很大变化,但对地球的破坏越来越严重。化学是研究化学变化现象和规律的学科,学习化学可以让学生了解人类与环境之间的关系。例如,在学习酸碱中和反应之后,教师可以告诉学生,生活中存在着许多酸碱中和的现象,比如洗衣、刷碗、洗脸、洗手时会用到盐酸、氢氧化钠等化学用品。在教学酸碱性和酸碱中和反应时可以向学生介绍酸碱性和酸碱中和的知识,让学生知道在生活中应该怎样保护环境。又如,教师可以向学生介绍水的成分,以及水是如何净化和利用的;如何有效地使用能源、节约能源;如何处理废弃电池等。再比如,在学习了氧气与水反应生成臭氧的知识后,可以向学生介绍臭氧层形成的过程。人类通过各种方式排放二氧化碳等有害气体到大气层中,从而使大气层中氧气含量逐渐减少,导致臭氧层破坏。如果人们生活在其中会对身体健康造成严重影响。因此要采取措施减少二氧化碳排放,保护臭氧层。总之,学习化学可以帮助学生认识到地球生态系统中各种物质之间相互影响、相互制约、相互作用的关系。

（五）开展科普活动,提高学生的科学素养

随着信息技术的快速发展,人们对获取知识的方式发生了改变,科学普及和科学教育也发生了新的变化。如今,通过网络获取科学知识、获取科技信息已经成为一种常态,其方式也变得多种多样。因此在教学中可以利用现代网络技术、多媒体技术和网络资源,让学生通过电脑、手机等现代通讯工具自主获取信息,了解国内外最新科技成果和国内外重大科研动态,使学生获得丰富的感性知识,增长见识。例如在教元素周期表时可以向学生介绍科学家在探索元素的奥秘过程中经历的挫折和失败,以及他们坚持不懈、刻苦钻研的精神。教师要善于利用现代化教育手段,结合教学内容向学生介绍国内外最新科技成果和国内外重大科研动态,不断提高学生的科学素养。

（六）培养学生正确的价值观，增强社会责任感和使命感

社会责任感是一个人对自己所生活的社会、自己所在的群体或单位所负有的一种特殊义务。在教学过程中，教师应培养学生正确的价值观，培养学生的社会责任感。例如在学习"水和生命"一课时，教师可以向学生介绍"生命是什么""生命与水有什么关系"等问题，引导学生认识到：水是地球上最普遍、最重要的物质之一，也是维持生态平衡的重要条件。它维持了植物、动物和人类的生存和繁衍。没有水，地球上所有生物都将无法生存。因此，我们应该从自身做起，从身边小事做起，节约每一滴水、每一度电、每一张纸；不乱扔垃圾、不随地吐痰；爱护花草树木、爱护公共设施。我们要为自己创造一个美好的生存环境和生存空间，让我们共同努力创造一个和谐的地球家园。

教师在教学过程中要适时地对学生进行思想教育，让学生懂得只有学好科学文化知识才能改变自己的命运。同时，要让学生认识到化学是一门有用的学科，只有学好了化学知识才能为人类造福。这样可以激励学生珍惜现在所拥有的学习条件和环境，在日常生活中要树立保护环境、节约资源意识。

四、根据学生对职业的认识，制定职业规划

对于一个没有职业规划的人，在工作中总是会面临工作任务不明确、不知道自己应该做什么等问题，也就会在工作中出现一些消极情绪，甚至会影响到工作的效率。对于乡村中学化学教师而言，他们需要考虑的因素更多。因此，要想培养乡村化学教师教育情怀，首先要让学生对化学教育有一个明确的认识，从而制定职业规划。

化学教育专业学生对于职业规划是没有概念的。因此在教学中教师要帮助学生树立正确的职业理念，明确自己的职业方向。首先要让学生明白乡村中学化学教师是一个比较辛苦、压力大的工作。其次要让学生明确教师这一职业具有较大的不稳定性。再次，要让学生了解教师是一个不断学习、不断进步、不断创新的职业。这就要求化学教育专业学生在学习期间必须认真对待自己所选择的专业，而不能觉得自己选择了一个专业就高枕无忧，更不能抱着得过且

过的态度,得过且过。

(一)努力学习专业知识,打好理论基础

作为一名合格的化学教师,不仅需要掌握深厚的理论知识,还要掌握扎实的专业技能,以应对教育教学中的各种突发事件。化学教育专业学生要对自己所选择的专业充满信心,并努力学习化学知识。虽然化学教育专业是一个对教师要求比较高的专业,如果在学习期间没有打好理论基础,那么毕业后就会出现不适应教育教学工作的情况。比如不适应课堂教学、不适应与学生沟通等。所以作为一名合格的化学教育专业学生,在学习期间一定要努力学习专业知识,打好理论基础,并努力获得教师资格证。

(二)树立正确的价值观,提高乡村教育情怀

学生在学习期间,通过学习了解乡村教师的工作性质和特点,让学生明白乡村教师要克服种种困难,坚守在自己的岗位上。让学生了解到乡村教育的重要性,乡村教师对于学生来说不仅仅是老师,更是他们的"引路人"。例如:在学习"中学化学教育"课程时,通过讲述我国的乡村教育现状,让学生认识到农村教育发展缓慢的原因。再讲解国家对于农村教育的重视,从而提高学生的教育情怀。学生通过对自己所学的专业进行职业规划,让学生在学习期间明确自己所选择的专业以及未来想要从事的工作方向,从而提高自身价值。化学教育专业学生只有树立正确的价值观,才能提高自己的乡村教育情怀。

五、引导学生树立职业理想,树立教育信念

由于受到经济社会发展水平的限制,目前我国一些乡村地区还处于贫困阶段,在一定程度上阻碍了当地的经济发展。对于乡村教师来说,他们不仅要承担教学工作,还要承担扶贫攻坚的重任。因此,培养学生的教育情怀,就是要让他们坚定教育信念,有了教育信念才能胜任教育工作。

通过调查发现,虽然大部分学生都知道教师这份工作是非常辛苦的,但仍然有部分学生没有意识到自己作为教师的责任和使命。因此,在师范生培养过

程中要引导他们树立职业理想。所谓职业理想,就是对自己的未来职业发展有一个规划。例如在学习过程中可以让学生了解到化学教师这份工作是非常艰苦的,学生没有足够的经济支撑就不能享受优质的化学教育资源;又如在学习过程中可以让学生了解到乡村化学教师这份工作是非常清贫的,学生不能想象乡村教师在面对生活压力时还需要保持着良好的心理状态;再如让学生了解到乡村化学教师这份工作是非常辛苦的,学生不能想象乡村化学教师在面对繁重的教学任务时还要肩负着照顾家庭、赡养老人等责任。通过对这些职业理想的教育让他们理解到自己作为教师应该肩负起什么样的责任和使命,只有树立了这样的信念才能更好地开展教育工作。

此外,教师还可以让学生了解乡村中学化学教师这份工作对乡村地区的经济发展、社会进步起到了非常重要的作用。因此,让学生树立正确的职业理想和教育信念也是培养教育情怀的关键。

(一)加强师德师风教育,坚定教师职业理想

长期以来,由于受到城乡教育资源不均衡的影响,导致不少农村地区的学生都没有机会接受良好的教育,甚至连基本的学习条件都不能得到保障。这也导致了农村地区出现了一些学生学习兴趣低下、不爱学习甚至不爱读书等问题。这些问题在一定程度上也阻碍了农村地区教育事业的发展,甚至造成了农村地区学生与城市学生之间的差距越来越大。对于这些问题,教育行政部门、社会和学校都有责任进行解决。首先,教育行政部门应该加强对农村地区教师职业道德培养的重视,通过加强对农村地区教师职业道德教育来提高农村地区教师队伍的整体素质。其次,学校应该加强对教师的师德师风建设,通过组织教师学习师德师风相关的法律法规来提高教师队伍整体素质。最后,社会应该提供更多的学习机会和平台给农村地区教育事业发展,让他们在一定程度上提高自己的教学水平和业务能力。

(二)开展心理健康教育,提升教师心理素质

在师范生培养过程中,学校可以通过开展心理健康教育来提升教师的心理

素质。据调查发现,由于受到各方面因素的影响,目前我国广大乡村地区的教育事业还存在着一些问题。其中,教师职业压力较大是当前乡村地区教师群体普遍存在的问题。因此,可以通过开展心理健康教育,提升乡村地区化学教师的心理素质,帮助他们缓解工作压力,更好地开展教学工作。例如,在学习过程中可以引导学生了解化学教师这份职业要想做好教学工作就需要付出巨大的努力。由于乡村地区经济落后、基础设施建设不完善、社会环境较差等原因造成了当地教师的工作压力较大。为了减轻他们的工作压力,可以通过开展心理健康教育,让学生了解。又如可以引导学生了解到化学教师这份工作不仅需要付出辛勤劳动,还需要具备良好的心理素质和职业道德素养。总之,要想培养好学生的教育情怀就必须要从多个方面入手。

通过调查发现,虽然大部分学生都对未来的教育工作充满了信心和热情,但也有部分学生表现出了消极情绪。从这部分学生身上可以看出他们缺乏耐心和恒心,而这些消极情绪很可能会影响他们今后的学习和工作。教师可以通过开展心理健康教育帮助他们了解到自己存在哪些问题并找到相应解决方法;又如可以引导他们了解乡村教师这份工作不仅辛苦而且还有一定的风险。此外还可以让他们了解乡村化学教师这份职业在促进当地经济发展、改善当地居民生活水平等方面发挥了重要作用。因此,通过开展心理健康教育可以让学生充分认识自己职业的重要性和必要性,从而提高他们对工作的积极性和责任感。除此之外,还可以缓解教学压力。总之,通过开展心理健康教育可以帮助学生缓解教学压力、增强心理素质、提高自身职业道德素养等,从而培养出一批具有教育情怀的优秀教师。

(三)开展职业生涯规划,确定未来发展方向

通过调查发现,大多数学生都有自己的职业发展规划,但是由于缺乏足够的认识,很多学生在未来发展方向上并没有明确的想法。因此,在师范生培养过程中可以开展职业生涯规划教育,让他们明确自己未来的发展方向。通过对职业生涯规划教育,让他们明确了自己未来发展方向,从而更加坚定教育信念,坚定自己作为教师肩负起教育责任和使命。

六、开展各种活动,提高乡村教育情怀

培养师范生教育情怀不是一蹴而就的事情,需要学校、社会、家庭等多方面的努力。首先,学校要给师范生提供参加各种培训的机会,帮助他们明确自己的专业目标,树立职业自信。其次,学校要组织各种活动,提高师范生的社会责任感。例如,可以邀请优秀教师来校作报告,或者让学生到贫困地区进行支教等。通过这些活动可以增强师范生的服务意识,让他们懂得作为一名教师需要为学生做一些事情。最后,学校要组织开展各种比赛和讲座。如组织"化学教师乡村教育情怀"主题班会,让学生讨论自己对乡村教育的看法和期望,还可以开展"我为乡村教育做什么"的演讲比赛、征文比赛等。

第五章　乡村中学化学教师培养路径

乡村中学化学教师培养路径是关注农村地区教育需求和特点的一种培养模式。在农村地区，由于资源和条件的限制，化学教育的发展面临一些独特的挑战。因此，培养乡村中学化学教师需要有针对性的培养路径，以满足乡村地区教育的需求，促进化学教育的发展。

乡村中学化学教师培养路径的前提是对乡村地区的教育需求有深入的了解。农村地区的教育资源相对匮乏，学生的学习环境和家庭背景也存在一定的差异。因此，乡村中学化学教师培养路径需要根据这些特点，注重培养教师的实际操作能力和适应能力。培养路径应该注重实践教学的能力培养，培养教师能够灵活运用教学资源和教学方法，适应乡村中学的教学环境和学生的学习需求。

乡村中学化学教师培养路径还需要注重培养教师的综合素质。乡村中学化学教师不仅需要掌握化学学科的专业知识，还需要具备教育学、心理学等相关学科的基本理论知识。他们需要了解乡村学生的特点和需求，能根据学生的实际情况设计教学内容和教学方法。此外，乡村中学化学教师还需要具备团队合作和社区管理的能力，能够与家长和社区合作，共同推进乡村化学教育的发展。

乡村中学化学教师培养路径是为了满足乡村地区化学教育的需求，促进乡村化学教育的发展。通过实践教学的能力培养和综合素质的培养，乡村中学化学教师能更好地适应乡村教育环境，为乡村学生提供优质的化学教育。同时，乡村中学化学教师的培养也将推动农村地区教育的发展，促进乡村学生的全面发展和社会进步。

第一节　乡村中学化学教师培养的重要性与价值

中小学教师国家培训计划,简称"国培计划"。由教育部、财政部 2010 年全面实施,是提高中小学教师特别是农村教师队伍整体素质的重要举措。"国培计划"首期已于 2018 年开始实施,共投入资金 4.6 亿元,培训中西部乡村教师超过 30 万人次。各地方教育行政部门和各师范院校高度重视,积极响应国家号召,主动对接地方需求,积极探索创新举措,为乡村教师培养提供了很好的平台。

一、化学学科

化学是一门研究物质组成、结构、性质及其变化规律的科学,也是一门以实验为基础的自然科学。化学的研究对象是物质,研究的内容是物质及其变化。它不像数学、物理、生物等学科那样有明确的界限,也不像历史、地理、政治等学科那样有严格的区分,更不像语文、英语等文科那样有明确的概念界定,因此它很难用一种统一的标准来进行教学和评价。化学作为一门独立学科,它既是其他学科基础,又是发展的动力。

在中学阶段,化学主要通过实验来学习,以实验为基础进行理论学习和探索。学生可以通过动手做实验来学习化学知识,同时也可以通过实验来解决其他问题。学生在中学阶段所学到的化学知识,包括物质组成、结构与性质,物质变化规律等都会在学生今后的学习和生活中得到运用。因此,化学学科是中学阶段重要的基础学科之一,也是中学阶段培养学生科学素养不可或缺的课程之一。

(一)化学是一门自然科学

化学是一门自然科学,它研究的对象是物质,研究的内容是物质及其变化规律,这一点与数学、物理、生物等学科有着明显的不同。化学中研究的物质一般都具有两个基本属性,即物理性和化学性,而数学中研究的对象则具有三个基本属性,即物理性、机械性和数理逻辑性。化学与物理、生物等学科一样,都是一门自然科学。

化学与物理学、生物学之间有着密切的联系。例如,化学家发现了一些新物质(如氧气、臭氧),但又没有能力解释其结构;而物理学家却发现了这些新物质的性质及其变化规律。化学与物理学之间的这种联系正是化学作为一门自然科学在发展过程中的具体表现。

化学是一门以实验为基础的学科,实验是化学最基本的研究方法。化学要想获得新知识,必须通过实验才能实现,离开了实验就没有任何意义。实验是检验真理的唯一标准,在中学化学教学中实验具有不可替代的地位和作用。通过实验可以使学生对一些概念、原理、规律有更加直观、深刻的认识,可以使学生从感性认识上升到理性认识,可以使学生更好地掌握学科知识、培养科学素养。

(二)化学研究的对象是物质

化学是一门研究物质及其变化的科学,化学研究的对象是物质。无论是从结构上还是从性质上来看,化学都是一门具有独立学科特征的科学。在中学化学教学中,主要以物质及其变化为主要教学内容,而物质由元素组成,元素有不同的结构和性质,构成了物质世界。化学研究的对象是物质,那么化学就应该从物质入手来进行研究。我们知道,组成元素的种类很多,但是每种元素都有它独特的性质。在化学教材中,每一个元素都有其独特的性质。例如:氧气和臭氧在组成上就不一样;铁、铝、铜、镁在性质上就不同;碳、氢、氮、硫在形状上也有区别;碳和氮都是构成生物体的基本成分,碳是构成生命的基础等。可见,化学就是从物质入手来进行研究的一门学科。因此,作为一名中学化学教师必须要树立这样一个意识:物质世界是丰富多彩的,化学学科也是丰富多彩的。中学阶段要尽可能地让学生了解生活中处处有化学、处处用到化学、人人离不开化学。在这个认识的基础上,学生才能对科学产生浓厚的兴趣和无限的向往。

（三）化学研究的内容是物质及其变化

化学是研究物质组成、结构与性质的科学，它主要研究的内容是物质及其变化，也就是研究物质的组成、结构与性质之间的关系。化学中所包含的知识点包括：物质组成、结构与性质之间的关系；物质的变化规律；化学反应类型与化学平衡；金属单质、合金与化合物之间的关系。在这些知识点中，涉及物质组成、结构与性质，以及化学反应类型、化学平衡等。化学是一门以实验为基础的自然科学，在中学阶段，学生所学的都是以实验为基础的知识，不仅能够为今后学习其他学科奠定基础，还能将所学知识应用到其他学科中。因此，化学学科在中学阶段是必不可少的基础学科之一。

化学教学过程中所涉及的知识点非常多，比如：化学方程式、元素化合物知识、离子反应现象等，学生通过实验可以很好地学习到化学知识。因此，在中学阶段教师应加强对化学教学过程中所涉及的知识点以及实验等内容的研究和分析，只有这样才能让学生更好地掌握相关知识。

（四）化学与人类文明的发展息息相关

化学与人类文明的发展息息相关，通过化学学科的学习，让学生认识到化学在人类社会发展中所起的重要作用，并通过学习化学知识，培养学生对科学的好奇心、探索欲和对科学的热爱。例如，在人们使用天然碱进行生活、生产活动的历史中，从古代埃及人发明并使用碱，到中国人发明了人工制碱工艺，再到现在的化学工业制碱工艺，人们在利用和改造自然、物质世界方面取得了巨大的进步。通过了解化学在人类社会发展中的作用和地位，培养学生对化学学科的热爱。学习化学知识，可以让学生了解化学在推动人类文明发展方面所作出的贡献。

此外，通过学习化学知识，可以培养学生树立正确的世界观、人生观和价值观。学习化学知识不仅能让学生了解社会发展现状和规律，还能让学生感受学习化学所带来的快乐与幸福。在学习过程中，通过学生对知识的掌握程度来评价教师教学水平高低，教学实践发现：如果一个教师只是一味地把自己知道的知识教给学生,而不能让学生在学习过程中感受到快乐、幸福和满足感。那么这种教师一定是不合格的教师。因此,教师在教学过程中要充分利用课程资源、实验课和其他形式让学生参与其中,从而让学生在快乐中学习化学知识。

（五）化学与人们的生产生活息息相关

随着社会的发展,人们对化学的认识逐渐加深,人们对化学的应用也越来越广泛,化学不再只是一个单纯的科学,已经成为人类生产生活不可或缺的一门学科。许多与人们生活和生产息息相关的产品都是用化学加工制成的。如:煤气、沼气、化肥、农药等都是由化学加工制成;化学工业为现代工业发展提供了充足的原料和能源;化学工业中广泛应用的合成纤维、合成橡胶等都是由化学家们在实验室里用化学方法合成出来的。从古代中国发明火药到现代科技的飞跃发展,化学家们通过化学知识和实验进行发明创造。因此,在中学阶段学习化学,有助于学生认识和了解当今世界,树立科学发展观,形成正确的世界观和人生观;有助于培养学生发现问题、提出问题、分析问题、解决问题的能力;有助于学生增强社会责任感,树立正确的科学态度;有助于学生学会用科学知识解释生产生活中遇到的实际问题和现象;有助于培养学生实事求是、勇于创新和善于合作等科学品质,养成尊重事实、遵守法律、诚实守信等道德品质。

（六）化学的发展促进了人类社会的进步

化学发展的历程,可以说就是人类认识和改造世界的历史,在这一过程中,涌现了一大批伟大的化学家,他们的发明创造推动了社会进步和人类文明的发展。例如,化学家们通过实验探究,发现了"氧化还原反应""离子反应"等原理;通过科学实验对一些物质进行提纯或制备,如元素、化合物、单质、气体等;通过化学知识解决生产生活中遇到的问题;通过化学原理解释一些自然现象和社会现象。这些伟大的成就离不开化学科学工作者对化学原理、理论和实践的不断探索和研究。人类社会发展到今天,需要更多的人才投入到科研领域中去。中学化学教育要努力为社会培养更多的科学家和发明家,为国家培养更多的高素质人才。

综上所述,化学作为一门重要的自然科学,是其他学科发展进步的基础。在中学教育中,化学学科不仅可以激发学生学习化学知识的兴趣,培养学生综合运用化学知识解决实际问题的能力,还可以使学生认识到化学学科在促进社会发展中所发挥着不可替代的作用。因此,中学阶段开展化学教育具有十分重要的意义。

（七）化学是一门具有人文色彩的学科

化学作为一门自然科学,具有科学性、实用性和社会性。化学的应用领域非常广泛,其应用已渗透到社会生产、生活的各个方面。如化学工业、能源工业、农业以及环境保护等。化学的应用领域广泛,对人类社会的发展起到了积极的推动作用,对信息技术、航空航天技术、海洋开发与利用等方面都作出了巨大贡献。化学科学在解决人类生存环境问题上也发挥着重要作用。如利用化学原理防治大气污染,保护人类赖以生存的生态环境;利用化学原理研制新型农药,减少对人和动植物的危害等。化学科学在解决人类生存问题上还发挥着重要作用,如利用化学原理研制新型化学肥料,生产出高质量、高产量的农作物;利用化学原理研制新型农药,解决粮食安全问题等。总之,化学是一门具有人文色彩的学科,它涉及科学技术、社会生活以及文化伦理等方面。化学教师要重视发挥学科本身的人文色彩作用,加强对学生人文精神的培养。

二、教育价值

化学作为一门基础学科,对于人类生产、生活及科学研究具有重要作用,也是农村学生学习的重点科目之一。虽然化学知识相对于物理、生物等学科来说比较浅显易懂,但是很多学生并没有深入了解化学的价值与意义,尤其是农村学生。如果教师能在初中化学教学中将学科知识与生活实际联系起来,使学生对化学产生浓厚兴趣,能够积极主动地学习化学知识,那么他们在学习过程中就能深刻理解到化学知识的价值与意义,从而产生学习化学的强烈愿望。同时,学生通过学习化学知识,能获得更多的信息渠道和其他学科知识,帮助他们更好地认识自然、改造自然和社会,以适应现代社会发展。同时,由于化学学科具有较强的应用性与实践性,也有利于促进学生应用所学知识解决实际问题能力的培养与提高,进而提高学生学习成绩。

（一）化学知识与生活实际的联系

初中化学教学中,教师如果能将化学知识与生活实际联系起来,让学生在学习化学知识的同时,了解一些与生活相关的化学知识,那么就能为学生后续学习其他学科提供便利,使学生对学习产生浓厚的兴趣,从而促进学生全面发展。比如,在教学"家庭常用药品"时,教师可以给学生提供一些家庭常用药品:感冒药、止咳药、止痛药、止血药等,让学生进行充分讨论并将讨论结果记录在课堂学习记录本上。通过对家庭常用药品的介绍,使学生了解到在生活中很多常见药物都具有一定的药用价值和治疗作用,从而激发学生学习化学知识的兴趣。此外,教师还可以利用化学知识来解决生活中的实际问题。比如在讲解"家庭煤气的使用"时,可以通过课堂教学让学生了解到家庭煤气的成分以及如何正确使用煤气炉等问题。这些教育方式都可以提高学生学习化学知识的兴趣,为他们学习其他学科提供便利。

（二）化学知识对农村学生的价值与意义

随着现代社会的快速发展,科学技术得到了广泛应用,特别是在工业生产、农业生产、国防建设等方面的作用更加凸显。化学作为一门基础学科,也是促进工业生产、农业生产及国防建设的重要学科。学生通过学习化学知识,能更好地了解科学技术的价值与意义,在使用化学知识解决实际问题的过程中,能认识到科学技术的价值与意义,并为其未来发展奠定坚实的基础。同时,学生在学习化学知识过程中也能进一步认识到科学技术对人们生活的作用,能够更好地适应社会发展,发挥自己的价值与意义。尤其是随着农村教育改革力度不断加大,化学教师的培养越来越受到重视。通过对乡村中学化学教师培养必要性及价值分析发现,教师作为教学活动中最重要的因素之一,应该在新课改背景下充分认识到自身重要性并做好相应准备工作。

（三）化学知识的应用性与实践性

化学作为一门自然科学，与生活和生产实际密切相关，对其进行研究和学习，有利于促进学生在实践中加深对化学知识的理解与应用。比如：在学习"一氧化碳的性质"时，教师可以让学生结合生活中的"一氧化碳中毒"事例展开讨论，了解一氧化碳作为一种有毒气体，如果人体吸入大量的一氧化碳会导致中毒、窒息甚至死亡。再比如：在学习"氧气"时，教师可以组织学生结合日常生活中的"吸烟"现象展开讨论，引导学生理解"烟"是如何被点燃的，同时结合化学知识解释"烟"的成分以及对人体有哪些危害等。通过以上实践活动，不仅可以提高学生对化学知识的学习兴趣，还能让学生在实践中加深对化学知识的理解与应用。因此，教师应积极引导学生参与化学实践活动中去，激发学生对化学知识的学习兴趣，进而提高化学课堂教学效率。

三、乡村学校的现状

在教育主管部门和地方政府的大力支持下，我国农村地区特别是中西部地区农村地区教育面貌发生了翻天覆地的变化，为国家发展培养了大批人才，乡村地区的教育教学水平有了很大提高，但城乡教育差距仍然较大，特别是一些贫困地区的教育水平仍然比较落后。

我国是人口大国，也是农业大国。虽然国家持续加大对农村教育的投入力度，但仍有许多地方的农村学校存在着教育水平低下、师资力量不足、教学设施设备不完善等问题，这就需要加强教师队伍建设，提高乡村教师的综合素质。

从乡村中学化学教师现状来看，当前，我国农村地区的中学化学教育面临着一些挑战。特别是在乡镇以下的农村地区，中学化学教师的师资力量显得相对薄弱。这种状况的形成，与地理环境和经济发展水平有着密切的关系。由于这些因素的制约，许多农村学校的地理位置偏远，交通不便，基础设施落后，这无疑增加了教育工作的难度。

以安徽省六安市霍邱县为例，霍邱县位于安徽省西北部，是一个典型的农业大县。该县的地理环境以平原和丘陵为主，经济发展相对滞后。2022年霍邱县下辖 16 个乡镇、273 个村（居）委会，拥有 7.1 万户家庭和 28.5 万人口，其中农业人口占绝大多数，超过总人口的 95%。在这样的背景下，霍邱县的教育资源分布显得尤为不均衡。

霍邱县目前拥有 1 所高中——霍邱县第一中学，这所学校是该县唯一的高中教育机构，承载着全县高中教育的重任。此外，还有 10 所初中，包括霍邱县实验中学、霍邱县实验初级中学、霍邱县城关中学、霍邱县金寨高级中学、霍邱县城关第一初级中学等，以及 56 个教学点，例如马郢小学。这些教育机构分布在全县的各个乡镇和村庄，为当地的青少年提供基础教育服务。

然而，由于地理位置偏远和交通不便，霍邱县的中学化学教师面临着诸多困难。师资力量的不足，加上教学资源的匮乏，使得化学教育的质量和效果难以得到保障。此外，化学试验设备的缺乏，也限制了学生动手实践能力的培养。这些问题的存在，不仅影响了学生的化学学习兴趣，也制约了他们科学素养的提升。

为了改善这一现状，需要从多个方面入手。首先，政府和教育部门应当加大对农村地区教育的投入，特别是师资力量的培养和引进。其次，可以通过远程教育和网络资源，弥补地理环境带来的限制，为乡村中学提供更多的教学支持。再次，社会各界也应当关注和支持农村教育，通过捐赠教学设备、资助优秀教师等方式，帮助改善农村学校的办学条件。最后，学校自身也应当加强内部管理，提高教学质量，激发学生的学习兴趣和潜能。

通过这些综合措施的实施，有望逐步改善我国农村地区中学化学教师的现状，提升化学教育的质量和水平，为农村青少年的全面发展创造更加有利的条件。

（一）教育基础设施

教育基础设施是指教育教学设施设备，包括各种实验室、教室、图书馆等，是学校开展教育教学活动的物质基础，也是衡量一所学校办学条件的重要指标之一。在教育部 2001 年公布的《义务教育阶段课程设置实验方案》中明确规定，义务教育阶段应当设置综合实践活动课程，在九年义务教育阶段，综合实践活动课程开齐开足,不能因为安全等问题被取消。这就要求各省、市、县制定教学计划时要充分考虑当地情况,尤其是乡村地区的教学计划和资源配置。就安徽省六安市霍邱县而言,该县中学化学教师学历主要是本科及以上学历,具有本科学历的化学教师占比高达75.9%。尽管在义务教育阶段化学课程设置中,国家对农村地区特别是乡村学校的化学教育有明确的要求,但由于历史原因和客观条件制约,加之很多学校地处偏远山区、交通不便、信息闭塞等问题的影响,许多农村中学缺乏完善的教学设施设备,直接导致农村地区中学化学师资力量不足。以霍邱县城关中学为例,该校主要承担着县城周围乡镇、马郢乡、李店乡、新店镇、吴家店镇和城关镇六个乡镇的初中阶段学生教育教学工作。该校虽然位于县城周边地区,但由于地处山区,且处于城乡结合部的缘故,学校附近没有大型超市和医院等公共服务设施。虽然该学校有一个小超市和一个小型医院,但因规模较小且位置偏远等因素影响,该超市和医院很少有人光顾。目前学校教学设施设备不完善已经成为制约该学校教学质量的重要因素。另外,该校在2017年9月为全校学生统一配备了新课桌凳。虽然该县人民政府于2017年12月正式发文要求各乡镇在辖区内义务教育阶段学校统一使用新课桌凳,但由于受到硬件条件和师资力量等因素影响,该校仍然存在着课桌凳陈旧、桌面破烂、学生坐姿不良等问题。

（二）师资力量

在县域内,化学教师以县城及以下学校为主,少数优质高中、初中也有少量化学教师。以霍邱县城关中学为例,该校共有专任教师56人,其中中学高级教师1人、一级教师17人、三级教师1人,未评定职称的15人。初中化学师资力量相对较强,高中和教学点的化学师资力量较弱。

从学校性质来看,该地区乡镇以下中学有9所,其中公办3所、民办2所;高中有1所、初中10所(城关中学为初级中学)和教学点6个。从学历层次来看,该地区农村学校初中化学专任教师中本科学历的占34.7%,大专学历的占68.3%;高中有1名、初中有3名。

从教学年限来看,该地区乡村中学的化学教师中,具有3年以上教龄的占

46.6%;具有 10 年以上教龄的占 26.2%;具有 15 年以上教龄的占 12.8%。可见,该地区乡村中学化学教师大部分是通过师范生教育培养计划培养而来的。因此,通过师范教育培养农村地区中学化学师资具有现实意义和价值。

（三）学生素质

乡村地区由于受地理环境、经济发展水平等因素影响,学生受教育程度普遍较低,很多学生到了初中后便辍学外出打工,乡村的留守儿童成为社会发展中的一个特殊群体。虽然国家对农村教育大力支持,但由于广大乡村地区经济发展相对滞后,不少人观念陈旧、思想保守,很多家长认为初中毕业后就可以外出打工了,这就造成了农村学生的文化素质普遍较低。以霍邱县为例,该县初中毕业后外出打工的学生达 9400 人之多,占初中毕业生总数的 60% 以上。在这些外出打工的学生中有将近一半是文盲或半文盲。而文盲或半文盲的学生又多是以小学和初中教育为主,在初中阶段基本没有接受过高中教育。而对于这些学生而言,高中教育又是他们人生中的一大转折点。从小学到高中再到大学,这些学生大多数都需要花费大量时间和金钱,因此乡村教师必须在思想上树立正确的教育观、人才观、质量观和发展观,在教学中不断创新教育方法和教育理念。只有这样才能确保乡村学生接受良好的高中教育,才能培养出符合国家发展需求、具有较强实践能力的人才。

四、乡村教师的困境

乡村教师主要集中在初中和高中,但是近年来,由于学科结构、师资数量和质量的原因,很多农村学校出现了严重的师资不足现象,甚至有些学校由于教师短缺,不得不让学生在家上自习。造成这种状况的原因有很多,其中很重要的原因是农村中学教师的流动性很大,有的人一辈子都在农村工作。另外一个原因是农村教师待遇普遍不高。乡村学校虽然不像城市学校那样,但也面临着巨大的生存压力。由于乡村学校地理位置偏远,交通不便,工作生活条件艰苦。教师们不仅要承担繁重的教学任务,还要照顾学生的生活起居。很多年轻教师甚至因此而不愿留在农村任教。虽然国家出台了很多政策支持乡村教师,但真正能落实到位的还是寥寥无几。

（一）缺乏对乡村教师的职业认同

在一些偏远地区，由于教师待遇低，工作条件艰苦，很多教师不愿意长期从事农村教育事业，尤其是一些年轻的农村教师。他们工作只是为了养家糊口。当他们看到学生学习成绩不好时，他们会感到沮丧和沮丧。甚至有些教师在退休之前都没有打算在农村教书。然而，即使是这样的教师，也不会对自己的职业有足够的认同感和归属感。随着时间的推移，当他们看到别人在城市里工作时，他们会觉得自己不属于这个群体，认为自己没有资格成为乡村教师。这对于一个想要成为乡村教师的人来说是很难接受的。因此，只有让学生和乡村教师都有一个共同的职业认同感和归属感才能让学生安心学习，更好地适应乡村教育。

（二）教师待遇与生活水平偏低

根据2018年的调查，全国初中教师平均工资为4489元，小学教师平均工资为3415元，高中教师平均工资为3987元。这是根据全国人力资源和社会保障厅发布的数据得出的，其中没有包括农村地区，因此可能存在一定的误差。这也反映出教师工资收入普遍偏低。但是，如果我们将全国所有地区进行比较的话，会发现农村教师的收入偏低。再加上农村教师的工作强度大、工作环境艰苦、职称晋升困难等问题，教师们普遍感觉到生活压力大，生活条件艰苦。因此，如何提高乡村教师待遇是亟待解决的问题。国家在这方面出台了很多政策支持乡村教师的发展，但实际效果并不理想。

五、应对策略

教育是民族振兴、社会进步的重要基石，是功在当代、利在千秋的德政工程，而教师则是教育发展的第一资源。当前，我国教师队伍总体上仍是数量不足、素质不高、结构不合理的问题较为突出。特别是在乡村教育中，优秀师资尤其稀缺。为实现乡村教育振兴，应高度重视乡村教师队伍建设。

首先,加强顶层设计和统筹规划。加强教师教育体系建设,建立健全教师培养培训体系,进一步完善教师资格制度和入职制度。加大农村地区师范生培养力度,构建覆盖学前教育到高等教育的农村师范生免费教育政策体系,逐步缩小城乡教育差距。

其次,完善政策支持体系。建议相关部门制定优惠政策,吸引优秀生源报考师范院校或师范专业;出台奖励政策鼓励师范院校和师范生积极参与农村教育、教学改革和实践;对乡村教师采取特殊政策优惠措施,提高乡村教师工资待遇等。

第二节 乡村中学化学教师培养的实践与经验

乡村教师队伍建设是我国乡村振兴战略的重要内容。在乡村振兴战略实施过程中,乡村教师的培养至关重要。目前,我国乡村教育的师资状况总体上并不乐观,特别是在农村基础教育领域,不少地区存在着"有教师、缺教师"的矛盾,尤其是化学教师短缺问题比较突出。因此,对乡村中学化学教师进行专门培养和培训已经成为当前乡村教育发展的重要任务。江苏师范大学在长期办学实践中,总结了一套适应乡村教育发展的化学教师培养经验和模式,形成了"三全""四化""四化"特色化学教师培养模式,为实现农村基础教育的优质均衡发展、农村教育振兴和城乡教育一体化提供了智力支持。

一、"三全":培养模式全周期、全学段和全学科

江苏师范大学化学师范专业的学生实行"三全"培养模式,即全周期、全学段和全学科。全周期,指从学生入学到毕业,甚至终身都要对其进行培养,做到全程教育。全学段,指从小学到高中再到大学,从理论学习到教育实践再到专业发展再到终身教育,都要有系统的培养。全学科,指学生不仅要学习化学教学论等课程,还要学习教育学、心理学、教育技术学等专业知识。"三全"模式是对传统大学本科师范教育模式的扬弃,是对教师培养实践探索的总结。这种模

式把大学本科师范教育的"四个中心"即教学中心、科研中心、实践中心和信息中心融为一体,实现了师范生培养与基础教育实践的有机结合。

(一)"全周期"模式,奠定学生扎实的理论功底

培养师范生,要注重理论学习与教育实践相结合。江苏师范大学化学师范专业实行"全周期"的培养模式,从学生入学开始就注重学生理论知识的积累,要求学生学习教育学、心理学、教育技术学等课程。同时,在第一学年进行课堂教学,同时实施导师制和小班化教学,注重学生课堂教学能力的培养。在第二学年开展教育实习活动,安排到中学开展见习和实习,使学生掌握教育教学技能。第三学年开始实施三年一贯的培养模式,对学生进行课程与教学论方面的专业知识学习。在第四学年开始进入中学进行教育实习,在中学开展期间实行导师制和小班化教学。在第五学年开始进行教育研究活动,开展教育科研论文写作。第六学年进行毕业论文撰写和答辩。通过"全周期"的培养模式,学生从入学到毕业,每一步都有明确的目标和要求,为学生打好扎实的理论基础。

江苏师范大学化学师范专业实行"全周期"的培养模式是对传统大学本科师范教育模式的扬弃。该模式既有传统大学本科师范教育模式的优势,又有其自身独特之处。在培养模式上实现了与基础教育的无缝对接,更好地满足了社会对教师的需求。

(二)"全学段"模式,培养学生教育教学的专业素养

化学师范专业实行"全学段"培养模式,在课程设置上,要解决三个问题:

第一,如何系统地把中小学的课程知识纳入高校的专业学习中?

第二,如何实现从师范生到教师再到教育家的专业成长?

第三,如何在大学本科阶段实现师范生的教育实践与师范生终身发展有机结合?

在课程设置上,学校对小学和高中进行了一体化设计。小学阶段以学科教学知识为主体,以高中教学技能为主体。同时,还增加了教师专业发展和心理健康教育等课程。通过一体化设计,学校实现了从中小学教师到教育家的专业

成长。

在教学模式上,学校实行"四段式"教学模式。即在理论学习阶段采用"问题导向式"教学,在教育实践阶段采用"合作探究式"教学,在专业发展阶段采用"实践反思式"教学。

同时,学校还鼓励师范生参加师范生技能竞赛,通过竞赛的形式来提升师范生的专业能力和素养。例如,参加化学实验技能竞赛、"我是化学小达人"等活动来锻炼学生的实际操作能力和教育教学能力。此外,学校还定期组织师范生开展教育实践活动。

(三)"全学科"模式,满足学生全面发展的需要

在化学师范专业的培养中,学校十分注重学生人文素养的培养,如开设了《中国文化概论》《中国文化史》《中国语言文学》等选修课;开设了《美学与美育》《教育心理学》等必修课,以及《教育学原理》《教育技术学》《现代教育技术导论》等选修课,同时开设了《中学化学教学论》等课程。在这样的课程设置中,学校十分注重学生人文素养的培养,通过这些课程的学习,使学生具有科学精神、人文精神和人文情怀。在教学过程中,学校十分注重学生的创新意识和探究能力的培养。如在"物质结构与性质"这门课程中,学校鼓励学生动手做实验、搞科研,将课堂上学到的知识运用到实验中去。这样的教学模式不仅让学生获得了科学知识和技能,还培养了学生创新意识和创新能力。

二、"四化":教育思想现代化、课程体系综合化、教学模式个性化和实践教学一体化

"四化"特色化学教师培养模式的基本思路是:将乡村教育振兴有机结合,以实现我国农村教育的优质均衡发展和城乡教育一体化;以现代化的教育思想引导学生,培养学生树立正确的教育观、成才观和学习观;以综合化的课程体系整合理论知识与实践技能,构建基于问题解决和实践操作的个性化教学模式,提高学生分析和解决实际问题的能力;以一体化的实践教学优化培养效果,增强学生适应农村教育发展的综合能力。

"四化"特色化学教师培养模式主要包括四个方面:一是以化学教师专业化标准为依据,将"三全""四化"特色化学教师培养理念贯穿于整个人才培养过程;二是将课程体系综合化、教学模式个性化和实践教学一体化作为人才培养目标,系统设计了基于问题解决和实践操作的个性化教学模式;三是以"三全""四化"为基础,构建了基于问题解决和实践操作的个性化教学模式;四是依托高校与中小学联合培养,强化教育实习在人才培养中的基础性地位。

江苏师范大学化学与化工学院以乡村中学化学教师需求为导向,以实施"三全""四化"特色化学教师培养模式为目标,围绕课程体系综合化、教学模式个性化、实践教学一体化这三个关键要素,构建了符合乡村教育发展需求的"三全""四化"特色化学教师培养模式。

(一)课程体系综合化,培养适应乡村教育发展需求的化学教师

乡村中学化学教师的培养模式决定了化学师范生培养必须采用综合化的课程体系,包括学科基础课程、教育理论课程、化学专业课程以及师范技能课程等。具体而言,学科基础课程以培养学生对化学学科基本知识和基本理论的掌握为目标,教育理论课程以培养学生对教育发展规律和教师专业化标准的认识为目标,化学专业课程以培养学生对化学知识、技能的掌握和应用能力为目标,师范技能课程以培养学生教育教学技能和综合素质为目标。通过学科基础和师范技能的优化组合,形成"一主两辅"的综合课程体系。在学科基础和师范技能课程中,通过"基础课+专业理论课"和"教育教学能力训练"两个模块,将教师教育理论、教师职业道德规范、中学化学教学法、实验技术、中学化学教材教法等内容进行整合,培养学生解决实际问题的能力。

(二)教学模式个性化,构建基于问题解决和实践操作的个性化教学模式

随着新课程改革和教育信息化进程的推进,教师教学方式发生了重大变革,传统的以讲授为主的教学模式已经难以适应教育发展和教师专业发展的需要。江苏师范大学化学与化工学院在分析乡村中学化学教师教学需求基础上,

结合国内外先进的教学理念和成功案例,探索出了一套以学生为中心、以问题为导向、以实践操作为载体的个性化教学模式,将学生培养成具有综合知识素养、探究能力和实践能力的新型化学教师。这一教学模式以解决乡村中学化学教师实际问题为导向,遵循"提出问题、分析问题、解决问题"的认知过程,注重培养学生获取知识和应用知识的能力以及分析解决问题的能力,突出学生主体地位,激发学生自主学习能力和实践操作能力。

(三)实践教学一体化,保障化学教师培养效果

化学教师的培养是一个复杂的过程,需要在理论学习、实验教学和实践教学三个阶段都得到全面提升。为了保证这一过程能够顺利实施,学院在教学计划中明确规定了实践教学环节在人才培养中的重要地位,并建立了科学合理的实践教学体系,使实践教学能够与理论学习相结合,并贯穿于人才培养全过程。学院在化学教育、化学师范专业、化学教育技术专业中分别实施"3+1""2+2"和"3+3"的教育实习模式。为了提高学生对知识的应用能力,学院建立了涵盖学科实验、教学技能训练和课程实习的实践教学体系,并将教学实践贯穿于人才培养全过程。为了使学生能够得到全面的专业培养,学院将学生在校期间的前两个学期划分为公共基础课和专业课程学习阶段。公共基础课学习阶段包括理论课、实验课和实习课三个部分,公共基础课学习阶段结束后,学生在理论学习阶段所学知识能够应用于实践。

三、"四化":教育理念个性化、教学方法多样化、教育管理信息化和考核评价综合化

为适应乡村教育发展需要,我们把个性化教育理念贯穿于人才培养的全过程。以农村中小学为主要对象,以"适应学生个性发展,促进学生全面发展"为核心,面向全体学生,通过开展个性化的教育、教学和管理,满足不同学生的成长需求,实现"人人成才""人人出彩"。

在教育理念方面,我们坚持"以人为本"的理念,遵循人的成长规律和学生的认知特点,推行个性化的教育模式和教学方法。从入学开始,对每一个新生

进行"精准画像"和个性化培养方案设计。根据每名学生的个性特点、学业水平、学科兴趣和未来发展方向,制定个性化的培养目标、知识结构、课程体系和教学计划等。在课程教学上,实施个性化的教学模式和教学方法。建立学生个性化成长档案,根据每名学生特点量身定制成长方案和培养方案。在教育管理方面,推行信息化管理模式。在实践教学环节上实行模块化教学和全过程教学跟踪指导制度。

我们坚持"以人为本"的理念,构建了发展性评价体系。既重视学生学习成绩的评价,更重视学生思想道德、学习能力、实践能力、创新精神等方面的全面发展情况。在考核评价方式上实行多元化、个性化、综合化评价。既注重过程考核与结果考核相结合,也注重平时考核与集中考核相结合。

(一)实施个性化教育,促进学生全面发展

我们把"学生全面发展"作为人才培养目标,基于不同学生的个性特点和发展需要,实施个性化教育。

一是针对乡村中学化学教师岗位群,实行模块化教学,在基础上进行课程模块、实践模块和职业素养模块的有机组合,实行"项目驱动"的教学模式,培养学生的专业知识和教学技能,促进学生全面发展。

二是针对师范院校师范生的培养特点,通过开设心理健康教育、教育学、教育心理学、普通话与教师口语、科学研究方法、教师职业道德等课程,帮助师范生培养良好的心理素质和职业道德素养。

三是针对中学化学教师岗位群,注重对学生综合素质和实践能力的培养,通过开设通用技术、大学英语、大学计算机基础等课程,帮助师范生提高学科知识能力和实践应用能力。

四是针对"新时代"教师综合素养要求,通过开设通识教育课程、生涯教育课程等,帮助师范生养成良好的思想道德品质和职业操守。

五是针对基础教育改革发展对教师队伍建设提出的新要求,通过开设教育实践课程和教育研究方法课程,帮助师范生提升科研能力。

（二）推进教育信息化，提高学生学习效率

为适应教育信息化发展需要，我们不断完善并推广信息化教学，充分发挥信息技术对学生学习的促进作用。通过多媒体教学、网络教学等信息化手段，有效提高了教学效果。在课程设置方面，开设了一系列满足乡村学校教学需要的信息技术课程，为农村学校培养了大批"一专多能"的优秀教师。在实践教学方面，利用虚拟仿真实验室、数字化实训基地等信息化设施开展实践教学活动。在教育管理方面，建设了学生学籍、就业、职业资格、心理健康等信息化管理系统。在教育教学方面，实施翻转课堂教学模式。

目前，我们已建立了一套基于大数据的学生学业质量评价系统。通过大数据分析，可对学生学习过程和结果进行诊断、评估、预测和干预。学生学习过程中的各种信息，都可被采集记录并可随时调用。这些信息既可以帮助学生了解自己的学习情况和潜力，又可以指导教师有效地开展因材施教和个性化辅导，为教师的决策提供可靠的依据。

我们还不断完善信息技术课程建设与管理机制。在课程设置中注重信息化教学内容的建设和推广，优化课程内容，增强信息技术与学科课程的融合性和互动性。同时，推进教育管理信息化，实现信息化教学资源共建共享。通过信息技术手段构建虚拟仿真实验室、数字化实训基地等信息化设施，推动教育管理信息化建设进程。

四、"四化"：培养目标多元化，课程体系综合化，实践教学一体化，考核评价综合化

江苏师范大学化学教师培养坚持以人民为中心，以适应乡村教育发展需要为目标，根据不同类型、层次乡村教师的知识结构、能力水平和发展需求，探索多元化的培养目标，建立综合化的课程体系和实践教学一体化的教学模式，全面提高学生的综合素质和能力。在课程体系设置上，实施"两阶段四模块"的课程改革。

第一阶段为"化学师范专业通识教育"，开设基础化学、化学教育、化学发展

史、化学学科基础等基础通识课程;第二阶段为"中学化学教学论""中学科学课程与教学论"等模块课程。在课程设置上,开设有"化学教育研究方法""教师职业道德研究方法"等专题讲座,提升学生的研究意识和研究能力。在教学模式上,将理论讲授、互动研讨和实践操作相结合,实现理论与实践的融合以及注重对学生进行学科基本知识、基本技能和方法的训练。

在课程实施上,通过整合优化不同学科的课程内容,构建综合化、一体化的课程体系。在理论教学方面,将化学教育基本理论与学科相关知识整合起来;在实验教学方面,将课堂实验、野外实习、职业体验等整合起来;在实习实训方面,将见习实习、教育见习、顶岗实习等整合起来。通过综合性设计性实践教学活动,培养学生独立思考能力、合作精神和创新精神。

一是学业水平考试成绩占总成绩60%;二是技能测试成绩占总成绩20%;三是过程性评价成绩占总成绩20%。通过多元化综合评价方式的实施,既有利于全面考查学生的学习状况和学习效果,又有利于调动学生学习的积极性和主动性。通过多元化评价体系的实施,进一步提高了学生对学习过程和结果的重视程度。

在实践教学方面,构建了"三段式"实践教学体系。

第一阶段为师范生综合能力培养阶段(前三年);第二阶段为师范技能训练阶段(第四年);第三阶段为教育实习阶段(第六年)。通过前三年培养和后两年实践训练的有机结合,实现了"3+2"师范生培养模式从理论到实践的全程覆盖。

五、"三全""四化"模式的创新实践

"三全""四化"是江苏师范大学在长期办学实践中形成的具有鲜明特色的化学教师培养模式。该模式以化学专业的卓越教师培养为核心,将国家、地方和学校各级政府、教育行政部门和学校作为利益共同体,在课程建设、师资队伍建设、教学改革、实践基地建设等方面形成了有机整体,保证了人才培养质量。

首先,课程设置"三全"。课程是培养师范生的主要载体,必须符合国家人

才培养目标和化学教师岗位的需要,同时还要充分考虑师范生未来从事中小学化学教学的实际。因此,江苏师范大学从 2006 年开始建设和完善了化学教师专业课程体系,构建了以"学科核心素养"为导向的教学内容体系,形成了包括通识教育课程、学科基础课程和实践教学课程在内的课程结构体系。

其次,师资队伍"四化"。师资是影响人才培养质量的关键因素。江苏师范大学不断加强高水平教师队伍建设,通过招聘高素质人才补充教师队伍,通过建立"学科带头人 + 骨干教师 + 青年骨干教师"的培训机制提升教师队伍素质,通过设立"江苏省高层次人才培养工程"等项目来加强高水平化学师资建设。

最后,实践教学"四化"。实践教学是师范生培养过程中不可缺少的环节,也是提升师范生教育教学能力和培养师范生职业认同感、幸福感和荣誉感的重要途径。江苏师范大学以建设"一体化"实践教学基地为抓手,通过打造"高校—中学""高校—社区"两个实践教学平台,打造出具有鲜明特色的化学教师专业实践教学体系。

江苏师范大学先后在全国各地建成了 100 余个化学教师教育实践基地(基地数量位居全国前列),并通过一系列建设与改革举措,有效地促进了师范生的专业成长和化学教师队伍建设。

(一)实践教学基地建设一体化

化学教师教育实践教学基地是培养师范生专业素质的重要载体,主要是为了满足学生的专业训练需要,同时为师范生的教育实习提供服务;"高校—社区"实践教学基地是指在师范院校设立的教育实践基地,主要是为了满足师范生进行教学实习和职业体验的需要;"高校—中学"实践教学基地是指在大学附属中学设立的教育实践基地,主要是为了满足学生进行职业体验的需要。对于乡村教师培养来说,"中学—高校"实践教学基地能够最大限度地保证教育教育实践活动的连贯性、系统性和完整性,因此是化学教师培养最重要、最有效、最稳定的实践教学基地。同时,该体系也有利于整合优质教育资源,实现教育资源的共享。

（二）实践教学体系模块化

江苏师范大学在培养师范生方面采取了一种系统化的教学实践方法，将实践教学内容划分为四个模块，以确保学生能够全面而深入地了解和掌握教育工作的各个方面。

教育见习模块旨在为学生提供一个初步了解中学化学教育的机会。通过这一模块，学生可以提前熟悉中小学化学教师的日常工作内容和教学环境，为将来的教育实习和教学技能训练打下坚实的基础。在高校设置的见习课程中，学生将了解教师的基本职责和工作流程，帮助他们更快地适应未来的教师角色。而在中学进行的见习课程，则让学生有机会直接接触中学化学教学的实际情况，从而在大学期间更有针对性地进行教学技能训练。

教育实习模块进一步加深了学生对中小学化学教师工作内容和环境的了解。这一阶段的学习让学生有机会将大学期间所学的专业知识运用到实际教学中，同时也帮助他们探索可能的职业发展方向。

学科竞赛模块是实践教学中的一个重要组成部分，他不仅能够激发学生的学习兴趣和参与热情，还能够帮助学习在实践中检验和提升自己的专业知识和技能。通过参与学科竞赛，学生可以在竞争和合作中学习，增强解决问题的能力，同时也能够拓宽视野，了解化学学科的最新发展和趋势。学科竞赛通常包括化学知识竞赛、试验技能比赛、创新实验设计等多种形式，旨在培养学生的创新思维和实践能力。

师范生教学技能训练模块是对学生进行专业技能培养的关键节段。这一模块通过在高校与中学共建的实践基地进行，让学生在真实的教学环境中学习和锻炼。通过模拟教学、教学设计、课堂管理等方面的训练，学生能够提前了解和掌握中学化学教师的工作内容和教学技巧，为将来从事中学化学教育教学工作做好充分准备。

（三）实践教学管理规范化

实践教学管理规范化，即从学校、教育行政部门和地方政府三个层面进行规范。江苏师范大学明确了各实践基地的任务,在实践基地设立了相应的管理机构,制定了各项管理制度和规范。在实践教学实施过程中,各基地严格执行学校制定的实践教学计划和管理制度,建立健全学生实习档案,对实习生的实习过程进行全程监控,及时发现并解决学生在实践过程中出现的各种问题。此外,各实践基地还建立了实习评价机制和实习档案管理制度,保障了实践教学质量。

1. 多元协同育人

教师教育是一项系统工程,必须发挥各利益相关方的合力作用。江苏师范大学把各利益相关方纳入人才培养方案制定、师资队伍建设、教学改革和实践基地建设等方面,通过发挥各利益相关方在人才培养过程中的作用,促进教师教育事业的发展。

2. "双师双能型"教师队伍建设

近年来,江苏师范大学通过实施"双师双能型"教师队伍建设计划,强化了化学专业教师"双师素质"的培养。

一是聘请中学骨干化学教师担任实践教学导师;二是聘请行业专家、中学高级教师担任实验技能指导教师;三是实施"双师互聘"制度。学校选派优秀教师到中学开展专题讲座、观摩课堂教学、进行课题研究等活动;同时,由高校学科带头人或优秀骨干教师担任实践教学导师,定期到中学指导实践教学工作。这一做法极大地促进了化学专业师范生教育教学能力的提升和教学改革的深入开展。

3. "四位一体"质量保障体系

保证乡村中学化学教师培养质量,江苏师范大学构建了从地方政府、教育行政部门到学校、实践基地等多方协同育人的机制和平台。

一方面,学校每年聘请政府领导、教育行政部门领导和资深中学高级教师等担任兼职指导教师;另一方面,通过教育行政部门开展面向中小学化学教师的专项培训活动、与地方政府合作设立"苏派"化学教师教育基金等方式促进地方政府和学校共同参与质量保障工作。

六、成效与影响

江苏师范大学化学师范专业为农村培养了大批优秀人才,累计毕业生7400多人,分布在江苏、安徽、河南等地,他们中的一部分已经成长为各级各类教育教学骨干和学科带头人。同时,这些毕业生服务农村基础教育的事迹先后被中央电视台、新华社、《人民日报》等媒体广泛报道,为农村培养了大批优秀教师。他们扎根于乡村,成为新时代我国基础教育的中坚力量。

江苏师范大学化学师范专业培养的毕业生中涌现出一大批优秀教师和典型人物。全国优秀教师、江苏省特级教师、"333"工程培养对象(一层次)朱爱朝教授、江苏省教学名师周亚夫教授等都是江苏师范大学化学师范专业的优秀毕业生;全国教书育人楷模朱守勤教授被学生们亲切地称为"朱妈妈";江苏省特级教师王成安教授、江苏省"333"工程培养对象(二层次)张兴武教授等都是江苏师范大学化学师范专业的优秀毕业生;还有很多毕业生被选派到中西部贫困地区支教,并在当地扎根奋斗,成为教育扶贫的典范。

第三节　乡村中学化学教师培养的支持与指导

随着我国基础教育改革的不断深化,教师队伍建设成为影响基础教育质量的关键因素。乡村教师队伍是乡村教育发展的中坚力量,是乡村教育振兴的关键所在。目前,我国乡村中学化学教师队伍存在数量不足、学历层次不高、学科结构不合理等问题。为提高乡村化学教师的素质和能力,应充分发挥师范院校的教育作用,完善师范院校与地方政府、中学之间的合作机制,加大对乡村中学化学教师培养的支持与指导力度。

一、组织师范生顶岗实习

顶岗实习是师范生进入教师队伍之前的一次重要实践锻炼,也是师范生培养过程中的重要环节,对增强师范生的社会责任感、提升综合素质、培养教育情怀具有重要意义。为了解决乡村中学化学教师数量不足的问题,应从政策层面加大对师范院校招收农村生源师范生的支持力度,鼓励师范院校通过多种方式增加农村生源师范生的数量。

教育部于 2015 年印发了《乡村教师支持计划(2015—2020 年)的通知》,其中明确指出各地要充分发挥地方政府特别是县级政府在农村教育中的重要作用,建立完善符合乡村教师工作特点的中小学教师工资长效联动机制,确保乡村教师平均工资收入水平不低于或高于当地公务员平均工资收入水平。要保障乡村中学化学教师待遇,应尽快出台相关政策,从制度层面保证乡村中学化学教师待遇与城市同条件学校化学教师待遇保持一致。

可以通过政策引导、经费支持等方式引导师范院校加大对农村地区特别是偏远地区乡村中学化学教师培养的支持力度。在经费支持方面,一方面鼓励师范院校积极与地方政府合作,通过增加地方政府教育资金投入、推动地方政府制定吸引优秀毕业生到农村任教的优惠政策等方式,吸引优秀毕业生到农村从教。另一方面,鼓励师范院校通过校地合作、与当地中学合作等方式增加对农村地区特别是偏远地区乡村中学化学教师的培养。在政策引导方面,支持师范院校通过制定师范生顶岗实习实施方案、开发顶岗实习指导课程、加强指导教师培训等方式促进乡村中学化学教师培养。

为了确保顶岗实习质量,需要构建顶岗实习评价体系。一方面,师范院校应充分利用教学模拟实验室、多媒体教室、微格教室等现代化教学设施开展教育实践活动。另一方面,应加强对乡村中学化学教师教育理论知识和教育技能的培训,以顶岗实习为契机实现师范生与中学化学教师的交流与互动。

为了提高师范生顶岗实习的质量和效果,可采取"一校一策""一师一案"等方式组织实习生参与教育实践活动。具体而言,"一校一策"是指在地方政府的统一安排下,由师范院校根据地方中学实际情况制定顶岗实习计划并实施;"一师一案"是指由当地教育行政部门提供指导教师(中学)和实习学校(师范院校)共同制订实习生实习计划并实施。实践表明,"一校一策"有助于师范生更好地理解中学化学课程标准和学科特点,掌握教学方法和技能;有助于师范生更好地了解农村中学化学教育的特点和困难,为提高顶岗实习效果奠定基础。

二、定期开展送教下乡活动

乡村教育的发展需要高素质的教师队伍,乡村化学教师的培养工作不能只靠师范院校一家,更不能仅靠几个化学专业的毕业生。因此,师范院校应采取多种形式,促进校校合作,以送教下乡等方式开展多种形式的帮扶活动。定期组织师生前往乡村中学进行实地调研和教研活动,将先进的教学理念、教学方法传授给乡村中学,使教师从观念上理解和接受新教育理念,从而不断提高自身素质和教学水平。

为让更多的乡村中学教师了解化学学科的发展动态和最新研究成果,师范生可以在暑期安排一定时间开展暑期社会实践活动。在与中学教师交流和互动中,了解学校化学学科建设情况、化学新课程标准、教材使用情况等内容。通过实地调研等方式,了解学生的学习兴趣及实际需求,为他们在教学过程中提供帮助。

为了让师范生更好地了解中学化学教学实际,应鼓励师范生积极参与送教下乡活动中来。通过与教师的交流与互动,让师范生更加深入地理解中学化学学科的教学特点、教学目标、教学过程、教学评价等内容,从而为师范生毕业后从事教师工作提供帮助。

(一)从教育教学理念上指导师范生

教育教学理念是一种长期积累起来的观念,它体现在教师的教育教学行为上,同时也会对学生的行为产生影响。为了帮助师范生树立正确的教育教学理念,师范院校应在化学专业课程中开设一些教师教育类课程,如《中学化学教学法》《中学化学教学设计》等。通过讲授课程,让师范生掌握先进的教育教学理论和方法,将这些先进的理念运用到自己的教育教学行为中。此外,师范院校还可以邀请一些优秀教师为师范生讲解教学过程中应该注意的问题。例如:在讲授元素化合物知识时,要着重强调物质之间相互转化的现象,并让学生掌握一些基础实验操作技能;在讲授化学方程式时,要着重强调配平与检验的重要性,同时要强调书写化学方程式的规范性;在讲授金属元素及其化合物知识时,要让学生理解物质之间相互转化的原理及规律;在讲授有机化学知识时,要注重培养学生观察分析和推理的能力。通过课程内容和方法的讲解,帮助师范生更好地理解教学内容、理解教师职业、理解学科知识,从而实现培养目标。教师在送教下乡过程中通过与乡村中学教师互动交流,可以让师范生了解中学化学学科及其教学内容,提高他们对化学学科和乡村教育教学工作的认识。

(二)从化学专业知识上指导师范生

乡村中学教师对化学专业知识的需求是十分迫切的,但很多乡村教师自身不具备这方面的知识,这就需要师范院校在师范专业课程设置上对师范生进行专业指导,使师范生能将化学专业知识用于实践。例如,在《普通高中化学课程标准(2017 年版 2020 年修订)》的学习过程中,一些乡村中学教师对新课改理念和核心素养不了解,导致教学效率不高。在化学课堂上,他们应当能够通过具体的物质及其变化规律、学生对知识的学习方式等方面内容,为学生开展生动有趣的化学教学活动提供帮助。因此,师范院校在课程设置中要考虑到这一点。在授课内容上要融入最新的教育教学理念和化学学科最新研究成果等内容,使学生在课堂上能学到最新的知识。

此外,师范院校还应对师范生进行专业教育技能培训。为了避免师范生教学技能训练不到位而导致课堂教学效果不佳,师范生应当在专业学习过程中加强对学科基本理论知识及操作技能的学习和训练。例如,在"物质结构与性质"这一课程中,化学专业师范生要掌握性质、物质结构与化学反应原理等知识内容。而这些内容都是中学化学学科教学所必须掌握的基本知识和基本技能。此外,师范生还要掌握一些常见实验仪器及实验方法、演示实验和分组实验的操作步骤、课堂观察技能和学生作业批改等教学技能。通过这些专业知识的传授,帮助师范生更好地完成课堂教学任务。

(三)从实践环节上指导师范生

为了让师范生在毕业后顺利走向讲台,师范院校要积极引导师范生从实践环节上指导他们。针对师范生的教学实践能力相对薄弱的问题,可对师范生进行系统的教育理论培训,帮助他们形成系统的教育教学理论知识体系。同时,要注重培养师范生的实践能力,使他们在毕业后能够胜任初中化学教师岗位。教师教育课程要将理论教学与实践教学有效结合起来,师范生可以通过参加师范院校组织的教学技能大赛等方式,提高自身的实际教学能力。与此同时,教师还要鼓励师范生在学习期间积极参加科研项目研究,为其今后成为一名研究型教师打下坚实的基础。

总之,师范院校应主动适应新时代对高素质、专业化教师的要求,从办学思想、专业建设、课程体系、人才培养模式等方面进行改革和创新,为乡村中学培养合格的化学教师提供支持与指导。通过多种途径开展送教下乡活动,与乡村中学建立紧密的联系,让乡村中学教师从观念上了解化学学科的发展动态以及新课程标准和教材使用情况等内容。通过与乡村中学教师交流与互动,帮助他们了解化学学科在乡村教育中的地位和作用。同时也为师范生毕业后顺利走向工作岗位奠定坚实的基础,从而为乡村教育事业贡献自己最大的力量。

三、实施"1+3"对口帮扶机制

在师范院校与地方政府、中学之间构建合作机制,充分发挥三方合力,共同推进乡村中学化学教师培养工作。

根据乡村地区实际需求,依托高水平师范院校和优质中学,在两个合作协议的框架下,采取"1+3"对口帮扶模式,即每年选派3个省(自治区、直辖市)内的高水平师范院校的教师到合作学校进行为期1年的帮扶工作,参与学校包括:"985"高校(含原"985"高校)和部分优质中学。帮扶内容主要包括:为合作学校提供学科教学(化学)、教育技术、班主任等方面的专家,选派具有丰富经验的中学化学教师到合作学校担任兼职导师,对合作学校进行教学诊断;在两个合作协议框架下,通过教学研讨、专题讲座、师徒结对等多种形式开展教学指导;举办教师专业发展论坛,为教师提供发展平台。合作协议期限一般为1年。为保证帮扶效果,要严格落实"一对一"对口帮扶制度。帮扶教师在学校期间的日常工作由合作学校承担,并对其进行考核,考核结果作为其年度考核和晋升职称的重要依据。

在师范院校与地方政府、中学之间建立人才培养方案与课程设置的对接机制。一方面,师范院校要及时掌握地方中学化学教育教学和管理工作情况,为制定培养方案和课程设置提供依据;另一方面,地方教育行政部门要根据本地实际需求,对师范生培养方案进行适当调整,并将其纳入当地教师继续教育和培训计划中。同时,地方教育行政部门应建立高校与中学之间的双向交流制度,定期对合作学校的学科教学(化学)、教育技术、班主任等方面进行评估。

(一)教育部教育发展研究中心

1.加强教学理论研究,发挥专家引领作用。针对乡村中学化学教师的培养,组织教育、教学、心理等领域的专家成立教学理论研究团队,开展基于乡村中学化学教师专业发展的教学理论研究和实践探索,在学科教学(化学)、教育技术、班主任等方面为培养乡村中学化学教师提供理论支持。

2.加强学科专业建设,提高培养质量。以师范院校为主体,充分发挥高水平师范院校学科优势,开展针对乡村中学化学教师的培养质量提升工作。围绕乡村中学化学教师培养需求,调整优化学科专业结构和布局,加大"化学＋X"复合型人才培养力度;加强乡村中学化学教师队伍建设,开展专业培训与研修活动,提高乡村中学化学教师的专业素养和能力水平;加强对农村中学的教育教学研究和指导,提高教育教学水平。

3.加强区域交流与合作,积极探索实践路径。师范院校要加强与地方政府、中学之间的交流与合作。一方面要深入了解地方需求、开展专业指导;另一方面要充分利用现有的国家教师教育资源库、国家中小学网络云平台等资源平台,积极探索实践路径。

(二)中国教育发展战略学会

中国教育发展战略学会(China Education Development Strategy,英文缩写CEDSS)成立于2006年,是经中华人民共和国民政部批准注册的国家一级社团法人,由全国各级各类教育的研究机构、教育信息技术机构、教育培训机构等单位组成。中国教育发展战略学会成立以来,在中华人民共和国教育部的领导和支持下,本着"为国家基础教育服务"的宗旨,开展了一系列富有成效的研究活动和服务工作。

中国教育发展战略学会以"坚持科学发展,服务基础教育"为宗旨,以"立足基础教育研究,倡导教学改革"为己任,以"提升教师队伍素质"为己任。学会坚持"引领教育理论创新、推动教师专业发展、促进基础教育发展、推动教师队伍建设"的办会宗旨,以"立足基础教育研究、倡导教学改革、促进基础教育发展"为己任,积极开展各种形式的研究与服务活动。

学会现已成立了国家教师教育基地——北京师范大学附属中学等多个研究基地,每年都举办中小学校长、教师培训研修班,培训全国各地的校长和教师一万多人次;组织全国中小学教师参加各种教学比赛和学术活动;组织中国教育学会和北京师范大学有关专家学者撰写了多篇重要学术论文,并出版了《中国教师专业化》《中国中学化学教学》《中学化学课程与教学论》等多本学术著作。

学会自成立以来,本着"立足基础教育研究、倡导教学改革"的宗旨,在广大教育工作者和一线校长的积极参与和大力支持下,先后出版了《面向基础教育的教育理论与实践》《中学化学课程与教学论》等著作;在中华人民共和国教育部中小学校长培训中心的大力支持下,先后举办了"全国中小学校长高级研修班""全国中学化学骨干教师培训班"等各种研修项目。

(三)《化学教育》期刊

《化学教育》作为国内唯一一家专门从事化学教育教学研究的学术期刊,将立足化学教育教学实践,坚持"为教师成长服务、为教师发展服务、为基础教育发展服务"的办刊宗旨,努力成为化学教师专业发展的良师益友和理论与实践相结合的学习平台。

《化学教育》编辑部坚持"创新·发展"的办刊理念,不断深化期刊改革,积极进行期刊国际化探索,努力扩大期刊的国际影响,目前已被美国《化学文摘》(CA)、英国《科学文摘》(SA)、德国《国际化学教育杂志》(IBR)等世界权威检索机构收录。自 2010 年起,刊物还入选了国家新闻出版广电总局"双效期刊"和国家知识产权局"中国专利优秀奖"获奖名单。近年来,积极推进"数字化"进程,开设了"教学创新""名师论坛"等专栏,目前已形成以微信公众号为主,微博、QQ 空间、网页等为辅的多维传播平台。刊物还在国内外高校和科研院所建立了广泛的联系,与美国芝加哥大学、英国诺丁汉大学等十多所国内外知名高校建立了合作关系,在他们的大力支持下建立了国内首个化学教育研究平台。这些举措为本刊推动学术创新、促进学科发展、扩大学术影响提供了新的平台和机会。

四、建立乡村教师专业发展联盟

乡村化学教师专业发展联盟是由多所师范院校、中学以及相关教育机构共同组成的,以促进乡村中学化学为目标,以教师专业发展为核心的联盟。其中,师范院校是联盟的发起者,负责组织、管理和监督联盟的活动。联盟要定期开展乡村化学教师培训活动,提升乡村化学教师教育教学能力;要成立专家委员会,制定并完善联盟章程和管理制度,组织开展专家论坛、教学研讨、经验分享等活动;要设立专门的乡村化学教师培训机构,负责组织、管理和监督各培训机构的教学工作;要充分利用现代信息技术手段,通过网络平台进行学习、交流和研讨。

乡村化学教师专业发展联盟还应以不同学科为依托,建立跨学科、跨学段的交流平台。例如,建立"乡村中学化学教师论坛""乡村中学化学教师阅读库""乡村中学化学教师教学资源库"等。同时,还应加强与地方政府、中学和教育行政部门之间的沟通与交流。地方政府和教育行政部门应给予相应的经费支持。各联盟还要充分发挥引领作用,根据各个联盟成员学校的实际情况确定联盟的发展方向和发展目标。如在"乡村中学化学教师阅读库"建设中,应重点关注化学学科中与乡村教育相关的内容,为促进城乡教育均衡发展提供支撑。

（一）关注化学与人类生活的联系,培养学生的环保意识

化学与人类生活的联系非常密切,对学生的影响也很大,培养学生的环保

意识是化学教育的重要目标之一。在化学教育中,可以通过介绍人类所面临的各种污染问题,让学生认识到环境污染带来的危害,从而使他们能够积极参与保护环境、保护资源、减少污染和促进可持续发展的活动中来。例如,在化学课中介绍人类对煤炭、石油等化石能源的依赖程度,并分析化石能源大量使用所带来的环境问题。通过介绍农村生活垃圾造成的环境污染和危害,让学生认识到农业生产、食品加工、交通运输等过程中产生的各种污染,从而增强学生对环境污染问题的忧患意识和环保意识。又如,在化学课中介绍塑料制品对环境造成的危害,使学生认识到使用塑料制品对人类生产生活造成的环境污染问题。通过介绍我国和世界上其他国家使用塑料制品和处理塑料废弃物所采取的措施及所取得的成绩,使学生认识到合理利用塑料资源对提高我国经济发展水平和国际竞争力具有重要意义。在化学教育中培养学生的环保意识是一个长期而复杂的过程。

（二）关注化学与生产生活实际的联系,培养学生的社会责任感

在化学教学中,应结合日常生活实际和社会热点问题,加强与生产、生活和环境保护相关知识的教学,增强学生对化学在生产和环境保护中的作用的认识,培养学生对社会的责任感。

例如,在讲述"环境污染"相关内容时,应结合我国近年来的环保政策以及国内外发生的重大环境污染事件,让学生认识到人类在发展经济时应该注意对环境的保护。例如:"水污染""大气污染""固体废物污染""噪声污染"等问题,以及各种环境问题产生的原因。让学生意识到保护环境的重要性,树立科学发展观,培养学生关心社会、关心自然、关注地球、关爱人类的环保意识。

在学习"金属材料与加工"和"非金属材料加工"时,可结合金属冶炼过程和我国钢铁工业的发展状况、汽车工业发展以及我国在航天事业方面所取得的巨大成就等内容,让学生了解钢铁制造、汽车制造以及航空航天等方面使用的金属材料及其应用等相关知识。使学生认识到:要实现我国经济社会发展战略目标,必须大力发展先进制造业和高技术产业,加快发展现代交通运输体系。

(三)关注化学与社会发展的联系,培养学生服务社会的意识

在化学课程标准中,"科学探究""科学与社会""化学与环境"等章节都反映了化学在社会发展中的重要作用。例如,在"科学探究"一章中,强调了科学探究是学生获取知识、形成能力、发展思维的重要途径,也是培养学生创新精神和实践能力的重要途径。在"化学与技术"一章中,强调了化学在现代技术中的应用,如集成电路、汽车制造等领域。在"化学与环境"一章中,强调了化学知识与环境问题的联系,如水资源、能源的保护与利用。这表明化学教育要从培养学生对自然的热爱和对人类生存环境的关注出发,帮助学生树立科学发展观和可持续发展观念,促进学生形成社会责任感。

在实际教学过程中,一些教师过于重视教材中的实验和课堂教学内容,而对教材以外的内容挖掘不够,这使得乡村化学教师培养目标定位不准确。因此,乡村化学教师培养过程中要加强对乡村教育发展和社会变化的关注。例如,在"生活环境"一章中,许多学生关心我国能源、资源、环境问题以及新能源、新材料产业的发展情况。在"化工与医药"一章中,一些学生关心我国食品工业中食品添加剂、药物和化妆品的应用情况;在"现代农业"一章中,一些学生关心农药、化肥使用情况等。这说明教师要有意识地引导学生关注社会发展和热点问题。教师在教学过程中应通过设置生活情境、开展实验探究、设计社会调查等多种形式引导学生关注身边发生的与化学相关的社会现象和热点问题,培养学生服务社会的意识。

(四)关注化学与科技发展的联系,引导学生认识科学、技术和社会之间的关系

随着新材料、新能源、新技术的发展,化学知识被广泛应用于国防、交通、化工、能源、环境等领域,其应用前景非常广阔。随着化学教育的普及和化学教师专业素养的提高,越来越多的农村学生开始对化学产生兴趣。但是,由于乡村学生对化学学科知识不够熟悉,并且缺少对社会的了解,对科学与技术的关系缺乏正确认识,在学习和应用化学时往往会出现困惑。因此,乡村中学化学教

师应该让学生了解科学知识和技术之间的关系,让学生理解科学与技术是相互促进的关系。

例如,在"物质结构与性质"中学习"原子、分子、离子、元素和化合物"等概念时,教师可以带领学生了解原子结构知识及其与物质性质的关系;在"化学反应原理"中学习"化学反应速率和化学平衡"时,可以带领学生了解化学反应速率与哪些因素有关;在"物质结构与性质"中学习"晶体结构"时,可以引导学生了解晶体的种类和结构特点。在学习"物质分类"时,教师可以带领学生了解不同物质的分类方法;在"常见离子及其化合物"中学习"离子反应"时,可以带领学生了解离子反应的概念及基本类型。在学习"元素及其化合物"时,教师可以带领学生了解物质结构组成知识及其与元素化合物知识的关系。在学习"物质微观构成与性质"时,教师可以带领学生了解物质结构知识及其与化学反应原理、化学反应速率和化学平衡等内容之间的关系。通过以上这些学习活动,农村学生不仅能了解化学知识的产生过程和发展过程,而且能认识到化学知识在生产生活中的应用以及化学学科对科技发展和社会进步所起的作用。此外,在学习过程中教师还要注意引导学生认识到科学、技术和社会三者之间存在着密切的联系。

五、开展教育研究与教研活动

师范院校可以组织乡村中学化学教师开展教育研究与教研活动,组织教师开展教学案例分析和教学改革实验等,促进教师教育理论与实践相结合,提高教育科研能力。例如,在乡村中学化学教师培养中,可安排相关课程教师开设"新课程背景下乡村中学化学教学中的问题与对策研究""新课程背景下乡村中学化学教学中的案例研究"等专题讲座。师范院校应鼓励优秀教师、骨干教师和教育专家对乡村中学化学教师进行指导和培训,帮助乡村中学化学教师在专业发展过程中获得更多的经验与反思,提高专业发展水平。在师范院校与地方政府、中学合作的基础上,共同探索和完善适合我国乡村教育的发展模式和发展策略,实现"培养＋培训＋合作"一体化模式。通过校内外联合办学、联合培养等方式,加强与地方政府、学校之间的联系,共同探索乡村中学化学教师培养的新模式。充分发挥高校、地方政府和学校在乡村教育中的作用,形成多方协作机制,为提高乡村中学化学教师队伍素质和能力提供支持和保障。

六、提高农村初中化学课堂教学有效性的研究

(一)改进化学教师的教学能力

教师是农村初中化学教学工作的中流砥柱,在化学教学中担负着重要的角色。因此,改善化学教师的教学能力,是优化教学质量的关键所在。首先,应该加强教师的相关培训,提高教师的教学技能,这可以通过学科组织教师互相交流、在课堂上进行示范等方式实现。其次,针对农村初中学生的特点,化学教师需要讲解得更形象、更直观,运用新颖的教学方式和多媒体技术来讲解知识,使学生更易理解和接受。

(二)改进课堂教学环境

课堂教学环境是化学学科教学质量的关键因素之一。教室的布局、实验器材和设施等都会影响教学质量和效果。因此,改善课堂教学环境是提高农村初中化学课堂教学有效性的一项重要措施。首先,教室环境要舒适、整洁,整齐划一地布置,为学生提供一个有序的学习环境。其次,合理配置实验器材和设施,尽可能提供良好的实验条件,确保学生顺利完成实验任务。

(三)注重实验教学

化学是一门实验性强的学科,只有进行大量实验,学生才能真正理解学科内部的知识体系。因此,注重实验教学是提高农村初中化学教学有效性的一个重要手段。在实验教学过程中,教师可以通过让学生参与实验操作中、让学生自己设计实验过程等活动,激发学生学习兴趣,提高学生的实验技能,从而加深学生对化学知识的理解和记忆。

(四)提供多元化教学资源

多元化教学资源包括教学卡、动画、教学游戏等多种方式,可以激发学生学

习兴趣,提高学习效果。化学学科的特点决定了教学要充满着丰富的想象力和创造力,这就对教师提出了挑战,要求教师不断提供丰富多彩的教学资源。例如,可以利用可视化软件展示分子或离子的层次结构和运动特点,或者有计划地组织有关化学实验和化学工业的实地考察、讲座和会议等。

总之,提高农村初中化学课堂教学有效性,不仅需要改进教师的教学能力,也需要改善课堂环境,注重实验教学,提供多元化教学资源等措施。只有全面落实上述措施,才能提高农村初中化学教学的有效性,满足现代化教育的要求,从而更好地服务农村地区经济和社会的发展。

第四节　乡村中学化学教师培养的专业知识与能力

基于"知识、能力、素质"三位一体的教师专业发展理论,以乡村中学化学教师专业知识与能力培养为视角,分析乡村中学化学教师培养面临的困境,提出乡村中学化学教师专业知识与能力培养的基本策略,即:整合职前培养、职后培训、教研教改协同创新;强化师范生实践教学、顶岗实习锻炼和教育见习实习,提升师范生实践教学能力;依托"互联网 + 教育",创新教育教学方法;强化职后培训,提升教师的教研能力。

一、引言

近年来,在国家乡村振兴战略和《国家中长期教育改革和发展规划纲要(2010—2020 年)》的指导下,我国教育事业取得了长足发展,但农村教师队伍建设尤其是农村化学教师队伍建设仍面临许多问题。

一方面,乡村中学化学教师培养的重要性和必要性日益凸显,另一方面,由于乡村中学化学教师队伍建设面临着许多困境,例如:师范院校培养的化学教师专业知识不足,师范生实践教学能力不足,农村中学化学教师队伍建设缺少高水平的学科带头人、骨干教师等。为此,有必要以"知识、能力、素质"三位一体的教师专业发展理论为指导,构建乡村中学化学教师专业知识与能力培养模式。

目前,国内学者对乡村中学化学教师的研究主要集中在"乡村中学化学师资培养模式""乡村中学化学教师专业素质结构与发展"等方面。虽然学者们对乡村中学化学教师的研究涉及多面,但是大多数研究都是针对某一学科或某一类具体问题进行的。如有学者从乡村中学化学教学目标、教学内容、教学方法等角度分析了乡村中学化学教学现状及存在的问题;有学者从教育理论、课程设置、教材、师资队伍等方面对乡村中学化学教师队伍建设进行了研究;有学者从化学学科性质和特点角度对乡村中学化学课堂教学进行了研究。由此可见,目前关于乡村中学化学教师专业知识与能力培养方面的研究还比较少。

(一)乡村中学化学教师队伍建设面临的困境

乡村中学化学教师队伍建设面临着两个方面的困境:一方面是师范院校培养的化学教师专业知识不足;另一方面是师范生实践教学能力不足。

一方面,师范生教育类专业课程中,与化学相关的课程内容较少,尤其是一些师范院校的化学师范专业的学生很少学过有机化学、无机化学、物理化学、分析化学等内容。另一方面,师范生实践教学能力不足。师范生对实践教学缺乏了解,不能将理论知识与实践相结合,教师的教育理论和教育技能没有得到有效的提高。此外,师范生在教育实习过程中也缺乏一定的主动性,表现为在教育实习过程中只注重教师的教而忽略了学生的学,导致他们在教育实习期间学习兴趣不高、学习效果较差。

面对这些问题,师范生需要在高校和教师职业两方面努力。

一方面,高校需要进一步完善师范生教育类课程设置和培养方案,要将师范生专业知识与能力培养贯穿于整个培养过程中。师范院校要开设有机化学、无机化学、物理化学、分析化学等与化学相关的课程,为学生打好基础;要开设有机化学相关的课程,为学生提供理论知识与实践技能相结合的平台。首先,师范院校要进一步加强师范生实践教学能力培养。师范院校要提高师范专业学生的实践教学能力培养水平;要制定严格的考核制度,加强对师范生实践教学能力的考核力度;要鼓励师范生参与教育实习活动;其次,学校应该为师范生提供更多的实习机会,加强对师范生实践教学能力培养。此外,学校要完善导师制和结对帮扶制度。高校与师范院校之间要建立长期、稳定、有效的合作机制。

(二)知识、能力、素质三位一体理论

知识是教师从事教育教学活动的基础,是教师进行专业发展的重要资源。知识与能力相辅相成,只有具备了一定的专业知识和能力,才能有效地进行专业发展,使学生获得持续有效的发展。随着我国新一轮基础教育课程改革的推进,新课程改革所倡导的"以学生为本"的核心理念对教师提出了更高要求。在"以学生为本"理念指导下,教师必须具备合理的、符合时代发展要求的知识结构,才能实现其专业素质与能力的发展。新课程改革强调教师必须具备"终身学习"和"自主发展"两种能力,即把终身学习能力、自主发展能力作为教师专业素质的重要组成部分,使之成为一种必备能力。同时,新课程改革还强调教师不仅要掌握相应领域的知识和技能,而且要具备必要的专业素质。

可见,知识、能力和素质三位一体理论不仅体现了新课程改革所倡导的"以学生为本"理念,而且符合教师专业发展理论要求。"以学生为本"是教师专业发展理论所倡导的一种新理念,教师只有具备了一定数量和质量的知识和能力才能实现专业发展。因此,教师需要在学科知识、教育知识和专业素质之间建立起有机联系。

一方面,在学科知识中体现教育知识和教育思想;另一方面,在教育知识中体现学科知识和学科思想。这两方面都是在对相关学科知识进行系统学习和掌握之后才能具备的。同时,在掌握了相应学科知识之后,教师还需要具备较强的教育教学能力和一定数量的专业素质。只有这样才能达到"以学生为本"理念所要求的培养目标。

(三)培养模式的构建

本研究提出的"四层次、三结合"乡村中学化学教师专业知识与能力培养模

式,旨在构建一个系统化、连续性的教师专业发展路径。"四层次"是指教师专业发展的不同节段,具体包括:

师范生培养阶段:这一阶段主要针对在校师范生,重点在于为其打下坚实的化学专业知识基础,培养基本的教学理论和技能。

新教师入职培训阶段:针对新入职的化学教师,这一阶段的目的是帮助他们快速适应教学工作,掌握教学常规和班级管理技巧。

在职教师专业发展阶段:为在职教师提供持续的专业发展机会,通过在职研修、教学研讨等形式,不断提升其教学能力和专业素养。

高级教师引领阶段:在这一阶段,经验丰富的高级教师将发挥引领作用,通过示范教学、指导青年教师等方式,促进整个教师团队的专业成长。

"三结合"策略是指在职研修过程中,将职前教育与职后培训紧密结合,实现以下三个维度的融合:

理论与实践的结合:通过案例分析、教学实践等方式,使教师能够将理论知识有效转化为教学实践,提高教学的实效性。

个人发展与团队协作的结合:鼓励教师在追求个人专业成长的同时,积极参与团队写作,通过集体智慧促进教学创新和教育质量的提升。

学科知识与教育技能的结合:强化化学专业知识与教育教学技能的整合,使教师在专业领域内不断深化知识的同时,也能够提升教学设计、实施和评价的能力。

在"一核四层"培养模块的基础上,进一步将"四层"内容——学科专业知识、教育专业知识、教育教学技能、科学研究知识——进行有机整合,形成了一个互相支持、相互促进的培养体系。这一体系不仅注重化学教师专业知识的深度和广度,也强调教育教学技能和科学研究能力的培养,以适应新时代教育改革的要求。

通过这一培养模式,乡村中学化学教师能够在不同阶段获得有针对性的专业发展支持,形成从基础到高级、从单一到综合的专业成长路径,全面提升其专业知识与教学能力,为乡村教育质量的提升做出贡献。

二、整合职前培养、职后培训、教研教改协同创新

基于教师专业发展理论，乡村中学化学教师专业知识与能力的培养既需要在职前培养，也需要在职后培训，更需要有教研教改。

三个维度协同发展才能促进乡村中学化学教师专业知识与能力的发展。职前培养包括师范院校师范生培养和在职培训，后者是师范生专业知识和能力提升的重要途径。职后培训主要由教育部门或高校组织实施，是对师范生教育教学知识与能力的提升。教研教改，即教育研究、教学改革，是教师专业发展的重要组成部分。它要求教师在实际教学过程中不断探索、实践和创新，以适应教育发展的新趋势和学生需求的变化。

教育研究：鼓励乡村中学化学教师参与教育科研项目，通过研究解决教学实践中遇到的问题。这不仅包括对化学学科知识的深入研究，也包括对教学方法、教学策略、学生学习行为等方面的探讨。

教学改革：倡导教师在教学实践中不断尝试新的教学模式和手段，如采用翻转课堂、项目式学习、合作学习等现代教学方法，以提高教学效果，激发学习的学习兴趣和创造力。乡村中学化学教师培养需要整合职前培养、职后培训和教研教改，强化三个维度之间的协同效应。

一方面，师范院校师范生培养要在夯实化学学科基础知识的同时，强化学生教学技能和教育实践能力的培养。以"互联网＋教育"为契机，创新教育教学方法，强化师范生的教学技能和教育实践能力。同时，在师范院校与相关企业合作建立"实习＋就业"基地，强化师范生的教育实践能力；通过邀请名师、特级教师走进校园与学生进行交流互动等活动，提升师范生的教育教学水平。

另一方面，乡村中学化学教师职后培训要与区域内初中化学教师培训资源整合起来。依托"国培""省培"等项目，通过专题讲座、互动研讨、优质课磨课等形式进行教师培训；建立校校合作机制，加强对区域内乡村中学化学教师的教研能力培训；组织"国培""省培"等项目团队赴乡村中学开展送教活动等。通过整合职前培养、职后培训、教研教改三个维度协同创新来促进乡村中学化学教师的专业知识与能力提升。

三、强化师范生实践教学能力

根据《义务教育化学课程标准（2022 年版）》和《普通高中化学课程标准（2017 年版 2020 年修订）》的要求，化学教师必须具备化学专业知识和教学技能，要求"具有较强的化学实验能力，具有一定的科技文献阅读能力、数据处理能力和应用化学原理解决实际问题的能力"。要完成化学学科课程标准中提出的教学任务，化学教师必须具备很强的实践教学能力。

对于师范生来说，应具有一定的实践教学经验，但还远远不够。他们有良好的专业知识和技能，却不会运用到实际教学中去。因此，要对师范生进行实践教学锻炼和教育见习实习。只有经过实践锻炼和教育见习实习，师范生才能学会运用所学的知识和技能去指导学生学习，并把知识和技能转化为学生自己的东西；才能掌握一种科学研究方法、一种研究范式和一种科学研究方法，并把方法运用于实际教学中。在实践教学中培养师范生运用专业知识和技能进行教育教学活动的能力。这种能力不仅包括师范生所掌握的化学学科知识和技能，还包括师范生运用所学的科学研究方法、研究范式去指导学生学习化学学科知识和技能。

（一）加强学生的实验技能训练

实验是化学教学的重要内容，也是学生掌握化学知识、形成科学思维和养成科学探究习惯的重要途径。现代教学观念认为，教学活动应以学生为主体，教师为主导，充分调动学生的主观能动性。在化学实验中，教师不仅要让学生了解实验过程，还要让学生学会分析实验数据并能得到结论。在乡村中学化学教育中，化学教师的实践能力主要体现在实验技能方面。因此，要加强学生的实验技能训练，培养他们对实验仪器、药品、操作等的使用能力；培养他们对实验现象的观察能力；培养他们对实验过程中各种现象变化的分析、判断和推理能力。此外，还可以加强学生对化学原理和规律的理解和掌握。要让学生了解化学是一门以实验为基础的学科，实验是学习化学的重要途径和方法。通过课堂上老师演示实验、学生分组实验、课外探究性实验等多种形式的实验教学活动,使学生在观察、操作、记录、分析数据、得出结论等方面得到充分训练,进而培养他们探究化学问题和解决问题的能力。在乡村中学化学教育中要让学生了解化学与环境保护之间的关系,让他们懂得保护环境是每个学生应尽的义务。

(二)加强化学实验室管理

化学实验室是培养学生实验技能的重要场所。在实验教学中,要加强化学实验室的管理,防止学生乱做实验或不做实验。学生进入化学实验室时,必须有教师带领,严格按照操作规程操作,才能保证实验的安全进行。实验室管理人员应随时巡视和指导学生做好实验室工作。在实验中发现问题时,应及时解决。尤其是要注意安全,避免事故的发生。同时要认真填写实验报告单,对出现的问题进行分析和总结,以不断提高自己的操作技能和教育教学能力。

在教育见习实习中,应加强对化学实验技能的训练和指导。师范生可以通过组织模拟实验、分组实验、指导学生动手操作等形式进行实习。在实习中,要安排专门的指导教师对师范生进行指导,要充分利用实习基地的条件,让师范生参与到实验教学中去。通过参加实践教学活动和教育见习实习,使师范生积累实践教学经验和教育教学能力。

(三)加强社会实践活动

师范生在校期间要积极参加各种社会实践活动,在实践活动中,学生可以学会应用所学的化学知识和技能去指导实践教学。学校要加强与乡镇中学的联系,定期或不定期到乡村中学指导教育教学工作,了解乡村中学化学教师的教学情况,使师范生能更好地适应农村学校的教育教学工作。在实习期间,要加强对学生的实践指导,在指导学生实习前要让学生了解实习学校的基本情况和实习要求,明确实习内容、方法、时间和要求。在指导学生实习中要注意培养他们独立分析问题和解决问题的能力。同时,要加强对他们的教育见习实习管理,让他们学会做好教育见习实习工作。在见习、实习中应给他们提供必要的指导和帮助。要有计划地组织他们到一些基层学校进行教育见习实习。通过实践教学锻炼和教育见习实习,使他们获得一定的教育教学实践经验,能较好地完成教学任务。要为乡村中学培养"一专多能"的化学教师,学校要安排师范生到乡镇中学进行教育见习实习,并实行顶岗实习制度。

(四)加强师范性教育教学实习

教育教学实习是师范生在校期间的主要实践教学活动,是对师范生进行教育教学基本技能训练的重要途径。通过教育教学实习,学生可在一定程度上掌握教师应具备的基本专业知识和技能,提高教育教学基本素质和能力。实践教学是师范生培养过程中的重要环节,是实现培养目标的重要保证,也是师范生成长的必由之路。没有实践教学就没有教育实习。学校要想提高化学教师培养质量,就要重视和加强师范生的教育实习。

在师范性教育见习实习阶段,教师应以中学化学教师应具备的基本专业知识和技能为内容,让学生了解中学化学教学内容及要求;给学生示范讲解中学化学课应该讲授的基本内容;指导学生写教案;带领学生参加各种类型的实验;了解中学化学课程标准及教材编写情况,等等。在师范性教育教学实习阶段,教师要安排师范生到中学进行教育见习实习,通过课堂观摩和听课、学生评教、试讲、说课、听课等活动,提高师范生的专业知识和技能。在实习过程中,教师要指导师范生开展实验研究、观察与记录实验现象、撰写实验报告等活动。

(五)开设师范类课程,提高学生的专业知识和技能

为了培养出符合新时代要求的化学教师,应开设师范类课程。这类课程主要包括"教育学""心理学""教育研究方法""教育政策法规""中小学化学教学论""现代教育技术"等。这些课程可以使师范生了解化学学科的特点,掌握教学原则和方法,同时提高他们的综合素质和教师技能。这些课程的学习,为师范生走向教师岗位奠定了坚实的基础。

有许多师范类课程可供师范生选择学习。如"高等数学""大学英语""大学物理"等,这些课程可以使师范生掌握化学学科的基本概念和基本理论;学习一些基本的计算方法,并能运用到实际教学中去;了解一些现代教育技术在化

学教学中应用的知识,提高自己运用现代教育技术进行教学的能力。这些课程既可以为师范生提供就业后继续学习的机会,也可以为师范生今后成为化学教师奠定基础。

除上述课程外,还可以开设一些与中学化学学科有关的课程,如"中学化学教材分析""研究方法"等。这些课程不仅可以使师范生了解中学化学学科教学的知识,还可以帮助师范生掌握一些中学化学实验操作技能和科学研究方法,为其今后从事中学化学实验教学打下基础。这些课程可以使师范生了解中学化学学科教学的基本知识,掌握中学化学教育研究方法和现代教育技术在化学教学中应用的知识。总之,只有通过长期实践才能培养出符合时代要求的教师。为了提高乡村中学化学教师培养质量,应把实践教学贯穿于师范专业人才培养全过程中去。只有这样,才能使乡村教师队伍建设得到不断发展与完善。

四、依托"互联网＋教育",创新教育教学方法

互联网技术的发展,为教师专业发展提供了更广阔的空间。在乡村中学化学教师培养中,要注重依托"互联网＋教育",创新教育教学方法,使学生在个性化学习和终身学习的过程中获得成长。

在现代教育技术环境下,乡村中学化学教师培养可以利用网络技术建立课程资源库,通过网络实现优质教学资源的共享。可以将全国各地优秀的中学化学教师制作的优质课程资源作为网络课程资源库的组成部分,供学生自主学习和选择使用。

首先,建立"互联网＋"教育平台,为学生提供更丰富、更优质、更便捷的学习资源,提升学生自主学习和终身学习的能力。其次,开发"互联网＋"教育平台,利用多媒体技术、虚拟现实技术等信息技术手段增强课堂教学效果和学生学习效果,为学生提供在线答疑、在线测试、在线练习等服务。最后,开发"互联网＋"教育平台,通过网络提供在线直播、视频点播和实时互动等服务,方便教师进行线上教学。

随着信息技术与课程深度融合,教师可以将 MOOC（Massive Open Online Course）、翻转课堂、混合式教学等形式灵活应用到实际的教学中。通过网络课

堂有效发挥教师引导作用和学生主体作用,通过教师讲授与学生自主学习相结合的方式优化课堂教学。例如:在分析"有关化学反应速率影响因素"时可以采用混合式教学模式,学生通过手机等移动设备进入"微课堂"学习相关知识;教师可以将不同学习方式的特点与实际教学相结合进行在线答疑;教师通过微视频或者课后作业等形式对学生进行督促;通过"翻转课堂"实现课堂教学向课外延伸。另外还可以利用移动学习终端开展在线作业布置和批改、在线测试等活动。

(一)具有化学专业背景的教师

具有化学专业背景的教师,了解学生的学习基础和认知特点,能够根据学生特点制订有效的教学计划,采取恰当的教学方法,提高学生学习效果。同时具有化学专业背景的教师对化学知识有深刻理解和认识,能够准确把握化学课程内容,对化学课程标准和教材内容有比较深入的了解,在教学过程中能根据学生认知水平选择合适的教学方法,不断优化课堂教学效果。因此,在化学教师培养中,可以选择具有化学专业背景的教师承担化学课程教学任务。

此外,具有化学专业背景的教师对学生学习方法有较为深刻的认识和理解。学生在学习过程中需要经历观察、实验、探究等认知活动才能获得知识和能力。具有化学专业背景的教师在课堂上可以有效引导学生进行观察实验、设计实验、探究实验和交流讨论等活动。此外,具有化学专业背景的教师能够理解不同学习方式的特点以及在教学中应用不同学习方式的优势和不足。因此,具有化学专业背景的教师在教学过程中可以采用多种学习方式相结合的混合式教学模式,引导学生进行自主学习和个性化学习,提高学生学习效果。

(二)具备教育实践经验

教育实践经验是教师成长的基础,乡村中学化学教师培养应该注重其实践能力的培养。乡村中学化学教师培养,要将理论知识与教育教学实践相结合,将教育教学理论应用到实践中去。例如:在进行乡村中学化学课堂教学时,可以通过设计实验探究活动来促进学生对化学知识的理解,培养学生的动手实践能力。又如:可以通过模拟实验进行化学课堂教学,帮助学生构建起化学学习的基本框架,提高学生自主学习和终身学习的能力。

乡村中学化学教师培养要注重实践能力的培养,使其具备解决实际问题的能力。在培养过程中,可以采用"高校教师 + 地方教师"联合培养模式,由高校教师为地方教师提供学科知识和教学技能训练指导,地方教师为高校教师提供教学实践锻炼机会。通过这两方面的努力,能够有效提升乡村中学化学教师的教育教学能力和实践能力。

（三）具有较高的信息技术水平

在互联网和现代科技快速发展的时代,教师的信息技术水平是教师职业技能中非常重要的内容,信息技术水平的高低直接影响着教师职业技能的熟练程度。乡村中学化学教师应具有较高的信息技术水平,能够熟练使用现代化教育技术手段开展教学活动,能够运用网络资源和学习平台为学生提供学习资源,能够运用网络、微信等信息工具对学生进行指导和帮助,能够熟练使用网络直播平台进行教学。

五、强化职后培训,提升教师的教研能力

教师的专业发展不仅需要有专业知识作为基础,而且需要有专业能力作为支撑,即专业能力。乡村中学化学教师专业知识和能力的培养不仅需要学校培养,还需要不断进行职后培训,才能让乡村中学化学教师的专业能力得到不断提升。首先,加强学校内部教研工作。学校内部的教研工作是促进乡村中学化学教师专业能力发展的重要途径。学校通过开展校本教研、校际之间开展教研活动等形式,促进教师之间的交流和互动,通过教师之间的互动和交流,可以互相学习、互相借鉴,从而促进教师的专业发展。其次,加强培训机构建设。乡村中学化学教师职后培训是由各级教育主管部门、教师进修学校等部门组织的以提升乡村中学化学教师专业知识与能力为目标的培训活动。不同地域、不同级别的培训机构是不同地区在发展过程中形成的具有鲜明特色的培训体系。通过这些培训机构的建设,不仅可以解决乡村中学化学教师职后培训中出现的一

些问题,而且可以不断提升乡村中学化学教师专业能力发展水平。

六、如何提高农村初中化学课堂教学的有效性

在初中化学教学中,发现有部分的学生普遍存在化学成绩跟不上去的现象,尤其是农村初中的学生,比例更大些。传统的化学课堂教学过于注重知识的传授,强调接受学习,忽视学习方法和能力的培养,忽视学生个性的发展。教师在教学中只是讲要点、演示实验,学生背要点、听教师描述实验现象,考试考要点。这种学习方式让学生觉得化学课枯燥无味,更没有使学生在动态过程中掌握知识,促进个性发展。而新课程标准理念下的化学课堂教学,是强调以学生的发展为本,学生应成为课堂教学的主体。那么,从学生实际出发,调动学生自主学习的积极性,就成了提高课堂教学有效性的前提。如何提高农村中学化学课堂教学的有效性,也就成为化学教师探讨的新课题。笔者结合新课程标准的教学实践经验,浅谈如何提高农村中学化学课堂教学的有效性。

(一)师生之间增强互动教学的有效性

教学是师生的共同活动,师生活动的质量直接影响教学目标的达成。师生关系是决定课堂教学质量的主要因素之一。在课堂中,师生应当是平等的主体。化学互动教学过程是师生间进行平等对话的过程,教师和学生就是通过平等的对话和交流来实现课堂中师生间的互动的。只有建立平等的对话机制,才能创造良好的互动氛围,这是有效互动的基础。对学生而言,对话意味着心灵的敞开,对教师而言,对话意味着上课不再是单向的付出,而是双向或多向的生命活动,是教师本身专业成长和自我实现的过程。因此,教师要在充分尊重学生学习主体的基础上,充分调动学生的主动性和积极性,引导学生开展观察、操作、猜想、推理和交流等多种形式的活动,使之掌握基本的化学知识和技能,初步学会从化学的角度去观察事物和思考问题,产生学习化学的愿望。化学是九年级才接触的新学科,每个学生都是学好化学的新苗子。在上第一节课时就可以通过师生的互动来充分激发学生学习化学的兴趣。我们可能这样向学生介绍:从今天起我们开始学习一门新的课程,并将已填充的氢气球放飞到教室上

空。氢气球下系一红色绸带，上书：欢迎同学们学习化学，祝大家成功。此时，学生精神振奋，课堂上充满欢乐愉快的气氛。接着提问："什么是化学？"学生面面相觑，不会回答。老师再问："氢气球为什么能飞？""如果改用口吹的气球，它能不能飞呢？"学生异口同声地回答：用口吹的气球不能飞。而对于"为什么"，却面带难色。老师不急于作答，而是说："我给大家再变个魔术。"学生忽转欢喜，精神放松，课堂气氛又被"魔术"二字调动得活跃起来。随后老师再激趣，手持一杯澄清的石灰水，故意告知学生是一杯"清水"，然后用玻璃管向杯中吹气，不一会儿，杯中的水变成一杯乳白色的"牛奶"。学生欢欣不已，继而表示惊讶，提出疑问："是真的牛奶吗？"老师摇头，进而把学生的情绪推到高潮。其后讲到，如果想知道这其中的奥妙，我们就要学习化学知识。至此，学生初步认为化学很"好玩"，然后在老师的指导下，总结出化学的研究对象。这样在教学过程中，通过学生生活常见的现象入手，把学生带到化学的知识领域上来。

（二）创设轻松的学习环境，激发学生的求知欲望

有效的课堂教学需要的不是强制，而是激发学生的学习兴趣。兴趣是学生主动学习的内在动力，学生的求知欲的产生需要新奇的刺激，也需要教师思维的不断创新。因此有必要巧妙地设置一些疑问和悬念，刺激学生去发现问题、分析问题和解决问题。

朱熹说："读书无疑者需要有疑，有疑者却要无疑，到这里方见长进。"疑问是思维的火种，思维以疑问为起点，有疑问才有思维，经过思维才能解疑。也就是说教师首先要有意设置障碍，启发学生"于无疑"，从问题入手，引起悬念，意欲让学生寻觅问题的"归宿"和"落脚点"。待到学生思绪波澜起伏、有了疑难时，教师要因势利导，循循善诱，让学生在研读教材的基础上，通过适当的议论，获得初步的释疑能力。教师要帮助学生排疑解难，获得圆满的答案。比如讲授"质量守恒定律"时，不要把"质量守恒定律"的定义强加给学生。而是课前向学生提出疑问——在化学反应中反应物的质量和生成物的质量之间存在什么关系？让学生提出自己的观点并设计一个实验来证明此观点，写一份探究实验报告。选出其中两个较多人设计并且较合理的实验作为学生的探究实验。课

上先进行简单的演示实验,再进行学生分组实验。让学生自己通过实验得出结论,并由此得出质量守恒定律的概念。然后教师再进行两个演示实验。第一个演示实验证明质量守恒定律适用于一切化学变化中。另外一个是表面上不符合质量守恒定律的实验。这样启发学生思考,组织学生课后讨论,由他们自己作出正确的解释,从而加深对质量守恒定律的认识。最后让学生结合课本及化学反应的实质得出质量守恒定律的实质。这样就充分发挥了学生的主体作用,学生通过探究性实验激发学习的兴趣和好奇心,引导他们积极主动地获取化学科学知识,领悟科学研究的方法。

(三)构建生活化的化学教学

化学问题源于生活,而又应用于生活,并且能使生活变得更加绚丽多彩。宇宙之大、粒子之微、火箭之速、化工之巧、地球之变、日用之繁,无处不用体现化学。新的化学课程标准强调:让学生从熟悉的,十分感兴趣的现实生活中去挖掘化学题材,将生活的经验化学化,从抽象的化学现象中去充分联系生活实际,从而将抽象的化学理论形象化,以生活的实际经验,通过实践、探索、合作,感受化学教学的趣味性,体验化学的无穷魅力。生活缤纷多彩,化学无处不在,从生活问题中挖掘化学。中国人从食品中完成了化学扫盲,从大米里,我们认识了石蜡;从火腿里,我们认识了敌敌畏;从银耳、蜜枣、粉丝里,我们认识了硫磺;从木耳中,我们认识了硫酸铜。

生活是知识的海洋,在教学中,要把教材内容与生活实际结合起来,融入真实的情景,加强化学教学的实践性,给化学教学找到生活的原型,让学生在平常生活中学习化学知识。

1. 源于生活,认识生活

中学生喜欢形象生动的东西,而由于化学知识的抽象性,使学生接受起来普遍感到摸不着头脑,很多情况下只能生吞活剥去接受,得不到很好的理解,印象不深,容易遗忘,不易引起学生的适度情感,这就要求化学教师应该学会充分利用生活资源,教会学生从已有的经验出发,把抽象的化学理论知识与生活中常见现象结合起来,从而在熟悉的生活情境中学到新的知识。例如:在学习"金属材料"这一节内容时,为了加深学生对铁制品生锈的印象,教师收集一些生锈的铁钉、生锈的铁块展示给学生,并向学生提示:日常生活中,铁制品在什么环境下容易生锈?谁能根据自己日常生活的观察设计一个实验,探究铁生锈需要同时满足哪些条件?学生根据情景提示,认真观察铁生锈的生活实例,精心设计自己的实验方案。这样通过把理论和生活实践联系起来,能够把抽象化为具体,把困难化为容易,学生自然喜闻乐见,快乐之情溢于言表。这样的讲和做便于使抽象的化学知识放在学生自己最熟悉的情景之中去理解和记忆。

2. 发现生活中的快乐

常言道:"清水煮菜无滋无味。"同理,教师如能在课堂教学中加点调料,善于捕捉生活中一些有趣的化学现象,就能有效避免"从书本到书本,从概念到概念"的循环。这不仅能加深学生印象,帮助学生更好地理解和掌握所学知识,而且能达到活跃课堂气氛、激发学生求知欲和兴趣的目的。比如在学习"物质构成的奥秘"的分子概念时,联系生活实际,让学生想一想一些日常生活现象中的"为什么":为什么墙内开花墙外香?为什么湿衣服在太阳下很快就能晒干?为什么衣服干了以后会有白色的痕迹?为什么把盐放在水里不见了,水却变咸了?为什么一体积的水混合一体积的酒精后体积总和不等于两体积等。以此引导学生认识分子的存在和分子的性质。又如在讲授"饮用水"时,很多同学对烧开水锅和盛开水的热水瓶形成的水垢不理解,因为我们饮用的是清澈透明的水,根本看不到有固体颗粒存在,却为什么会形成水垢呢?这时,我们可以用一个烧杯,取半杯的自来水,往水中滴入少量的肥皂水,用玻璃棒搅拌,很快我们会看到水中出现悬浮物。对此我们就跟同学们及时讲解硬水的有关知识,使学生很容易就能明白什么叫做硬水,硬水有哪些危害,怎样才能软化。这样学生就能体验到解决疑难问题的成功与快乐。

(四)实施分层教学是提高农村中学化学教学的有效性保证

农村中学的学生特点是学生各自的基础和能力的差异、学习自觉性和努力的程度不同。在课堂上有些学生存在着厌学的心理,教师组织课堂教学会有一定的难度。学生需要个性化的学习活动。为了保证学生个性化学习活动的时间,最简单而有效的是限制教师组织学生共性学习活动的时间。

教师在教学过程中,对学生的实际情况要有充分的了解,根据学生的智力、基础和学习态度等,将学生大致分成三个层次:A 是基础较差,接受能力不强,成绩欠佳;B 是基础和智力一般,学习比较自觉,成绩中等;C 是基础扎实,接受能力强,学习方法正确,成绩优秀。对学生的分层应由教师掌握,让学生知道自己所在的层次,并明确每节课三个层次要求目标,可把学生的自愿和教师的分组结合起来,以使学生能接受为原则。这种分法每学期调整一次,分层推进缩小 A、B、C 三组之间的差距,最终实现 A 组逐步解体,B 组、C 组不断壮大的目的。技能训练方面,要让不同层次的学生做不同的练习,尤其是后进生的技能训练一定要降低要求做好铺垫,又要让他们感到有奔头,只要努力上高一层次学习是完全有可能的;对于优生要放开手脚,能走多远就让他们走多远,要帮助他们科学的训练提高效率。一节课技能训练的时间相对集中为好。定出三个层次的目标,A 组同学完成基本目标,B 组同学完成中级目标,C 组同学完成高级目标。例如在做相对分子质量计算的练习:(1)二氧化碳;(2)碳酸铵;(3)五水硫酸铜,这样层次就非常分明,第一题要求 A 层次学生掌握,第二、三题要求 B、C 层次学生掌握,同时鼓励 A 层次学生也尽可能掌握。课堂提问也应该分层次,A 层次的学生由于基础和智力问题,往往对学过的知识掌握得不太好,对 A 层学生的提问应该是一些课本上的基础知识,难度不宜太大;对 B、C 层次的学生,尤其是 C 层次的学生,由于基础较好,接受能力强,课堂提问着重引导他们去猜想和类比,在质疑解惑中发展思维,培养能力。

分层教学始终把学生放在教学的主体地位,有利于学生知识、技能、智力和能力等多方面的协调发展。由于目标内容层次化,从实际出发,有利于培优补差,也有利于提高课堂教学质量和教学效果。

新课改下的教育文化是继承和发展的,可以从传统教育智慧中吸取精华,丰富化学教学实践,树立信心,转变观念,创造性地实施教学,使农村中学化学课堂向课堂改革的目标迈进,并赋予教学创造的乐趣,实现师生共同成长,以及农村化学课堂的有效教学。

第六章 中学化学教师培养的问题与挑战

中学化学教师在培养学生科学素养和培养未来化学人才方面起着至关重要的作用。然而,中学化学教师培养面临着一系列的问题与挑战。本章将重点探讨这些问题与挑战,并提出解决的建议。

首先,中学化学教师队伍不足是一个突出的问题。随着学生人数的增加和教育需求的提高,对化学教师的需求也日益增加。然而,目前中学化学教师的数量远远不够,导致教师资源无法满足需求。

其次,中学化学教师的师资结构不合理也是一个亟待解决的问题。许多中学化学教师缺乏专业知识和教学经验,这影响了他们的教学质量和教学效果。

最后,中学化学教师培养面临的挑战也不容忽视。教育改革的背景下,课程改革对中学化学教师提出了新的要求。他们需要具备更加深入的学科知识和教学方法,以适应新课程的要求。此外,教师专业发展也是一个重要的挑战。中学化学教师需要不断提升自己的教学能力和教育理念,以满足学生的需求和社会的发展。

为了解决这些问题与挑战,我们需要采取一系列的措施。首先,应该加大对中学化学教师培养的投入,提高教师的待遇和福利,以吸引更多的优秀人才从事教师职业。其次,需要优化教师培养的体制机制,加强教师培训和教育,提高教师的专业素养和教学能力。同时,还应该加强教师之间的交流与合作,促进经验的共享和教学的改进。

通过这些努力,我们有信心解决中学化学教师培养面临的问题与挑战,提高中学化学教师的素质和能力,为培养优秀的化学人才提供有力的支持。

第一节　中学化学教师培养过程中的问题

中学化学教师的培养是一个复杂的过程,包括师范生、在职教师、中学教师等多个层次。在这个过程中,要根据各层次人员的需求,制订合理的培养计划。本文通过对教师职前教育与职后教育衔接过程中出现的问题进行分析,认为从整体上看,中学化学教师培养过程中有缺乏整体性设计、课程设置不合理、培养模式单一等问题,通过对这些问题进行分析,提出了相应的对策,以期对中学化学教师的培养有所帮助。

一、缺乏整体性设计

教师教育是一个庞大的系统工程,需要各层次、各专业的教师共同完成。从理论上看,培养方案必须做到科学、合理、全面。从实践上看,课程设置必须做到相互衔接、相互渗透。但实际情况是,不同层次、不同专业的教师对中学化学教师培养方案缺乏整体的认识,使得培养方案中存在着很多相互矛盾的地方。例如:有的院校为了提高师范生的教学技能,在开设的课程中加入了大量的实践类课程,使师范生对中学化学教学过程中出现的问题缺乏直观认识,在今后工作中难以解决。从学科上看,学科之间具有内在的联系和相互渗透。以化学学科为例,化学教师的培养不仅需要化学学科知识,还需要相关学科知识;不仅需要化学教师具备教学技能,还需要其他学科知识。从教育理念上看,中学化学教师的培养与大学本科阶段的教育有很大不同。在大学本科阶段所学到的教育理论和教育思想并不能完全满足中学化学教师培养的需求。因此,中学化学教师培养与其他学科具有很大不同,在实践中存在着一些矛盾。

（一）课程体系与中学化学课程体系不衔接,教师的教学技能与学生学习的心理适应之间存在矛盾

一方面,师范类院校课程体系中所设置的课程多是通识教育类课程,而中

学化学教师的培养属于专业教育,在专业知识方面有严格的要求,在知识体系和知识深度上与中学化学教师的培养存在较大差异。另一方面,师范类院校所开设的课程多是以理论为主,而中学化学教师培养属于专业教育,在理论知识方面与师范类院校有所区别。师范类院校对学生进行知识传授时更注重学生对化学知识的理解和接受能力,而中学化学教师的培养更注重学生对化学学科和化学知识的兴趣。这就导致师范生在接受了师范教育之后,在教学技能方面与中学化学教师存在较大差异。由于专业不对口等原因,很多师范生不能尽快适应中学化学教师的工作,在教学过程中常常出现教学方法陈旧、学生学习兴趣不高等问题。

这些问题需要我们对中学化学教师培养方案进行整体性设计,在培养目标、课程设置、教学技能以及教育理念等方面做到相互衔接。具体来说,应做到以下几点:

1.合理设置课程体系

在培养方案中要设置与中学化学教学相适应的课程。如开设化学实验课、元素周期表等选修课,开设化学史等选修课程,开设一些选修课和讲座,开展科学探究活动等。

2.开设教育类课程

中学化学教师的培养不仅需要扎实的专业知识基础,还需要良好的教育知识基础。

3.加强实践教学环节

中学教师的培养不仅仅要讲授知识,还要在教学过程中提高学生的专业技能。在教学实践环节中,可增加一些实践类课程,如讲授基本实验技能、多媒体技术等内容,帮助学生掌握教学技能;也可以开设一些与中学化学教学相关的技能训练课程如课堂观察、试讲、说课等。

(二)在培养模式上,不同层次、不同专业的教师不能很好地结合

由于各个层次、不同专业的教师培养目标和培养模式不一致,使得教育培养方案很难做到有机统一。例如:有的院校把中学化学教师的培养目标定位为

中学化学教师的"传道授业",而有的院校则认为中学化学教师的培养目标是为初中化学教学做准备。从这一点上看,不同层次、不同专业的教师对中学化学教师培养方案的理解是不一样的。而从实际情况来看,许多学校的教学计划和培养方案中并没有明确地把中学化学教师的培养目标定位为"传道授业",而是定位为"专业技能训练"。这就使得不同层次、不同专业的教师很难根据各自的专业特点,相互补充、相互融合、相互促进。例如:有些学校为了使学生更好地掌握化学学科知识,在高中课程中加入了大量关于化学学科知识的内容;有些学校为了使学生掌握更多的技能,在高中课程中加入了大量有关化学实验技能的内容。这些都导致了培养方案上"大而全""小而全"等不合理现象,不同层次、不同专业的教师在中学化学教师培养上出现了脱节现象。造成这种现象的原因是多方面的。

　　一方面是由于很多学校没有形成专业培养目标与专业教学计划相统一的观念,学校在制定培养方案时并没有充分考虑中学化学教师所需要的知识和技能;另一方面是由于缺乏对中学化学教学特点和教学目标进行系统分析,使中学化学教师培养方案缺乏整体性设计。因此,学校应该重视对中学化学教师培养方案进行整体设计,以保证该方案能够科学、合理地解决中学化学教师所面临的实际问题。只有这样,才能使学校在教育教学过程中充分发挥自身优势,实现培养目标。

　　(三)教师教育培养目标定位不准确,未能体现出培养目标与中学化学课程标准之间的联系

　　师范生是未来中学教师队伍的重要组成部分,他们的教育思想、教育观念、教学方式和教学行为直接影响着未来中学教师的质量。因此,师范生的培养目标就是要为未来中学教师提供专业知识和教学技能,为师范生成为合格的中学化学教师打好基础。但是,由于对师范院校在新一轮课程改革中所处的地位缺乏足够了解,培养目标并没有与中学化学课程标准相联系。例如:有的院校将"中学化学课程标准"作为培养目标,但并没有认识到中学化学课程标准与其他学科的不同之处。这些情况都不利于培养师范生成为一名合格的教师。

要实现师范生培养目标与中学化学课程标准之间的有机统一,必须要把师范院校作为一个整体来考虑问题。以高等师范院校为例,应当建立起一个包括培养目标、课程设置、教学方式和教学行为等在内的完整体系。在此基础上,结合地方经济和教育发展状况对教师教育进行整体设计。具体而言,就是要考虑以下几个方面:

一是师范院校应该以"三维一体"为指导思想,将"三维一体"作为教师教育的基本出发点。在这个指导思想下,师范院校不仅要培养师范生的学科知识和技能,还要培养他们的教育理念、教育方法和教育行为;不仅要培养他们在化学教学方面的能力,还要培养他们在其他学科方面的能力。

二是师范院校应该以培养师范生为目标,为其提供教学技能训练所需要的课程和教材。通过这些课程和素材让师范生掌握基本的教学技能;通过这些课程和素材让师范生掌握科学研究方法,增强教师职业道德素质;通过这些课程和素材让师范生掌握教学设计与评价方法,提高教师教学水平。

三是师范院校应该以"三维一体"为指导思想,根据地方经济发展情况为其提供合理的人才需求。

(四)在课程设置上,各专业教师之间缺乏沟通,存在着重复、交叉、脱节的现象

在课程设置上,各专业的教师大多只关注自己所开设的课程,对于其他课程缺乏整体的认识,对一些课程的交叉部分没有形成共识。比如:有的院校在师范专业中开设了教育理论课程,但其他专业的教师却认为,教育理论课程仅仅是教育理论知识的学习,并不能培养师范生对中学化学教学问题的认识和解决问题的能力;有的院校在师范专业中开设了化学学科知识,但其他专业的教师认为,化学学科知识只是化学体系中的一部分,并不能培养师范生对中学化学教学问题的认识和解决问题的能力。

另外,不同层次、不同专业之间缺乏沟通,使得课程设置上存在着重复、交叉、脱节现象。例如:有的院校在师范专业中开设了教育实践类课程,但其他专业却认为教育实践类课程与师范专业所学专业知识重复;有的院校在师范专业

中开设了教育理论类课程,但其他专业却认为教育理论类课程与师范专业所学专业知识交叉;有的院校在师范专业中开设了化学学科知识类课程,但其他专业却认为化学学科知识与教学理论没有交叉。

二、课程设置不合理

课程设置是一个人才培养的重要环节,也是实现人才培养目标的重要保障。在教师培养过程中,一是课程设置问题比较突出,主要表现为以下两个方面:一是课程设置不够合理。例如,在实践课程方面,一些学校存在着课时安排过少的现象,造成学生实践机会较少;在理论课程方面,一些学校的课程设置也不够合理。在理论课程上,教学内容陈旧、教学方法单一,这些问题在一定程度上影响了学生的发展和教师的成长。二是缺乏学科知识的整合。目前,部分学校对于培养方案中化学学科知识不够重视,忽视了化学学科知识与其他学科知识的整合。例如,在开设"普通物理"这门课程时,就没有将"普通化学""物理学"等相关学科的知识进行整合。此外,一些学校也存在不注重实践课程的问题。例如,一些学校没有开设"中学化学实验教学"这一课程,导致学生只知道"要做中学化学实验"这个概念,但是对于实验教学的具体操作并不了解。这些问题都影响了中学化学教师的培养质量。因此,在课程设置上要重视学科知识和其他学科知识的整合。

(一)合理安排实践课程

化学教师的培养是一个循序渐进的过程,需要在理论课程学习之后安排实践课程。目前,有些学校并没有将实践课程安排在教学计划中,或者虽然有实践课程,但是时间较短。这些问题导致学生无法形成系统的化学教师知识结构,对于化学教育的理解也不够深入。因此,在教学计划中要明确实践课程的内容,并保证课时。例如,一些学校在开设"中学化学实验"这门课程时,每学期开设6个学时。但是在具体教学中,由于课时不足,很多学生只是简单地学习了相关理论知识,并没有动手实践。这就要求教师在教学过程中要注重实践课程的设计和安排。例如,在每学期开始时就应该为学生提供一些基本的化学实验器材和试剂,让他们接触到相关的实验教学内容;同时,可以为学生提供一些相关的科研项目,让他们参与到课题研究中来。此外,教师还可以指导学生进行实验操作练习、实验方案设计和实验结果分析等实践活动。这些都能够帮助学生形成系统的化学教师知识结构。

(二)重视理论课程的学习

在课程设置上,教师要重视理论课程的学习,加强对师范类专业学生化学专业理论知识的学习,提高教师队伍的整体素质。在理论课程方面,可以将"普通化学""中学化学教学论"等课程作为必修课程进行学习。在这门课程中,教师可以通过讲授、讨论、案例分析等多种教学方式进行教学,培养学生的学习兴趣。此外,在教师培养过程中,要加强对师范类专业学生教育教学技能的培养,鼓励他们到中学进行实践,并通过多种渠道获取教育教学知识和技能。在实践中可以采用理论联系实际的方法来提高学生的综合素质。例如,在讲授"普通化学"这门课程时,教师可以通过案例分析来提高学生的学习兴趣;在讲授"中学化学教学论"这门课程时,教师可以通过课堂讨论来提高学生的学习兴趣;在讲授"中学化学实验教学"这门课程时,教师可以通过案例分析来提高学生的学习兴趣。

(三)加强实践教学

化学教师的培养应该以实践教学为主要途径。目前,一些学校的实践课程安排比较少,造成学生实践机会较少。同时,一些学校的实践课程开设也不够合理,有的课程只安排了很少的课时,有的甚至只安排了几天的课时,学生缺乏足够的实践机会。学生无法通过这门课程来学习化学实验教学的具体操作,不利于他们将来从事中学化学教育工作。

在教师培养过程中,应加强实践教学。在实践教学中,主要包括两个方面:一是在高校内部开设相关课程和开展相关活动。例如,可以在"普通化学""中学化学"等课程中增加一些实验内容,为学生提供学习的机会;可以通过举办竞赛、开展讲座等形式来激发学生学习化学的兴趣,提高积极性;可以通过举办优秀教师展示课来让学生学习其他教师在教学中成功运用的方法和技巧。例如，可以通过设置中学化学教研活动来让学生了解中学化学教学中存在的问题，培养学生研究和解决问题的能力。

三、培养模式单一

教育是培养人的活动，通过教育活动培养人，促进人的发展。在我国的中学化学教师培养过程中，虽然也开展了一些教师教育模式改革和课程改革，但相对于中学化学教师的职前培养来说，仍然比较单一。

（一）从职前培养的角度看

师范院校在教学上重理论、轻实践，忽视师范生职业能力的培养；课程设置以知识传授为主，忽视学生创新能力和综合素质的培养；教学方式上重课堂讲授、轻讨论交流；教学内容上重知识体系、轻教学技能；考核方式上重知识考查、轻能力评价等。因此，我们应该改革现行的教师教育模式，树立"以人为本"的教育理念，将师范院校与中学教育机构相结合，建立"学校—社会—教师"一体化的教师培养模式。在这种模式中，师范院校作为实施主体，将其在教育理论与教学技能方面的优势与中学化学教育机构相结合，弥补了目前中学化学教师培养模式单一、缺少实践环节等不足。

（二）从职后培训的角度看

由于受到传统观念和经济因素的影响，使得在职教师接受培训存在一定困难。一方面在职教师对于继续教育培训缺乏了解和兴趣；另一方面在职教师对于参加培训抱着应付态度。因此，在未来的职后培训中应充分考虑在职教师的需求，针对不同层次人员设计不同类型、不同层次、不同内容的培训课程。

（三）从终身教育角度看

要使化学教师职业资格证书制度真正发挥其作用，就必须打破以往化学教师资格证书"终身制"的弊端，使之成为一种能够适应社会发展和终身教育需要、具有终身学习能力和较高综合素质与能力的专业技术人员。同时,应该针对在职教师这一群体制定出相应的培训计划与方案。比如通过开展在职教师继续教育培训计划和形式多样、内容丰富、针对性强、效果明显的在职教师继续教育培训活动来提高在职教师整体素质。

(四)从中学化学教师专业发展角度看

要使化学教师获得专业发展和成长,就必须建立健全促进化学教师专业化发展的机制与环境。首先,应建立起中学化学教师培训课程体系;其次要健全中学化学教师职前培养与职后培训衔接机制;最后要为中学化学教师提供多渠道、多层次、多形式的继续教育机会和条件。比如对中学化学专业骨干教师进行集中培训和分科培训相结合;对在职中学化学教坛新秀进行跟踪指导和交流;对中学化学专业研究生进行强化培养等。另外要建立健全激励机制和考核评价机制,以促进中学化学教师专业化发展。

(五)从教育研究角度看

教育研究是教育改革与发展的基础,是实现教育创新和促进人的全面发展的重要途径。我国中小学教育教学研究工作起步较晚,目前主要是从教材、教法、教学研究等方面开展研究工作。而对于中学化学这门学科来说,对其进行深入系统的研究还比较欠缺。因此,国家应该加大对中学化学学科教学研究工作的投入力度,逐步建立起有特色的学科教学研究体系。同时要注重理论与实践相结合,注重对化学实验教学、现代信息技术与课堂教学有机整合等方面进行深入的探索和研究。

总之,当前我国中学化学教师培养过程中还存在着一些问题,要解决这些问题需要我们不断地探索和实践。作为培养未来中学化学教师的高等师范院校应根据当前和未来社会发展对中学化学专业人才培养模式的要求以及社会对人才需求的变化趋势,积极推进高等师范教育改革,为中学化学教育事业培养合格人才。

四、缺乏教育实习

教育实习是教师培养过程中不可缺少的一个环节。在传统的师范生培养中,由于师范院校没有设置相应的教育实习环节,实习由大学和中学共同承担,这种实习模式下,教师职前教育与职后教育衔接不紧密,容易造成师范生"两张皮"现象。从师范生角度看,他们已经在大学学习了一定的化学专业知识,具备了较好的化学理论基础和实验操作技能,但是在实际教学中却不能将理论知识转化为学生能够理解、掌握和运用的知识;从中学教师角度看,他们具有丰富的教学经验和教学能力,但由于缺乏实习锻炼,这些经验和能力难以转化为教学能力。

从实践上看,大多数中学教师都具有较高的理论素养,但是缺乏实践经验,需要一个接受教育理论训练的过程。因此师范院校要开设相应的教育实习课程,培养师范生理论和实践相结合的能力。同时还要加强对师范生实习指导教师的培训工作,使他们具备教育实习所需要的素质和能力。从实际操作上看,为了保证教育实习工作顺利进行,还可以通过建立实习基地、建立师生沟通联系渠道等方式来保证教育实习工作顺利进行。

从长远上看,解决上述问题需要从以下几个方面入手:首先要根据中学化学教师培养目标和任务合理设置课程体系,其次要建立教育实习课程体系,最后要建立教师培养培训基地。通过这些措施来保证中学化学教师职前教育与职后教育有效衔接。

(一)根据中学化学教师培养目标和任务合理设置课程体系

教育目标的实现和教育任务的完成需要有一定的知识基础,同时还要具备一定的实践经验。因此,在教师培养过程中要明确培养目标,并将这些目标与课程体系建设相结合。目前,中学化学教师培养的目标是在原有的基础上,提高学生的化学专业素养和教育教学能力。从这个角度来说,课程体系要充分体现中学化学教学实践能力和化学专业素养的培养。在课程体系建设中,一方面要保证对学生化学知识和教学理论基础的培养,另一方面要加强对学生教育教学能力和实践能力的培养。为了实现这一目标,可以将原有的课程体系进行重新整合,设置新课程体系。为了保证新课程体系能够顺利实施,需要在现有课程基础上开设与之相对应的选修课。其中包括专业必修课和专业选修课。在专业必修课方面,可以按照化学教育专业学生的培养目标来设置课程。例如,开设"中学化学课程标准""中学化学教材教法""中学化学实验研究"等选修课程,提高学生对中学化学教学内容和教学方法的认识和理解。在选修课方面,要开设一些与中学化学教学实际相联系的课程,例如"中学化学实验研究""中学化学教师职业道德"等课程。在选修课设置方面要结合学生实际情况来进行设置,比如在选修课中可以安排一些实践性强的课程。这样可以使学生在学习了师范专业知识后能够将所学知识与实际生活、生产相联系起来,从而更好地理解和运用所学知识。

(二)建立教育实习课程体系

教育实习是师范生参加教育实践活动的重要形式,是培养师范生掌握中学化学教学技能的重要途径。目前,我国中学化学教师培养大多以毕业前集中实习为主,这种形式对培养师范生的实际教学能力具有一定的积极作用,但由于时间和精力有限,这种实习模式不能满足培养中学化学教师的需求。因此,在我国师范院校化学专业培养中要根据中学化学教师素质和要求,建立教育实习课程体系。教育实习课程体系应该包括三个方面内容:

第一,教育实习是中学化学教师职前教育与职后教育有效衔接的重要形式之一。因此,在化学专业教学计划中要增加教育实习课程,使师范生在接受理论教学的同时有机会接触中学教学,在实际教学中提高自己的教学能力和专业水平。

第二,教育实习是师范院校培养高素质中学化学教师的重要途径。因此要在中学化学教师培养计划中增加对中学化学教师教育理论和实践技能训练的内容。例如开设"中学化学课堂教学技能"课程,培养师范生的课堂教学技能;开设"中学化学实验技术"课程,培养师范生的实验技能;开设"中学化学校本课程开发"课程,培养师范生对中学化学校本课程开发的兴趣。

（三）建立教师培养培训基地

教师培养培训基地是为提高教师教育质量而设立的，是学校与当地教育行政部门和教师培养培训机构之间的桥梁。建立教师培养培训基地，可以使学生在实习期间有机会到中学去实地学习，这样可以提高他们的教学技能。同时，还可以提高他们的教育教学能力和教学研究能力，从而提高他们的整体素质。例如：某师范院校化学专业为中学培养化学教师，为了让学生在实习期间有机会到中学去实习，应建立教师培养培训基地。首先，要通过与当地教育行政部门和中学联系，获得当地中学教师的联系方式。其次，要制定详细的实习计划，包括实习时间、实习地点、实习内容、实习方式等。最后要为学生提供必要的住宿条件和生活设施。通过这样的措施可以让学生到中学去进行实地考察和听课，使他们熟悉中学化学课堂教学情况并在此基础上进一步提高他们的教育教学能力。另外，为了使学生在实习期间更好地提高教育教学能力和研究能力，师范院校要为学生提供必要的经费支持。比如可以根据学生参与实践活动所获得的学分给予相应的费用补贴，或采取一些其他方式来激励学生积极参与到中学化学教学改革实践中去。通过以上措施可以让学生在教育实习期间更好地提高教育教学能力和研究能力。

五、缺乏系统的指导

目前，中学化学教师培养缺乏系统的指导，主要体现在：一是大学与中学之间缺乏长期的、有计划的、相互沟通与协作的交流平台；二是大学与中学之间缺乏相互配合，在合作中存在着一定的脱节现象。所以，在进行中学化学教师的培养时，要制定相应的指导方案，通过加强大学与中学之间的联系，共同进行交流、研讨，增进彼此了解，提高相互间的合作水平，在这种良性互动中共同发展。因此，需要建立一个有效、统一、稳定的合作机制。

第二节 中学化学教师培养面临的挑战

随着化学课程改革的不断推进,中学化学教师的培养面临着新的挑战,主要体现在化学课程体系、化学教师教育理念与方法、高中化学课程内容与教学方式等方面。化学教师教育理念和方法是新时期中学化学课程改革的重要保证,中学化学教师教育内容与教学方式是培养高素质的中学化学教师的重要途径。高中阶段的学生已经具备一定的学习能力和认知水平,但是他们还缺乏一定的自主学习能力,还不能适应新课程改革对教师提出的更高要求。因此,如何使学生在高中阶段能够具备一定的自主学习能力和学习兴趣,如何提高中学化学教师对课程改革和高中化学教学方式方法的适应能力,成为了当前中学化学课程改革必须面对和解决的一个重要问题。

一、化学课程体系面临挑战

新课程改革强调以学生的发展为本,提出了"使学生在获得知识与技能的同时,学会学习,学会做人,学会共同生活和发展"的理念。从这个意义上讲,化学课程应由知识转变为能力中心型课程。传统的化学课程体系注重学科知识的传授,忽视了培养学生的学习兴趣和学习方法,没有体现化学学科与生活、社会和科技发展的密切联系。因此,当前中学化学课程体系要体现出化学学科与生活、社会和科技发展的紧密联系。

在化学课程体系中,要把培养学生分析问题和解决问题的能力以及创新精神放在重要位置。只有这样才能使学生能够成为具有创新能力和实践能力的高素质人才。同时,为了使学生能够适应未来社会发展的需要,要求高中化学教师在教学中要重视学生综合素质和实践能力的培养。化学学科本身是一门具有很强实践性和应用性的学科,要求学生要掌握基本的专业知识、基本技能和方法,同时还要求学生要有较强的实践能力、创新能力和良好的心理素质等。

（一）中学化学课程体系要适应社会发展的需要

随着人类社会的发展，科学技术成为推动经济和社会发展的重要力量，人类的生活也越来越离不开科学技术。化学作为一门科学，是研究物质世界基本性质和变化规律的学科，与生产、生活密切相关，是为国民经济建设服务的基础性学科。随着化学在生产、生活中应用得日益广泛，社会对化学人才的需求越来越多。因此，在新课程改革中，必须要体现出中学化学课程体系与社会发展的密切联系，培养学生的科学素养、创新精神和实践能力。但是从目前的实际情况来看，很多高校培养出来的学生不能很好地适应社会发展的需要。因此，为了培养出高素质人才，高校在化学课程体系方面要不断进行改革和创新。首先要强调课程体系要适应社会发展的需要和科技进步的趋势，使学生成为具有创新能力和实践能力的高素质人才；其次要培养学生形成良好的学习习惯和科学探究精神；最后要注重学生综合素质和实践能力的培养。

（二）要体现出化学课程的开放性和选择性

化学课程体系改革要注重与社会联系，培养学生的创新能力和实践能力。同时，为了适应未来社会发展的需要，中学化学课程体系也要体现出化学学科的开放性和选择性。当前，高中化学课程体系主要是由必修模块和选修模块构成的。在必修模块中，包括了"化学与生活""化学与能源"等方面的内容。从内容上看，高中化学课程体系还比较注重学科基础知识的传授，没有体现出学科之间的联系和相互作用。从知识结构上看，高中阶段的知识体系是由基础性知识和拓展性知识构成的，这种结构虽然能够满足学生在某一学科领域内对知识结构的需求，但不利于学生在不同领域之间进行迁移和应用。因此，高中阶段化学课程体系应该以基础知识为主导，为学生提供丰富的学习资源。

在高中阶段要允许学生根据自身兴趣、爱好以及个人特长选择学习内容和学习方式。从这个意义上讲，高中化学课程体系应该具有较强的选择性。目前，我国普通高中阶段化学课程体系还存在一些不足之处：在必修模块中所占比例较大、选修模块中所占比例较小以及必修模块中所占比例较大。

（三）要体现现代化的教学理念

化学课程的教学过程是教师与学生共同参与的活动，是师生之间、学生与环境之间互动的过程，是师生共同发展的过程。而传统的化学课堂教学，往往以教师为中心，以"教"为中心，以"知识"为中心。学生的学习活动常常被限制在教师的讲解和学生的练习中。传统课堂教学强调教师是知识和观念的传授者，教师处于教育的主导地位，学生处于被动接受的地位。学生在学习中没有积极主动地参与教学活动，常常是被"牵着鼻子走"。现代课堂教学中，教师与学生之间是平等的关系。教师不再是知识和观念的"传授者"和"灌输者"，而是学生学习活动中最重要、最活跃、最积极主动的因素；教师不再是知识和观念的"传授者"和"灌输者"，而是学生学习活动中最重要、最积极主动的因素。传统化学课堂教学中存在着一些弊端，如：（1）教学方式单一；（2）重理论轻实践；（3）忽视学生在学习中所处地位；（4）忽视学生学习过程及结果评价；（5）教学内容与社会生活联系不紧密。这些弊端严重地制约了化学课程改革目标的实现。新课程改革要实现目标就必须改变传统化学课堂教学中存在的这些弊端。要改变这些弊端必须要求教师具备现代化理念。现代教育观念要求教师不仅是知识、能力、思想观念及情感态度等方面素质全面发展的人，而且还要求教师能全面发展自己。新课程改革要求教师除了要具备一般能力外还要有创新能力和实践能力。在化学课程体系中要体现出现代化教学理念，这就要求高中化学教师不仅要具有扎实丰富的专业知识和技能，还要有创新精神和实践能力。

（四）要加强化学实验教学，培养学生的动手能力

化学实验是学生获得知识的重要途径，是培养学生科学素养的重要环节，也是实现化学学科教育价值的主要方法之一。新课程改革要求在实验教学中要树立以学生发展为本的思想，重视学生实验技能的培养。化学是一门以实验为基础的学科，在化学实验中学生通过观察、感知、思维、探究，不仅能够巩固和

加深所学知识,而且还能提高学生分析问题和解决问题的能力。实验教学可以激发学生学习化学的兴趣,使他们感受到化学就在身边,从而激发其学习化学的兴趣。此外,通过实验教学可以培养学生的创新能力和实践能力。因此,在当前中学化学教育中要重视实验教学。随着社会的发展和科学研究方法的进步,有些化学实验也可以通过计算机模拟实现。例如:利用计算机模拟化学反应、物理变化过程等。在中学化学教育中要充分利用这些模拟实验进行教学,这样不仅可以激发学生学习化学的兴趣,而且还能提高学生对知识的理解和应用能力。在中学化学教育中要加强实验教学,这是培养学生创新能力和实践能力的有效途径之一,还要注意培养学生严谨求实、团结协作、勇于探索等良好品质。

二、化学教师教育理念与方法面临挑战

在化学教学中,教师的教育理念和教学方法对学生的学习会产生深刻影响,这是因为教育理念和教学方法是教师实施教育教学活动的思想基础,也是学生学习化学知识的理论基础,是决定学生学习效果的关键因素。因此,中学化学教师不仅要具备相应的化学专业知识,而且要对学生学习化学有深入了解,从而培养出能够适应新课程改革需要的高素质化学教师。然而在实际教学中,很多中学化学教师虽然已经掌握了相关的专业知识和化学理论知识,但是他们并没有对教育理念和教学方法进行深入了解,还不能很好地应用到实际的教学工作中去。因此,如何在新课程改革的背景下提高中学化学教师教育理念和方法是一个非常重要的问题。

(一)教师的教育理念不能适应新课程改革的需要

在中学化学教学中,教师的教育理念是教师进行教育活动的思想基础,它影响着教师的教育方式和教学活动的效果。所以,中学化学教师必须要深刻领会新课程改革的精神和要求,并将其运用到自己的教学活动中去。然而,在实际的中学化学教学中,很多教师对新课程改革认识不到位,没有真正理解。他们依然采用传统的教学模式,没有认识到新课程改革对教师提出了更高要求,

并且没有掌握科学高效的教学方法。另外,很多中学化学教师认为自己已经掌握了专业知识和相关理论知识,对学生进行教育教学活动就是"授人以鱼",而对于"授人以渔"这一教育理念并不理解,导致他们在实际教学中并没有应用到实际教学工作中去。

(二)教师对学生学习化学的规律缺乏全面了解

在教学实践中,教师对学生学习化学的规律缺乏全面了解,主要表现在两个方面:一是教师对学生学习化学的心理特点缺乏了解,导致教学方法不能很好地适应学生的学习特点。在化学教学中,教师往往采用灌输式教学方法,以自己对知识的理解为中心,以自己的思维和经验为基础,让学生被动地接受知识。这种教学方法忽略了学生的认知规律和心理特点,导致学生在学习过程中往往感到吃力,甚至会对化学产生抵触情绪。

二是教师对学生学习化学的能力缺乏全面了解,导致教学内容和教学方法不能很好地适应学生的实际需要。化学是一门需要记忆的学科,教师如果对学生学习化学能力缺乏了解,就不能针对学生的实际情况制定科学有效的教学计划。

(三)教师的教学方法不能满足新课程改革的需要

新课程改革在教学内容和教学目标上进行了重大调整,这就要求教师必须进行相应的教学方法和手段的创新,才能使学生的学习更具主动性、积极性和创造性,进而提高学生的综合素质。但是当前我国中学化学教师在教学方法上还存在很多问题,这就造成了中学化学教学内容与学生实际需求之间的脱节,使得中学化学教师无法适应新课程改革的需要。另外,在实际教学中,很多教师由于缺乏教学经验和专业知识,导致他们在进行教学设计时不能很好地把握新课程改革的精神实质和重点内容,无法使化学课堂教学内容更具针对性,从而影响了中学化学教学的质量,无法实现培养学生综合素质和创新能力的目的。

三、高中化学课程内容与教学方式面临的问题

化学课程内容的选择，是建立在学生已有化学知识经验基础上，将化学学科知识、科学探究与社会生活的知识和技能进行有机整合，是一种具有连续性和层次性的课程体系。但是，我们发现很多学校在选择化学课程内容时往往只注重知识的系统性，忽视了学生学习兴趣和认知水平的差异性。

一方面，化学学科本身具有很强的知识性，但是在课程内容选择上却没有充分考虑到学生的实际情况。比如，在高中化学课程中，有些内容对学生而言难度较大，学生需要花费很长时间才能掌握。有些内容虽然简单易学，但是由于缺乏一定的深度和广度，学生在学习时也比较吃力。而一些容易掌握的内容由于缺乏一定的趣味性和创新性，又容易被学生所忽视。另一方面，从课程目标上看，当前大多数化学教材都是以"双基"为目标进行编写的。但是随着新课改的不断推进和学生学习兴趣的不断提高，越来越多的化学教师意识到"双基"目标已经无法满足当前社会发展和学生发展的需要。因此，我们认为在进行高中化学课程内容选择时，要更加注重对学生科学素养和创新能力的培养。在选择教学内容时，不仅要注重基础知识和基本技能的学习，还要关注化学学科领域内相关内容以及与生活、社会发展和科技发展相关内容。

在高中化学教学中，由于课程设置不合理以及教学方式方法上存在的不足之处导致了教学效率不高、学生学习兴趣不高、教学效果不理想等问题。因此要改变这种现状就必须从课程设置入手，改进课程模式和方法。在课程设置方面要充分考虑到不同地区、不同学校、不同层次学生的学习实际情况，在课程内容选择上要充分考虑到学生的学习兴趣和认知水平，在教学方式方法上要注重因材施教和启发式教学。

对于教师来说，为了使自己更好地适应新课程改革对化学教师教育内容与教学方式方法方面提出的要求，必须积极参加各种教育培训活动和进行课堂观摩教学活动。通过参加培训活动和观摩教学活动可以更好地了解化学教师教育内容与教学方式方法中存在的不足之处并及时加以改进；通过观摩教学活动可以让自己更好地掌握新课程改革理念下化学教师教育内容与教学方式方法

方面存在的问题并及时加以改进。

在课堂观摩方面可以通过组织参观其他学校和兄弟学校课堂进行观摩学习,参加相关培训提高自己专业知识和专业技能,以及参加教研活动提高自己的专业素养和课堂教学能力。同时我们应该注意到教师教育内容与教学方式方法存在不足之处是一个长期而复杂的过程,不可能在短时间内得到明显改变。因此我们要不断探索和研究新课程改革下中学化学教师教育内容与教学方式方法方面存在问题并积极解决。

四、培养学生自主学习能力和兴趣的问题

培养学生自主学习能力和兴趣是目前中学化学教学面临的又一个挑战。现在的学生,大多数都是独生子女,他们从小就被父母宠爱,生活条件优越,从小就养成了以自我为中心的思想。现在的孩子普遍都喜欢看电视、玩手机游戏等,他们不懂得珍惜时间,不懂得劳动和学习的意义。在化学教学中,我们应该采取各种形式来激发学生学习化学的兴趣。比如在化学实验中,让学生亲自动手做一些实验,使他们更加真切地感受到化学与生活的密切联系。可以多开展一些化学知识竞赛、化学实验设计比赛等活动来激发学生对学习化学的兴趣。教师在教学中也可以采用一些新颖有趣的教学方法,比如通过多媒体、网络等手段向学生展示一些化学小故事、化学趣闻等激发学生对学习化学的兴趣。在高中阶段,学生学习压力较大,很容易产生厌学心理。所以,在教学中教师要让学生有一定的压力和竞争感,让他们充分认识到学习是自己的责任和义务,激发学习的兴趣。同时还可以让学生在课余时间多参加一些社会实践活动来提高自己的综合能力和素质。

(一)加强教育法律法规知识学习

近年来,教育法律法规对教师素质的要求越来越高,其中包括师德建设、职业规范等。新修订的《中华人民共和国教师法》规定,教师必须履行"关心、爱护学生,尊重学生人格,不得歧视学生"等义务;同时还明确了教师在教育教学活动中享有"平等"、"参与"和"获得合理待遇"的权利。新修订的《中华人民共和

国义务教育法》规定：“教师应当尊重学生的人格，不得歧视学生，不得对学生实施体罚、变相体罚或者其他侮辱人格尊严的行为，不得侵犯学生合法权益。”此外，教育部还明确提出了教师在教育教学中应履行的六项义务，即：①遵守宪法、法律和职业道德，为人师表；②贯彻国家的教育方针，遵守规章制度，执行学校的教学计划，履行教师聘约，完成教育教学工作任务；③对学生进行宪法所确定的基本原则的教育和爱国主义、民族团结的教育、法制教育以及思想品德、文化、科学技术教育，组织、带领学生开展有益的社会活动；④关心、爱护全体学生，尊重学生人格，促进学生在品德、智力、体质等方面全面发展；⑤制止有害于学生的行为或者其他侵犯学生合法权益的行为，批评和抵制有害于学生健康成长的现象；⑥不断提高思想政治觉悟和教育教学业务水平。

（二）注重人文素养的培养

人文素养包括科学素养和人文素养两个方面，二者是相辅相成的。科学素养的形成，需要基础，没有一定的人文素养作为基础，科学素养就无法真正形成。在化学教学中，我们也要注重学生人文素养的培养。化学教学中要注重对学生进行“三观”教育，让他们懂得用科学的眼光去观察世界和认识世界。培养学生科学精神和人文精神，使他们成为全面发展的人。

教师应该充分认识到自身对学生科学精神和人文精神培养的重要作用，自觉加强自身专业知识和人文知识的学习。在教学中，教师要积极利用各种机会提高自己的综合素质，努力拓宽知识面。在课堂教学中要有意识地把化学知识和生活实际结合起来，引导学生用化学知识来解决实际问题。同时教师也要主动参与到学生学习活动中来，与学生建立良好的师生关系，使学生对化学学习有兴趣、有动力。

（三）加强教学基本技能的训练

随着新课程的改革，中学化学教师的基本技能也发生了很大的变化。现代的教学，需要教师具备更多的教学技能，如多媒体技术应用、课堂组织管理、学生管理、课堂互动、作业批改等。这些技能是在传统的教学模式中不具备的。

化学学科与其他学科有很大区别,化学学科对学生的知识面要求较宽,不能仅局限于书本知识,需要教师结合实际情况进行拓展。比如化学教学中经常涉及的实验,需要教师具备一定的动手能力。此外,化学学科的特点要求教师在教学中要有很强的语言表达能力。教师如果不能用清晰、准确、流畅的语言表达自己的观点和意图,就会使学生不知所云,无法理解教师所说的内容。另外,化学学科是一门综合性很强的学科,其内容涵盖了很多方面,如物质结构、元素周期律、化学平衡、化学反应原理等。这些内容需要教师对相关知识有深入了解并进行综合运用。比如元素周期律,这是一个重要的教学内容,也是学生比较难掌握和理解的。如果教师只会照本宣科地讲授这部分内容,那么就难以满足学生学习和掌握元素周期律知识需求。所以在教学中要加强对化学教学技能方面的训练,提高自己在化学教学中的基本技能。

（四）注重教育科学研究方法的学习

教育科学研究方法是研究教育现象的方法,是由实证主义哲学家、教育家布卢姆首先提出的,后经美国心理学家、教育学家。斯金纳（Skinner, B. F.）进一步发展和完善。教育科学研究方法是教育理论的重要组成部分,也是实现教育目标的重要途径。在教育研究中,主要采用实验、观察、调查、访谈、文献研究等方法。在实验的过程中,我们要对实验设计和实验结果进行科学地分析和处理,要用正确的方法来记录实验现象和数据。在进行调查时,我们要对被调查对象进行访谈,了解他们对事物的看法。在调查中我们要对研究对象进行深入细致地观察,通过访问、查看资料等方式来了解学生的真实想法。在访谈中,我们要注意观察被访谈者的表情、态度和语言表达方式,分析他们对待事物的观点和看法。在进行问卷调查时,我们要注意研究对象是否配合问卷调查和回答问题。在访谈结束后,要及时地对资料进行分析处理,撰写教育科学研究报告。在进行教育科学研究方法学习时,我们要注意提高自身素质。教师只有不断地提高自己的综合素质和能力才能适应新时期教育发展对教师提出的要求。因此,教师必须具备扎实的化学专业知识和教育学、心理学等相关学科知识以及教育科研方法,这样才能更好地完成中学化学教学任务。

（五）加强实验技能的训练

化学实验是中学化学教学的重要内容,实验技能的训练对学生的综合能力有很大的提高作用。现在很多学校都开设了实验课,但是由于中学化学实验室紧张,学生经常会错过实验时间,从而影响了他们学习化学的兴趣。因此,学校应该为学生提供更多的实验时间,保证学生有充足的时间来学习化学知识。对于实验课上出现的问题,教师应该及时与学生进行交流和沟通,共同解决实验中出现的问题。同时也要加强教师对学生实验操作技能和安全意识的培养。

随着社会经济发展和科技水平的提高,化学学科在现代社会中扮演着越来越重要的角色。作为一名合格的化学教师,应该不断学习和掌握先进科学的教学方法,从而提高自己的教学水平和教学质量。教师要根据学生的实际情况来制订适合他们的教学计划,多开展一些化学实验课来激发学生对化学知识的学习兴趣。同时也要培养学生良好的学习习惯和学习方法,引导他们不断地进行自我反思。

（六）重视教师专业发展

教师的专业发展是提高教学质量的关键。教师的专业发展,不单单是指教师要不断地学习新知识,还要提高自己的业务能力。其实,在教师专业发展中,还有一项更为重要的内容,那就是自我反思。俗话说:"不反思的教师不会成长。"教师只有通过对自己教育实践活动的反思、总结,才能不断提高自己的教学水平,才能更好地实现教育教学目标。教师在反思中会发现自己存在许多不足之处,这就要求教师要不断地进行自我反省和自我评价。在教学中要注重对自己在教育教学中的问题进行深刻剖析,寻找问题的原因、找到解决问题的办法、从而提高自己的业务水平。此外,教师还应注重对自身教学能力和水平的提高。作为一名合格的高中化学教师,他不仅需要扎实的化学知识和教学能力,还需要具备丰富的化学知识和技能。化学这门学科需要在课堂上不断地进行实践操作,所以对教师提出了更高的要求。

五、部分农村中学化学实验教学的现状调查与反思

化学实验在化学新课程及其教学中具有重要的地位,基础教育化学新课程以"提高学生的科学素养为主旨",并从"知识与技能""过程与方法""情感态度与价值观"等三个维度建立了新的化学课程目标体系。倡导"以科学探究为主的多样化的学习方式",注重学生的"亲身经历和体验",强调"创设生动活泼的学习情景"。这些新的课程理念在化学教学中的有效落实,都离不开化学实验。化学新课程的教学实践,要求我们有必要重新审视化学实验的价值,重新认识化学实验在化学新课程及其教学中的地位。农村地区由于地处边远,经济发展相对落后,实验教学差,那么,在新课程背景下农村中学化学实验教学的现状是怎样的呢?农村中学又该如何更好地进行化学实验教学呢?笔者对福建省漳州市龙海区的农村中学、福清市音西街道的农村中学以及福建省南平市建阳区的农村中学的化学实验教学的现状进行问卷调查与访谈,针对调查结果进行分析与反思,并提出农村中学进行化学实验教学的策略。

(一)化学实验教学的功能和作用

著名化学家戴安邦先生曾指出:"化学实验教学是全面实施化学教育的一种有效形式,是化学学科素质教育的有效组成部分。化学实验以其丰富的内涵在通过化学教学培养学生的素质中以发挥独特的功能和作用。"

新课标指出,科学探究是一种重要的学习方式,也是化学课程的重要内容。而化学是一门以实验为基础的科学,化学实验正是进行科学探究的主要方式。化学实验对于提高化学教学质量,全面落实培养科学素养的目标,具有其他教学内容和形式所不能代替的特殊作用。实验教学能为学生正确认识事物及其变化规律提供实验事实,又能培养学生观察现象、分析问题、解决问题的能力和方法。它具有目的性、探索性、现实性和感知性,所以教学应该紧扣实验这一学科主题,它不仅能帮助学生形成概念,总结规律,验证理论,而

且也是培养学生创新能力的主要途径和方法。要让学生学会创造、学会创新,必须培养他们的动手能力,开展丰富多彩的科学实验,才能启迪思维、有所发现、有所创新。

当前,基础教育改革正向纵深发展,根据《课程标准》的要求,应该切实加强实验教学,同时,有关实验的考查,也是高考试题中必不可少的内容,而且要求也不断提高。所以进行化学实验教学是势在必行的。

(二)调查情况及分析

1. 调查对象

为了能更全面了解农村中学化学实验教学的现状,本次问卷调查分二类,第一类是学生问卷,第二类是教师问卷。

主要对象是漳州市龙海区的农村中学学生、福清市音西街道的农村中学学生以及建阳市的农村中学学生,还有多所农村中学的化学老师。

2. 调查方法

采用问卷调查的方法对漳州市龙海区的农村中学学生、福清市音西街道的农村中学学生以及建阳市的农村中学学生和多所农村中学的化学老师进行调查,对资深老教师进行访谈,了解分析新课程背景下农村中学化学实验教学的现状。那么在新课程背景下,农村中学化学实验教学是否按新课程要求进行有效的实施呢? 笔者为使学生和教师回答问题具有客观性,采用不记名答卷。

3. 问卷调查结果及分析

本次调查第一类问卷发出 550 份,回收问卷 487 份,有效问卷 485 份,回收率为 88.5%,有效率为 99.6%;第二类问卷发出 50 份,回收问卷 44 份,有效问卷 44 份,回收率为 88.0%,有效率为 100%。调查内容涉及三个方面:(1)学生对化学实验教学的态度及学习情况的调查;(2)化学老师进行实验教学情况的调查;(3)实验室的配备及校领导的态度的调查。

4.学生对化学实验教学的态度及学习情况的调查

表1 学生对化学实验的态度

对化学实验的态度	喜欢且想尝试	喜欢但害怕操作	一般但不反感		不喜欢且害怕受伤
	60.2%	14.1%	24.2%		1.5%
化学实验对学化学知识帮助	很有帮助	有帮助	帮助不大		无帮助
	34.7%	56.9%	7.2%		1.2%
化学课上,老师演示化学实验	经常	不经常,偶尔			无
	14.4%	82.6%			3.0

实验是进行直观教学的有效方法,对培养学生的分析解决问题的能力有着其他教学手段不可替代的功能,可以帮助学生有效地形成化学概念,理解和巩固化学知识,所以实验教学也是化学教学的基础。从表1中可以看出有74.3%的学生喜欢化学实验且有91.6%的学生认为化学实验对学习化学知识起到帮助的作用,只有少数的同学不喜欢化学且觉得化学实验没有什么帮助。调查还显示多数教师在课堂上只是偶尔演示化学实验。

表2 学生实验开展情况

曾使用过的化学仪器(多选)	托盘天平	容量瓶	试管	烧杯	集气瓶	酸、碱式滴定管	胶头滴管
	53.9%	33.5%	68.0%	56.3%	24.0%	20.0%	48.5%
	温度计	分液漏斗	玻璃棒	表面皿	酒精灯	圆底烧瓶	量筒
	66.2%	20.0%	53.3%	12.9%	53.9%	15.3%	54.5%
老师安排学生做教科书上的活动与探究栏目的实验	大部分都做		就做一部分			基本没做	
	11.7%		40.4%			47.9%	

以上这些仪器均是中学化学实验教学中必须经常用到的仪器,而学生使用率最高的也仅达66.2%,最低为12.9%,说明有些实验仪器学生是根本没有使用过,这间接地反映了有些实验是没有做过的。而且从教师安排学生做活动与

探究的实验情况的数据来看,有47.9%的学生表示没做过。由此可见,大多数学生的化学实验技能和实验能力的培养都是纸上谈兵。

表3　学生进行化学实验情况

实验前预习实验目的、原理、步骤、注意事项等的情况	有		偶尔有		没有	
	45.2%		43.1%		11.7%	
完成活动与探究栏目实验的方式	听完老师讲解,再做实验	看完老师演示实验后,再做实验	根据课本步骤和要求做实验	课前先预习,查资料后再做实验	由老师演示实验,学生只看不做	
	15.6%	33.2%	10.8%	6.3%	34.1%	
实验分组情况	独立完成	合作完成		有时独立完成,有时合作完成	从未做过	
	4.8%	35.0%		27.3%	32.9%	
实验记录及思考的情况	观察记录,及时总结思考	观察现象,记下他人总结		只看现象,不关心总结	无关紧要,做其他活动	
	48.2%	34.7%		13.5%	3.6%	
对化学试验中产生某些现象与书本不一致时	尽可能提出可能产生的原因		去问老师或与同学讨论		等待老师的解释	
	10.2%		54.5%		35.3%	
实验报告的填写	知道	基本了解		知道一点	不知道	
	3.3%	21.0%		39.8%	35.9%	

实验预习能提高教师实验课的效率,加深学生对知识的理解,增强学生做实验的积极性,锻炼学生的自学能力。但从表3的数据来看,只有45.2%的学生基本完成预习的要求,说明大部分学生对实验预习并不重视,只是敷衍了事。

实验过程,大多学生都是根据老师的讲解、演示,或者根据课本内容生搬硬套、机械地做实验,根本没有通过自己的思考。而且,大部分的实验都是合作完成,有的学生只是看实验,却没有动手做实验。对于实验过程出现的现象、数据的记录思考,只有48.2%的学生去实行,其他学生只是单纯看现象,没有对结果记录思考。而对于实验现象与理论的不一致时,有64.7%的学生会去探求原因,但是还有35.3%的学生等着老师的解释。

对实验报告的填写学生知之甚少,显然学生对于各种实验现象和实验数据的记录、处理也是没有掌握。

从表3的数据分析,说明学生实验机会少,学校对实验工作的检查机制力度不够,学生虽然做了一些实验,但做实验的目的没有达到。

表4 学生实验探究能力的情况

你了解科学探究的基本程序吗	了解	了解一些	不了解
	4.8%	66.2%	29.0%
自己设计的探究性实验	做过		没做过
	6.0%		94.0%

从表4的数据分析,学生对于探究实验的基本程序了解少之甚少,高达94.0%的学生没有做过自己设计的探究性实验。可知有相当多的农村中学化学教师没有注重学生探究能力的培养,实验探究式的教学沦为纸上谈兵。

表5 学生喜欢实验类型的情况

喜欢哪类实验	验证实验	探究实验	制备实验	趣味实验	家庭小实验
	7.2%	15.3%	11.1%	44.9%	21.5%
尝试过在家动手做感兴趣的实验	经常做		偶尔做		从来不做
	0.6%		16.2%		83.2%

从表5看,学生大多喜欢带有趣味性质的实验;但很少同学在家动手做实验,说明学生存在惰性,对于老师没有要求的实验,不会主动去尝试。从调查问卷可知在家里做过实验的同学经常做的实验有鸡蛋壳与醋的反应、用醋除水垢等。

通过对学生的问卷调查了解,学生实验水平有限的原因:一是学校由于实验经费和实验条件的不足,使教师的演示实验和学生实验的开展不同程度地受到制约,二是学生缺乏应有的实验意识教育,不能充分地利用现有的条件扩大自己的知识面,形成一种顺其自然的现象。结果学生必然是实验水平低,实验技能差,更不具备应用实验知识和技能来解决问题的能力。

5.化学老师进行实验教学情况的调查

表 6　教师的实验技能的情况

中学化学实验的各种常规基本操作您都掌握了吗	已掌握	部分掌握	未掌握
	65.9%	34.1%	0

从表 6 知,大部分的教师都掌握了基本的实验技能,但是还是有 34.1% 的老师只是部分掌握,试问如果连教师的基本实验技能都没有完全掌握,还怎么指导学生呢？这是一个值得深思的问题。

表 7　教师演示实验的情况

教师演示实验	经常	偶尔	很少	条件限制,没有演示
	60.2%	14.1%	24.2%	1.5%

从表 7 中的数据可知,60.2% 的教师经常演示实验给学生看,但有 40% 左右的教师不经常演示实验。究其原因,笔者对部分教师进行了访谈,大部分教师反映教学任务重没有时间和精力准备实验,另外还有学校没有条件做实验,药品和仪器不全,学校领导也不重视化学实验等原因。

表 8　教师改进实验的情况

在实验教学中对于不易成功或较复杂的实验,你通常采用的方法	放弃	列出（画出）装置,讲解反应和操作原理.但不演示	通过视频等模拟实验代替真实实验	动脑筋改进装置或参阅各种资料提供的方案,尽量给学生做
	0	11.4%	77.1%	11.5%

从表 8 可以发现,随着多媒体的普及,大多教师都选择通过视频来模拟改进实验,因而教师就缺乏自己动手改进实验,设计实验的能力,缺乏创新精神,

这也将会影响到学生的创新精神的培养。

表9 教师对活动与探究和家庭实验开展的情况

对于教科书上的活动与探究,通常采用的教学方法	经常引导学生探究得出结论	有时引导学生探究得出结论	时间不允许,直接给出结论	条件限制,直接由教师演示得出结论
	48.6%	48.6%	2.8%	0
对于家庭小实验,通常采用的方法	提出要求,布置学生自己回家做	不提出要求,直接布置学生自己回家做	不要求也不布置,学生感兴趣就自己做	
	45.7%	17.1%	37.2%	

探究性实验是让学生通过实验,学会"提出问题—研究问题—解决问题"的学习途径。新课程理念下,教师是学生学习的参与者,学生主要自己去构建知识体系。同时,采用探究性实验教学,让学生带着疑问去设计实验,可以培养学生的自信心,激发学生探索世界的兴趣,学生在活动与探究中,培养了创新意识和创造能力。从表9中,我们发现新课程中开发学生潜能、培养学生创新意识的探究性实验没有很好地开展起来,只有不到一半的教师会经常引导学生进行探究,而且能激发学生兴趣,对实际生活有很强的指导意义的家庭小实验也没能开展,50%以上的教师对它并不重视,就算布置学生回去完成家庭小实验,也没有对学生实验结果进行检查,这使学生认为家庭小实验并不重要而没去完成。

表10 学生活动与探究实验没做的原因

活动与探究实验学生没做的原因(多选)	没有实验室	没有专职实验教师	没有仪器药品
	2.9%	14.3%	51.4%
	以演示代做	以讲代做,效果更好	课程紧,时间不够
	71.4%	25.7%	65.7%

从表中可知,学生活动与探究实验没做的原因部分老师选择这些学校没有请专职实验教师,以讲代做或是没有仪器药品;而大部分老师选择是以演示代

做或是因为课程紧张。说明教师在教学过程中唱独角戏的居多,而学生参与并积极思考的少。由此可见,新课改在农村中学化学实验教学上还未得到有效的贯彻和实施。

表11 教师对实验的态度情况

学校不具备一些实验条件,作为任课教师你的态度	不具备条件就不做,在课堂上讲实验内容	积极写报告,要求学校拨款解决	自己动手和发动学生动手制作一些代用器材解决部分实验	涉及到没有条件的实验就回避不讲
	51.4%	5.7%	42.9%	0

表11 的结果可看出,有一半的教师对于实验条件不足这个现状的态度是无所谓。从这个数据说明,有相当一部分的教师没有意识到对实验教学的重要性。在农村中学化学教学中,课改前就普遍存在着这样一种教学模式:"教师的理论讲授＋学生的大量笔头练习＝实验课",然而新课改后,这个教学模式依然在农村中学流行。

教师的问卷告诉我们:课改后,教师对于新课程理念有了一定的认识,但是在实际的教学中,教师更关注的是仍然是"将来怎么考"?因此有近一半的教师还是沿用老的教学经验进行教学,而且课程标准规定的化学课时数又不能满足教师们的教学需求,因此挤占了实验教学的课时。从教师主观上来说,由于实验教学的研究成果在职称评定、业务评比中没有体现,教师研究实验的积极性不高,只有少数教师在坚守"实验是化学的基础"的信念,组织一定的学生分组实验;大多数教师仅仅在课堂教学中完成一定量的演示实验,还有少数教师完全是以"讲"代"做"。所以,在没完成实验的某些原因中在一定程度上,也反映了一些教师的职业道德问题。

6. 实验室的配备及校领导的态度的调查

表12 实验配备的情况

学校的化学实验室及药品设备情况	有,且药品、设备能满足实验需要	有,但药品、设备缺口较大	没有学生实验室,只有药品、仪器存放室	都没有
	60.0%	37.1%	2.9%	0

从表 12 可知,有 60.0% 的学校的实验室及药品设备都能满足要求,但还是有 40.0% 的学校的实验设备还是缺乏。实验室和药品设备的缺乏从而使无法进行学生实验或分组实验。

表 13　化学实验员的情况

专业的化学实验员	2 位以上	2 位	1 位	没有
	8.3%	18.7%	47.3%	25.7%

从表 13 的数据看,有 70% 的学校的实验员只有 1 个甚至没有,部分教师表示其学校的实验员不是专业人士,他们只是负责看管药品,而不负责药品管理、协助实验等工作,实验的准备工作还是要由教师自己亲自动手做。

表 14　校领导对实验重视情况

对不能开设的学生实验,学校领导的态度是	不过问,只关心老师是否在课堂上讲了有关内容	条件限制,不能开就不开,在课堂上讲实验就行	了解情况,但无力解决	组织教师座谈会,集思广益,寻求解决办法
	14.3%	34.3%	25.7%	25.7%

从表 14 可知,只有 35.7% 的校领导会积极想办法去解决实验室和实验药品设备缺乏的问题,大部分校领导在思想观念上对化学实验还是不够重视,只关心课堂的理论教学及学生的成绩和升学率等情况;学校也没有建立对教师实验教学的评价体系,教师有否积极开展实验都一样,只要学生卷面成绩好那一切就都好交代了。

从实验设施设备和校领导的态度调查情况看,制约实验教学的开展原因:农村大部分学校的实验设施设备不齐全;学校不重视实验员的作用;学校领导没有意识到实验对推进素质教育的发展起到重要的作用。

(三)现状及原因分析

1.农村中学化学实验教学现状

从教师访谈对话了解到:中学教师开展学生实验需要花费大量时间和精

力,要准备实验仪器药品、安排好课时进度、管理好实验室的纪律卫生等。而且就算进行学生实验,上课期间,教学组织难度也较大,部分学生的注意力会分散在实验药品仪器上,根本没注意老师在讲什么,使本应在课堂上吸收的知识被学生遗漏。而且实验过程,学生只是抱着玩的态度在做实验,真正去观察记录实验现象并积极思考的学生很少,导致做实验的目的没有达到。因此不少教师表示,让学生做实验既浪费时间精力,又易出实验事故,还达不到教学要求。所以部分化学老师不愿开设学生实验课程,尤其是有一定资历的老教师,他们认为,通过演示实验或视频播放,一样能达到教学要求,而且学生能学到更多知识。

从表1到表14的数据及根据教师访谈的情况来看,农村中学化学实验教学开展情况普遍较差,实验教学水平较低,部分教师的观念落后;而学生的实验动手能力及创新能力的情况也十分令人担忧,说明新课程、新课改还未在农村中学得到有效的贯彻落实,全面推广素质教育尚需较多努力。

2.农村中学的实验条件跟不上实验教学的需求

农村中学实验条件参差不齐,学生接受教育的城乡差异突出。农村中学的实验条件的改善始终滞后于教学的需求,表现为实验多功能用房建设不齐全,或者齐全而不够用;化学实验仪器损耗大,药品用量大,仪器、药品不能及时补充,表现为"缺药少仪"或者"缺仪少药"。开展实验教学的基础物质的缺乏,以致实验也无法开展,学生更无动手的机会,实验教学质量也不理想,学生探究意识不强,动手能力差,导致学生实验素质低,学习效率低。在这种情况下要实现创新实验教学就更难了,从而也严重影响了教学质量。

3.农村中学的实验员配备不足,专业不强

由于上级教育主管部门对城乡教师调配不合理,在农村中学普遍存在化学实验员严重不足的现象。农村中学的化学教师配备本来就较少,加之实验员缺乏,专业性不强,化学老师教学任务分担重,实验准备无时间保障,导致实验开出率低,做实验变为讲实验,学生分组实验改为教师演示实验或干脆不做,无法正常开足开齐实验课。

4. 教材内容繁多，课时不足，不利于农村进行实验教学

教材编排与学校课时安排存在矛盾，化学实验教学需要师生互动，化学教材内容繁杂，耗时长，而中学课程内容繁多，化学课的课时安排较少，授课时，讲少了教学任务完不成，讲多了很难给学生思考探究的余地。教材的编排思路明显有利于大城市和发达地区，相当多的内容非常适合边讲边实验的模式，而广大农村中学教学条件简陋，不少内容对农村学生来说几乎是天方夜谭，难有切身的体会，容易影响学生学习的兴趣。

5. 教学理念落后，教学方法陈旧

近年来，政府为解决大学生的就业问题，提高地方就业率，聘用教师时，会优先考虑户籍为本县的大学生。这些大学生曾就读于这些学校，熟悉学校的教学理念、教学方法，但长此以往，会形成一种僵化的理念，教学方法不能推陈出新，无法适应社会的发展，也不能满足学生的需求。学校领导和有关部门对化学学科及实验教学的重要性认识不足，只重视语、数、外。在教师工作评价时，忽略实验部分，实验教学工作量得不到肯定。

6. 实验教学评价机制不科学，管理不到位

在实施新课程标准的过程中，虽然通过考试加强了对学生实验理论知识和探究能力与方法的考查，而对日常实验教学缺乏监督管理，对学生动手能力的评价缺失，学生能力强弱无法体现，即使个别地区组织实验理论和技能考核，也只能是走走过场而已，使实验教学缺乏实效性长期性。

（四）新课程背景下农村中学化学实验教学的反思及策略

通过上述的问卷调查与访谈，我们了解到，在新课程背景下，农村中学化学实验教学的现状不容乐观且令人堪忧，这势必影响了新一轮课改在农村中学的贯彻与落实，从而影响了新课程背景下农村中学教育教学质量。为了改变这种现状，以顺应新课改的要求，使农村中学积极地开展化学实验教学，提高农村中学化学教学质量及学生的实验技能、创新能力，笔者提出以下教学策略。

1. 重新审视实验教学的地位与作用，树立正确的以实验为基础的教学观

化学实验这门课程是通过教学活动使学生把学到的理论知识在实践操作

中进行验证,并在感性认识过程中,通过实验技能知识的积累和独立思考,不断丰富观察力、想象力提高分析问题和解决问题的能力。教师要真正走出应试教育的阴影,彻底转变观念,自觉探索开发、引导、管理和评价实验教学的新思路,激发学生学习兴趣,处理好"教"与"学"、"验证性"与"探索性"、"课内"与"课外"、"演示"与"分组"等各类实验之间的关系,把全面培养学生创新素质作为长远目标。真正让学生掌握做实验的要领和技能,达到操作的规范、准确,并能独立完成实验。

2. 领导应转变观念,提高认识,加大投入,确保实验教学顺利展开

实验教学是素质教育的基础工程,要搞好实验教学,主管部门要转变思想。一是提高学校领导的思想认识。学校领导应从全面实施素质教育的高度来看待加强实验教学的重要性,切实保证对实验教学的投入,提高对实验室管理的认识,不再把它当作可有可无,只是用来应付检查的"花架子"。二是加强实验教师队伍建设,配足配齐实辅人员;对其进行业务培训,通过组织培训班、观摩课等活动,提高教师的实验水平。实验员要具有扎实的专业理论知识和良好的实验操作技能,要具有竭力为教学服务的精神。三是保证实验经费的落实,将实验室建设、仪器配置及使用情况纳入督导、考核范畴,借助督导和考核的东风,吹绿实验教学园地,用装备保证教学,满足新课程实验教学要求。

3. 加强学生实验意识的教育,强调以学生为主体的实验教学

我们要打破当今的许多实验中,学生实验的题目是由教材定下的,结论多是已知的,方案是教材或教师决定的,甚至步骤也被陈述得一清二楚,学生只是按步就班地操作、记录实验现象,这是不利于培养学生分析和解决实际问题的能力的僵化模式。探索改革实验教学模式,建立起按科学设计实验教学程序、优化实验教学过程、指导实验方法、培养创新能力的"假设与预测—实验与事实—解释与结论—表达与交流—拓展与迁移"教学模式。这种教学模式应充分发挥教师的主导作用,突出学生的主体地位。教师充分相信学生,使学生主动参与实验。课本让学生看,实验让学生做,思路让学生想,疑难让学生议,错误让学生析。让学生独立设计实验,利用化学实验,发挥学生的主观能动作用,最大限度地调动学生自主学习的积极性和主动性,变单向信息传递为双向式、多

向式信息传递与交流,教师在课内讲重点、关键点和注意点,发挥好主导调控作用。

在进行实验时,学生所接触的一些化学药品有一定的危险性,所以在实验前要对学生进行安全教育,并提供一些相应措施的知识和设施。在实验过程中,指导学生规范操作,避免事故的发生,这既是化学实验过程中应重视的问题,也是对学生安全负责。

4.开发家庭小实验,将误堂教学延伸到课外

新教材配合教学内容,设置了多个家庭小实验。教学实践表明,家庭小实验的引入,使课堂教学延伸至课外,它对激发学习兴趣、巩固知识技能、培养创新能力、开发智力起到一定作用。家庭小实验是学生在家庭中自己设计、自己寻找药品、自己动手、自己总结的简单实验。它具有灵活性、自主性、应用性、实践性、创造性等特点,是学生实验和演示实验所不可替代的。家庭小实验可以让学生感到学有所用,激发学习兴趣。小实验对实际生活有很强的指导意义。同时还能让学生在动手操作的各种情况下合理运用所学的知识,这不仅能起到巩固知识的目的,还有助于学生智力与创新能力的发展。让学生真正成为实验的主人,找到学习化学的乐趣和体验到实验成功的愉悦,为今后的继续学习打好基础。

5.立足农村,开发化学实验教学的资源

化学实验是研究化学的有效手段和方法,通过化学实验可以激发学生学习兴趣,俗话说:"眼过千遍,不如手过一遍。"农村中学在化学实验教学中,虽然受到场所、设备、资金等条件限制,但仍可充分利用丰富多彩化学素材,指导学生用生活中常见用品和废弃物制成简易的实验仪器,或替代实验用的化学药品。例如:把矿泉水瓶改造成烧杯和漏斗,把药瓶改造成试管和量筒,用废金属代替化学实验中铝、铁、铜等。这不仅有助于解决实验仪器、药品的短缺问题,还可以培养学生的实践能力、节约和环保意识

五、新课程下如何处理好教育理论与教育实践之间的关系

化学课程改革的一个重要目标就是要建立以学生为中心,促进学生全面发

展的课堂教学模式,这就需要我们培养的教师要有扎实的教育理论功底和较强的教育实践能力。作为教师,不仅要有深厚的理论知识,还要有较强的实践能力和创造性,这样才能更好地适应新课程改革对教师提出的要求。在新课程改革下,教师的教育理念和教学方法也会发生一些变化,但是不会有根本性的改变。

新课程背景下注重中学生科学探究能力及创新能力的培养,这就要求中学化学教师能有效地开展实验教学。农村经济欠佳,实验设备不齐全,使得农村整体教育教学水平普遍较低,因此通过对农村中学化学实验教学的现状进行调查并分析,然后再提出有效开展化学实验教学的策略这是必需的,只有这样才能提高农村中学教学质量及农村中学教育素质,提高农村中学学生科学探究能力,保证新课程在农村中学中顺利实施。

第三节　解决中学化学教师培养问题的对策与建议

国家基础教育课程改革的实施,对中学化学教师提出了更高的要求。为了适应新课改对中学化学教师的要求,促进中学化学教师的专业发展,需要对中学化学教师进行专业化培养。当前我国中学化学教师的培养存在着一些问题,主要表现在:一是培养目标不明确,培养规格与教学实践脱节;二是教学内容和方法不能适应新课改要求;三是培养模式和教育实践平台单一,无法适应不同地区、不同层次学校的需求;四是培养目标定位过高,学生实际能力难以达到。解决这些问题要按照"以人为本""按需施教""以能力为本位"的原则,建立并实施培养中学化学教师的专业化培养模式。

一、制定符合教育发展规律的培养目标

培养目标是指根据教育发展规律,提出的关于受教育者应具备的基本知识、基本理论和基本技能,以及为完成培养目标所需掌握的相关知识和能力要求。根据我国教育发展规律,中学化学教师培养目标应该体现出以下特点:一

是面向全体学生,着重于基础知识和基本技能的传授;二是注重培养学生的化学科学素养,加强科学探究能力的培养;三是突出教师职业能力的培养;四是在传授基础知识和基本技能的同时,注重提高学生的教育教学能力;五是将科研意识和创新能力作为重点培养对象。

在新课改背景下,中学化学教师需要具备以下专业素质:一是要有一定的化学学科知识及教学知识。二是要具有丰富的化学科学素养。三是要有一定的教育理论与研究方法。四是具有较强的教育教学能力。五是要具备终身学习和适应社会发展要求的能力。

因此,我们认为,中学化学教师专业化培养目标应该定位于:首先,能够掌握中学化学教育理论与研究方法;其次,能够适应中学化学教学及学科研究工作;再次,具有较强的教育教学能力;最后,具有终身学习和适应社会发展要求的能力。此外,为了实现这些目标,我们还建议中学化学教师专业化培养目标要具有可行性和可操作性。在实施过程中应该根据培养对象所在地区、学校不同需求进行详细分析,找出合理定位,并据此提出符合实际需要的培养目标。

（一）根据培养对象所在地区、学校的需求,提出不同层次的培养目标

对于经济发展水平相对较高的地区,要突出培养教师的职业能力,比如通过强化教学基本功训练来提升教师的教育教学能力;对于经济发展水平较低的地区,可以以提高化学教师教育教学技能为主,比如通过强化中学化学实验操作技能、多媒体课件制作技能、多媒体教学技能等方面的培训,来提升教师的教育教学能力。

对于经济发展水平较高且生源质量相对较好的地区,应该突出培养教师的科研能力,比如通过加强高校与中学、科研院所之间合作培养教师,强化科研论文写作指导和写作能力培养等方面的培训等。

对于经济发展水平一般且生源质量相对较差的地区,应该突出培养教师教育理论与研究方法,比如通过加强化学教育理论与研究方法、化学课程论、中学化学课程改革理论等方面培训,来提升教师教育理论水平;通过强化中学化学

课程论、中学化学教材研究与分析、中学化学实验设计与实验指导等方面培训，来提升教师教育理论水平。

对于经济发展水平一般但生源质量相对较好的地区，应该突出培养教师职业能力。比如通过强化中学化学实验操作技能、多媒体课件制作技能、多媒体教学技能等方面培训，提升教师专业教学能力；通过强化中学化学课程改革理论与研究方法等方面培训，提升教师教育改革理念。

（二）制定符合教育发展规律、适应社会需要的培养目标

目前，我国中学化学教师专业标准主要有以下几个方面的内容：

1. 要热爱中学化学教育事业，具有高尚的师德和强烈的事业心和责任感。

2. 要掌握中学化学教学所必需的教育学、心理学知识，了解教育理论，掌握化学教学技能和方法。

3. 要掌握一定的教学研究能力和科学研究方法，能够运用化学教育理论及相关技术开展教育教学工作。

4. 要具有创新精神，能够将自己在教育实践中积累的经验与反思融入教学之中。

5. 要具有终身学习意识和良好的职业道德，能够在中学化学教学实践中不断完善自我。

6. 要掌握现代信息技术，能够熟练地使用现代信息技术来完成教育教学工作。

7. 要了解中学化学新课程改革的内容与要求，熟悉化学新课程标准和中学化学教材，能根据学生特点进行个性化教学。

8. 要具有终身学习的意识和能力，能够主动地适应社会发展要求进行继续教育。

9. 要具备良好的心理素质，能够不断地提高自己的专业水平，具有不断完善自我的能力。

10. 要掌握较强的教育科研能力和方法。

11. 要了解中学化学教学实际情况，掌握中学化学教学规律。

12. 要了解相关学科知识和发展动态,具有终身学习能力。

13. 要了解本学科领域内国内外先进经验、成果与发展趋势等有关信息。

14. 要能够有效地进行学校与社会联系,具备开展教育研究、进行实验研究等综合实践活动的能力。

15. 要有良好的人际交往能力、团队合作精神和组织协调能力。

(三)完善和修订培养目标的内容

对中学化学教师专业化培养目标进行完善和修订,应以《中学化学教师专业标准》为依据,突出新课程理念,突出教师教育特色,强调学生的全面发展,体现国家对中学化学教师培养的要求。

同时,我们也应该关注到目前化学课程标准的修订与颁布尚处于过渡阶段,具体到中学化学课程标准,还存在着一些不足。因此,建议有关部门或机构应尽快组织开展《中学化学课程标准》的修订工作。

在具体修订内容方面,我们认为:

第一,将"培养目标"由"师范教育"修改为"中学教育"。新的培养目标是从我国基础教育的实际出发,根据中学化学课程改革对教师提出的新要求制定的。新培养目标是在新课改理念下制定的。因此,我们认为,中学化学教师专业化培养目标应以"师范教育"为主,而"中学教育"则作为补充。

第二,建议将"中学教育"作为独立的一部分纳入培养目标中。与师范教育相对应的中学教育,是我国基础教育的重要组成部分,是实施基础教育课程改革和推进素质教育的基本保障。在当前新课改背景下,中学化学教师专业化培养目标应将"中学教育"作为独立部分纳入培养目标中。

科学素养是人们对科学知识及其应用过程与方法的整体认识和价值评价,它既包括有关自然科学知识的认知内容,又包括有关人文社会科学知识的认知内容。

(四)科学制定培养目标的评价机制

目前,我国对中学化学教师专业化培养目标的评价机制并不健全,这就导致了培养目标的制定带有一定的随意性。这种随意性带来的直接后果就是培养目标的定位过于模糊,培养目标过于宽泛,这种笼统的培养目标很难具体落实到具体的课程中。这不仅会使课程内容设置缺乏针对性,而且还会使课程内容设置不够合理。此外,由于中学化学教师专业化培养目标具有开放性,所以在制定培养目标时应注意与当前社会经济、教育发展要求相一致。这样才能使中学化学教师专业化培养目标具有可操作性。在具体实施过程中,应该注意以下几点:首先,应该在充分听取相关专家意见的基础上进行合理修改;其次,应该以学校课程为主体来制定课程标准;再次,应充分利用社会资源。例如通过各种渠道广泛征集有关中学化学教师专业化培养目标的意见;最后,应进行广泛调研。通过调研,对现有课程体系中的有关内容进行科学分析和评价,以确定合理可行的培养目标。

二、构建科学合理的课程体系

为适应基础教育课程改革的需要,建议对现有化学课程进行如下调整:

一是增设课程,修订培养方案。将必修的化学学科教学论课程,调整为"中学化学教学论"和"中学化学教育研究";将"化学科学的历史和理论""普通化学""无机化学"等调整为必修的学科教学论课程;将"化学教育研究方法"和"中学化学实验教学研究"调整为选修课程,以增强学生学习兴趣,提高学习积极性。

二是优化课程结构,增加选修课。在保证必修学科教学论课程不变的前提下,将原选修模块中的选修课调整为必修模块。对必修的选修模块中的各模块进行重新整合,在保证必修和选修模块不变的前提下,将其分为必修课和选修课两个层次,并适当增加选修模块中的选修课数量。这样做既保证了培养目标与课程标准的一致性,又能使学生有较多自主学习时间。

三是根据不同层次学校实际情况,灵活安排理论学习和实践环节。可采用"集中授课与分散辅导"相结合、"集中授课"与"分散辅导"相结合等方法组织教学。

四是加强实践环节。在进行理论学习和实践环节教学时,要将实验、实习与教学紧密结合起来,提高学生理论联系实际的能力。

根据课程改革的要求,我们在培养方案中对课程设置作了如下调整:一是增加了"中学化学教学论"(必修课)和"中学化学教育研究方法"(选修课);二是将"普通化学"(必修)调整为"普通化学"(选修);三是将"无机化学"(选修)调整为"无机化学"(必修);四是将"有机化学"(选修)调整为"有机化学"(必修)。这一调整,既保证了培养目标与课程标准的一致性,又使学生有较多的自主学习时间,有利于学生学习兴趣的提高和学习积极性的发挥,为学生将来从事中学教育教学工作打下良好基础。

同时,我们还建议在专业培养方案中增设"中学教师教育研究方法"课程。在专业培养方案中设置"中学教师教育研究方法"课程,有助于培养学生的研究意识、研究能力和研究水平。这一调整有利于从根本上改变当前教学模式中存在的重知识传授、轻能力培养的倾向,切实加强学生的综合素质。

三、形成合理有效的教育实践平台

教育实践平台的构建,是对师范类学生进行教育实践训练的重要载体,是学生了解教育过程、学习教育方法、体验教育情感的重要途径。对于职前培养的师范生来说,合理有效的教育实践平台主要有三个方面:一是学校要为师范生提供开展化学实验、进行化学教学研究等专业实践的空间和机会,为师范生提供展示才华、锻炼能力的机会;二是要把师范生安排到化学教学改革第一线,参加中学化学课改实验,到中学进行见习和实习,到实验室或相关学科的科研机构进行科学研究等实践活动;三是要为师范生提供参与学校管理和教育研究的机会。中学教师培训机构要建立和完善职前培养模式下教师发展学校、教育实习基地和校本培训等方面的制度和措施,为师范生参加教育实践活动创造条件。

在建构职前培养模式下中学化学教师教育实践平台时,应充分考虑到我国不同地区、不同层次学校的实际情况,使学校和师范生能根据自身条件自主选择平台。在进行实践平台设计时,要以"教师专业发展为本""满足学生发展需要"为原则,努力构建合理有效的教育实践平台。

（一）"专业实践"平台

在化学教育学科知识的学习中,经常会碰到一些无法直接观察到的现象或现象的复杂性。对于职前培养模式下的师范生来说,这就要求他们能够通过化学实验进行观察,并对观察到的现象进行分析和解释。因此,职前培养模式下的师范生必须要有"专业实践"平台,即通过化学实验课、研究性学习等途径,开展化学实验教学或科研活动,以提高他们观察和分析化学问题的能力。从某种意义上说,实验教学和研究是培养师范生科学素养的重要途径。因此,学校应该为师范生提供开展化学实验、进行化学教学研究等方面的专业实践空间和机会,使他们能够在一个较长时期内参与学校化学教学改革、课程与教学改革之中。这不仅可以为他们提供一个展示才华、锻炼能力的机会,而且可以帮助他们理解和掌握化学知识及其应用方法;不仅可以培养师范生的创新精神和实践能力,而且可以提高他们对化学课程改革的认识。同时,还可以使师范生掌握一些所需的知识和技能。当然,这种平台建设还需要政府和学校的大力支持。

（二）"教育科研"平台

科研活动是教育实践中的重要内容。教育科研是教师提高专业化水平和教学能力的重要途径。教师通过科研,可以不断丰富自身知识结构,提高自身业务水平和能力;可以获得教学实践经验,提高教育理论素养;可以促进教师专业发展,促进自身专业发展。因此,职前培养的师范生应积极主动地参与教师教育的研究中去,在实践中加强自己的教育科研能力。教师要指导学生从事科学研究和参与实验研究等实践活动,帮助学生参与课题研究,组织和指导学生参加各种竞赛活动。

目前我国大部分地区对中小学教师进行了学科教学知识与技能、学科教学论、教育研究方法等方面的培训。但从整体上看,培训的质量还有待提高。要进一步加强教师培训的针对性和实效性,努力实现培训内容与中学化学学科教学实际相结合,突出培训效果的实效性。在培训内容上,应坚持理论与实践相结合、问题与案例相结合、技能训练与心理辅导相结合的原则,注重理论指导、问题引领、案例剖析、技能训练等内容,促进师范生教师教育理论与实践的结合。在培训方式上,要注重发挥学科带头人的作用,通过举办教学观摩和教学比赛、组织教研活动等多种方式,提升师范生教育研究能力和教学能力。

(三)"学生指导"平台

"学生指导"平台的建设是指在学校为师范生开展教育实践活动提供必要的支持和帮助,在一定程度上允许师范生以较低的成本参与到学校管理与教育实践中去。通过开展"学生指导"平台,师范生可以与教师建立平等、合作的伙伴关系,通过教师指导的方式获得对中学化学教育教学实践的感性认识,通过参与学校管理和教育实践活动,师范生可以了解中学化学教育教学中存在的问题及解决问题的途径和方法。

"学生指导"平台建设可以采取以下几种形式:一是鼓励师范生积极参与学校管理工作,能够帮助师范生增强责任感,提高管理能力和水平;二是鼓励师范生参加"优秀教师支教"活动,让师范生通过支教活动,了解农村中学教育教学现状,促进对中学化学教学改革和教育实践活动的了解和认识;三是鼓励师范生参与学校管理,帮助师范生了解学校管理和教育实践活动中存在的问题及解决问题的途径和方法;四是鼓励师范生参与学校教育教学研究工作,为其提供了解中学化学教学实践及化学教学改革情况的机会。

四、强化教师的在职培训

教师的在职培训,是指教师在学校教育教学岗位上,根据自身的需要和条件,有目的、有计划地对教育教学工作进行再学习的过程。在职培训要以教师为中心,以提高教师专业水平和质量为目标,把教师培训作为一个整体来看待,既要有对新课程改革的高度认识,又要有对教师专业化发展的高度认识。

化学教师在职培训应遵循"以人为本""按需施教""以能力为本位"的原则。主要包括以下几方面内容:一是在理论层面上,学习化学新课程改革的理论知识和最新成果;二是在实践层面上,通过教育实习、专题讲座等多种形式开展教育实践活动;三是在反思层面上,通过撰写教学案例、教学反思日记等方式对自己的教育教学进行反思;四是在实践层面上,通过组织听课、评课、研讨等方式来促进教师专业能力的提高。只有这样,才能更好地实现中学化学教师的专业化培养。

(一)学习新课程改革的理论知识和最新成果

化学教师在职培训的第一阶段,是学习新课程改革的理论知识和最新成果。这一阶段的主要任务是:

1.了解化学新课程改革的基本理念和课程目标,领会新课程改革的精神实质。

2.学习与新课程相适应的教育教学理论和方法,并将这些理论与方法运用到自己的教学实践中,有效地促进教学过程中师生关系、教学内容与方法的改变。

3.了解化学学科特点及其学习方式,能熟练地运用化学学科的学习方式。

4.了解与新课程相适应的化学实验教学理念、方式及有关要求。

5.了解化学科学在社会发展中所起的重要作用及其与人类生活之间的密切关系。

6.了解化学课程改革中出现的一些新问题和新动向。

7.了解与新课程改革相关的化学教学理论及研究成果,并将其运用到自己的教学实践中,促进教师专业发展。

8.了解与新课程改革相关的化学教材、化学实验、化学竞赛及其他有关信息。

(二)开展各种形式的教育实践活动

化学教师在职培训应根据不同的培养对象和培养目标,有针对性地开展各种教育实践活动。在高等师范院校和综合类大学中,可以采取与中学联合培养的方式,将教育实习安排在中学进行,并根据教师的特点和需要进行相应的辅导和帮助。通过教育实习,使学生真正体验到化学教育是一门科学,其专业技能应达到一定水平。由于化学专业课程中的大部分内容都需要实验操作，因此还可以将教育实习与实验实习有机结合起来，安排到中学进行。在中小学中开展化学教师教育实践活动，还可以将一些专题讲座安排到中小学进行。专题讲座可以采取理论讲座与实验讲座相结合的方式。通过专题讲座，既可以让学生了解化学新课程改革的基本理念和目标要求，又能使教师了解中学化学课程改革的现状和进展情况。

（三）反思教育教学实践，促进专业能力的发展

教师的专业发展，应建立在对自己教育教学实践的反思基础上。教师对自己的教育教学实践进行反思，既能提高自身的专业素养，又能促进教师的专业发展。反思是教师将自己的实践与理论联系起来进行思考和探索，从而使自己的教育教学实践不断走向完善的一种特殊的认识活动。

教师在对自己的教育教学进行反思时，要不断地超越自己以及已有知识和经验。反思可以促使教师重新认识自我，重新审视自己已有的知识和经验，以更高层次的知识和经验来看待、评价和处理自己所面对的教育教学问题，从而不断地促进自身专业发展。从某种意义上说，教师是否进行过反思，是衡量其教育教学水平高低的一个重要标志。因此，我们必须不断地对教育教学实践进行反思。只有这样，才能逐步提高解决教育教学实践中复杂问题的能力，使之成为具有独立精神、批判精神、创新意识和反思能力的优秀教师。

五、如何培养化学教师自身的素养

（一）提高化学教师自身的素养的途径：使学生具备初步的化学科学素养

素质教育的一个重要内容是提高受教育者的文化科学素质。初中和高中化学教学大纲都明确要求：要以化学基础知识教育学生，培养学生的基本技能和能力，为学生参加社会主义建设和进一步学习打好基础。教好学好化学基础知识和基本技能，有两个观念需要更新：

第一，强调化学"双基"教学，不只是为了升学需要，不只是为学生考进高一级学校进一步学习化学打好基础，还要考虑到学生毕业后未能升学（事实上大多数学生是不能升学的），参加社会主义建设和作为一个现代社会公民所应具备的化学基本知识和初步的化学科学素养；另外，"大纲"提出的"进一步学习"也不单指"升学"，还包括在实际工作需要时，以中学化学知识为基础，对化学知识的进一步学习，如自学或业余进修等。

第二，"大纲"在提出要重视"双基"教学的要求之后，紧接着就强调化学"双基"教学必须同社会、生活、生产、科学技术等密切联系，要使学生了解化学知识的重要应用，要"教育学生关心环境、能源、卫生、健康等与现代社会有关的化学问题"。中学是基础教育，是"不定向"教育，它的根本宗旨是为青少年学生的成长和发展打好德、智、体等方面的素质基础。中学开设的课程是一般的、通用的文化课程，目的是使学生掌握较为宽厚的文化、科学、技术的基础知识和基本技能。因此，中学化学教学必须改变那种以应考、升学为目的，从课本到课本、从理论到理论的脱离实际的倾向。

将新编义务教育初中化学教学大纲和即将投入实验的新编高中化学教学大纲与过去的旧大纲相比较，我们会发现明显的区别是：新大纲都一致强调在化学教学中要对学生进行辩证唯物主义教育和爱国主义教育，要培养学生的能力和创新精神，培养他们的科学态度，训练他们的科学方法，培养他们关心社会、关心自然的情感。就是说，化学教学的任务是，既要用化学基本知识武装学生，也要使他们在思想、品德、能力、情感、意志等方面得到发展。这些教学目的，是主张"分数至上""片面追求升学率"、迫使学生埋头于应考练习的"应试教育"所不能达到的。

（二）提高化学教师自身的素养的途径：使学生生动活泼地、主动地学习

"应试教育"片面强调灌输，在课堂教学中，只重视教的过程，不重视学的过程，教师习惯于把课本上的知识原原本本地呈现在学生面前，滴水不漏地讲给学生听，唯恐因某一点没讲到而造成考场上的失分；学生的学习被老师包办代

替,处于被动地接受知识的地位。素质教育强调发展功能,实施发展性教育行为。在课堂教学中,要遵循青少年的身心发展规律,让学生主动地参与、获取知识,注意引导和鼓励学生去发现问题和解决问题,使教的过程与学的过程紧密结合起来,这是现代教学论的根本观点。

科学发展的基本过程是:明确问题—收集资料—分析资料—得出结论。化学是一门以实验为基础的自然科学,实验在教学中的地位和作用无论怎样强调都不过分。化学教学应充分利用和发挥化学实验的优势,使教的过程与学的过程相辅相成、和谐统一。例如:

第一步:提出问题,创设情境,激发学习动机,引导学生参与。

第二步:观察实验(教师演示或学生亲自动手),使学生获得丰富的感性认识。

第三步:启发学生思考,把生动的直观引向抽象思维。

第四步:通过教师讲解和学生讨论,相互启发,得出结论。

第五步:组织课堂练习,达到学以致用。

这种教学方法,有利于调动学生学习的主动性和积极性,培养他们观察、实验、思维、自学以及分析问题、解决问题的能力。

(三)提高化学教师自身的素养的途径:拓宽学生的成才渠道

"应试教育"的弊端之一是只设置了单一的必修课程,只有课堂教学,教学内容、教学活动强调跟应考指挥棒对口接轨,教学视野封闭、狭隘,对全体学生不加区别地统一要求,忽视了学生的个性和特长,其结果是扭曲和束缚了人才发展。素质教育则以现代课程理论为指导,构建必修课、选修课和活动课的课程结构,重视因材施教以及学生的个性和特长发展,主张人才资源的多样化、多层次。

课堂教学是素质教育的主渠道,但不是唯一的渠道,化学教师应充分利用课堂教学形式,教好化学教学大纲中所规定的教学内容;同时要为学生的健康成长创造相对宽松的环境,提供必要的时间和空间条件保证。要积极组织学有余力的学生参加选修课的学习,参加丰富多彩的课外活动,如参观、讲座、兴趣小组、社会调查、阅读科普读物等,使课内外、校内外的教育教学活动相结合,全面发展教育与个性发展教育相结合,从多方面、多渠道开发学生的潜能。

教育者必先受教育,提高教师自身的素质是实施素质教育的重要课题。我们要努力学习党和国家关于教育改革的方针政策,学习有关素质教育的理论,转变教育观念,坚定改革步伐,以提高全民素质、振兴中华为己任,在工作实践中逐步开创出一条新路。

六、构建教师专业化发展体系

教师的专业发展是教师作为职业人,不断学习、反思、研究,提高自身教学素养的过程。教师的专业发展是一个过程,而不是一个结果。教师专业发展具有三个层次:一是专业知识和技能,这是教师专业化发展的基础;二是专业思想和品德,这是教师专业化发展的关键;三是专业情感,这是教师专业化发展的动力。对于中学化学教师的专业化发展而言,三者缺一不可。只有三方面共同提升,才能促进中学化学教师的专业发展。因此,需要建立由"职前培养阶段"、"职后培训阶段"和"专业化发展阶段"构成的整体化教师专业化发展体系,通过三个不同阶段不同内容的培训,实现职前培养与职后培训有机结合。

第七章　中学化学教师培养的案例研究

中学化学教师培养的案例研究是为了探索有效的培养途径和方法,以提高中学化学教师的专业素养和教学能力。化学教师的培养是教育事业的重要组成部分,对于提高学生的学习效果和化学教育的质量具有重要意义。通过案例研究,可以深入了解中学化学教师培养的具体实践,为培养更优秀的化学教师提供借鉴和参考。

中学化学教师培养的案例研究需要从多个维度进行探索。首先,需要关注教育机构的培养模式和机制。不同学校和教育机构在化学教师培养方面可能有不同的特点和做法,通过对不同机构的案例进行研究,可以发现成功的经验和值得借鉴的做法。其次,需要关注教师个人的成长和发展。中学化学教师的成功离不开教师自身的努力和学习。通过对教师个人成长的案例研究,可以了解教师在不同阶段的成长特点和发展路径。最后,还需要关注教学实践的案例研究。化学教师的培养不仅需要理论知识的学习,还需要注重实践教学的能力培养。通过对教学实践的案例研究,可以了解教师在实际教学中的问题和挑战,以及应对这些问题的有效方法和策略。

中学化学教师培养的案例研究将为中学化学教师培养提供宝贵的经验和启示。通过深入研究不同案例,可以总结出一些通用的培养原则和有效的培养策略,为中学化学教师的培养提供指导和支持。同时,案例研究也可以促进教育研究的发展,为教育改革和教师培养提供理论和实践的支持。相信通过中学化学教师培养的案例研究,可以不断提升化学教师的素质和能力,为学生提供更好的化学教育。

第一节　国内中学化学教师培养的成功案例

"师者,所以传道受业解惑也。"一个好老师对学生的人生观、价值观会有重要的影响,他们往往具有丰富的教育教学经验和较高的教学能力,通过言传身教把自己丰富的教育教学经验传授给年轻教师,使新教师能够快速成长。优秀的名师不仅在业务上具有精湛的技能,而且在人格魅力方面也令人称道。

近几年来,国内涌现出了一大批优秀的中学化学教师,他们有自己独特的教学方法和鲜明的教育理念。这些优秀教师在自己成长的同时,也给我们广大中学化学教师起到了良好的示范作用。他们有很多先进经验值得我们学习借鉴。

一、积极参加培训,提高自身业务素质

"名师"之所以成为"名师",就是因为他们在教学中表现出了较强的业务素质,能够在教育教学中做到"名师",在教育教学的过程中不断地学习,不断地提高自己的业务水平。这一点在他们身上体现得尤为突出。许多优秀的"名师"都非常重视自身的业务素质培养,经常参加各种形式的培训。

比如,上海中学王正华老师每次培训回来,都会根据培训内容整理出一篇较有价值的文章。通过撰写文章,他可以不断地更新自己的教育教学理念,对新课程改革的实施有很大的帮助。王老师在"上海市中学化学教学研讨会"上发表了《如何在化学课堂中培养学生学习兴趣》一文,文章从如何激发学生学习兴趣、化学兴趣等方面谈了自己的认识和体会。王老师还针对化学新教材内容多、容量大、实验多等特点,从科学探究入手,使学生对化学有了一个全新的认识。在参加了上海市教研室组织的"走进新课程"观摩活动后,王老师写了一篇《如何走进新课程》的文章。他说:"面对新课程,教师需要改变教学观念和教学行为,调整自己的知识结构、知识体系和教学内容。"在文章中,他还谈到了自己参加上海市教育委员会组织的"走进新课程"观摩活动后所写下的感想:"我们

只有不断地学习,不断地更新自己、充实自己,才能不断地适应新课程、适应学生。"王老师还在上海化学教师进修学院组织的"高中化学实验教学研讨会"上发表了《中学化学实验教学中应注意几个问题》一文。

(一)化学实验教学应与学生的日常生活紧密联系起来

化学是一门以实验为基础的学科。实验是化学知识的载体,更是培养学生科学素养的重要手段。新课程中,每个专题都有很多实验,每一次实验都应联系生活实际。王老师说:"化学实验教学与日常生活联系得越紧密,学生对化学的兴趣就越浓厚。"

在他看来,化学与生活联系最紧密的地方有三个方面:第一,日常生活中的一些用品和原材料中含有丰富的化学物质;第二,日常生活中的一些现象和问题都与化学有关;第三,我们周围有许多物质可以用作化工原料。"在化学教学中,应该利用这些资源,把实验与学生的日常生活联系起来,使学生感受到化学就在我们身边。"王老师还提出了"创设情境、激发兴趣、注重创新、鼓励探索"等方面的教学方法。

(二)化学实验教学应注意培养学生的观察能力和思维能力

在实验教学中,教师要引导学生学会观察,学会分析,培养学生的观察能力和思维能力。通过实验可以引导学生理解知识的形成过程,能够促进学生主动地获取知识。通过实验教学可以训练学生的思维能力,使学生了解解决问题的过程和方法。化学实验教学是培养学生化学素养的重要途径,它不仅能够促进学生的思维发展,而且能够使学生形成科学探究能力和合作精神。教师在实验教学中应引导学生认真观察、细心体会、科学分析、归纳总结,让学生经历一次科学探究过程,提高观察能力和思维能力。化学实验教学要充分发挥教师在实验教学中的主导作用。教师在课堂上要引导学生进行科学探究,使他们有机会亲自动手做一些化学实验。教师在引导过程中可以采用多种教学方法来提高学生的学习兴趣。比如,利用多媒体技术使抽象概念形象化;利用讨论、辩论等方式培养学生的思维能力;利用"问题串"激发学生的学习兴趣;利用小组合作等方式培养学生的合作精神；利用多媒体技术展示实验过程、演示实验现象等。教师要善于激发和培养学生对化学学习的兴趣，也要引导学生积极主动地参与教学活动，帮助他们掌握正确的学习方法，为他们今后走向社会奠定坚实的基础。教师在教学过程中要积极创设问题情境，使课堂教学生动活泼，从而激发他们学习化学、探索化学知识和解决实际问题的兴趣和热情。

（三）化学实验教学应强化学生的环保意识

环保意识的培养是学生可持续发展的重要基础，因此，教师应将环保意识渗透实验教学中。王老师认为，实验教学是培养学生环保意识的主要途径。他在"高中化学实验教学研讨会"上发表了《高中化学实验教学中应注意几个问题》一文，并在上海市教委组织的"高中化学实验教学研讨会"上作了《绿色化学教育》的主题报告。王老师还在上海市教委组织的"走进新课程"观摩活动中发表了《论新课程中学生环保意识的培养》一文。王老师在文章中指出："绿色化学教育是面向未来、面向 21 世纪的教育思想。它对学生进行环保意识培养，为他们创造一个良好的学习环境，使他们真正成为 21 世纪高素质人才。"在王老师看来，绿色化学教育是一种综合性教育，它是一种培养学生可持续发展能力的教育。它是一种对人、对社会、对环境负责的教育。它强调要使学生成为一个有环保意识、有责任感和可持续发展能力的人。因此，在教学中，教师要把培养学生良好的环保意识作为教学目标之一，努力营造一个绿色学习环境。

（四）化学实验教学应提高学生的动手能力

实验教学是化学教学的重要组成部分，在化学新课程实施过程中，实验教学对化学课程目标的实现和学生综合素质的提高发挥着重要作用。

一些优秀教师在实验教学中能结合教材内容，创造性地运用教材，丰富实验手段，优化实验设计，注重培养学生的动手能力，从而使实验教学达到事半功倍的效果。

在"上海市中学化学教学研讨会"上，陆建英老师就《加强实验教学提高学生动手能力》一文作了专题发言。陆老师从五个方面阐述了加强实验教学提高学生动手能力的途径：一是培养学生正确观察仪器的使用和操作技能；二是指导学生掌握正确使用仪器、试剂的方法；三是指导学生掌握正确记录仪器、药品等数据的方法；四是指导学生掌握用文字和图表表达实验现象和结果的方法；五是引导学生设计简易装置，用所学知识解决简单实际问题。陆老师还介绍了在化学教学中加强实验教学的具体措施：一是加强对演示实验和学生分组实验的规范管理；二是加强对教师演示实验和学生分组实验的规范指导；三是加强对自制装置、简易装置和装置改进等实验内容的规范指导。

二、通过教学研究，不断提高教学水平

教学研究是教师专业发展的重要途径，也是教师成长的内在动力。近几年，许多"名师"在教学研究方面都做得比较好，他们经常参与一些关于教育教学改革、教育教学方法的研究活动。如：王书霞、李莉、汤云杰等优秀教师，经常组织学校教师开展一些教学研究活动，又如：编写校本教材、观摩课例、开展课堂教学研讨、开设专题讲座等，这些活动不仅给学校的教育教学工作带来了生机和活力，而且还提高了学校的教育教学水平。

李莉老师经常组织教师开展教科研活动，并注重提高教师的教育科研能力。她经常组织教师参加一些关于教育教学方法的研究活动，如听专家讲座、参加教育学术研讨会等，使教师不断地更新知识结构和教育观念。另外，李莉老师还经常与其他教师交流、切磋，共同研究教材教法。她经常带领学生去听其他老师的课，在听课过程中去发现好的方法并运用到自己的课堂中来。她还经常与其他学校的老师交流、切磋教学经验。在这种交流探讨的过程中，她不断地充实自己、提高自己。如：李莉老师还组织教师参加一些化学竞赛活动。在参加化学竞赛过程中，她充分利用学校的教育资源进行辅导，并要求学生严格按照竞赛规程进行备考。这些都使她的教学水平得到了很大的提高。

（一）努力做好学科带头人工作

作为化学学科的带头人 张华老师能够做到"在其位，谋其职"，能严格要求自己，时时处处以身作则，以高尚的师德影响和教育学生。她一直坚持"用爱培

育爱、激发爱、传播爱"的教育理念,能用自己的爱心和耐心对待学生,能做到"有问题找老师",对学生有高度的责任心和爱心。她担任班主任工作和化学教研组长工作以来,能够充分调动班干部和学生的积极性,经常深入学生、了解情况、做好思想工作。她还利用学科优势进行课外辅导和竞赛辅导并注重培养学生的能力和创新精神。在课堂上,她是一个非常善于启发式教学的好教师;在课外活动中,她又是一个非常善于组织学生开展科技活动、开展第二课堂活动的好教师。在她的指导下,学生们积极参加各级各类科技活动,有多名同学被评为全国青少年科普创新大赛优秀学员、浙江省青少年科技创新大赛优秀指导教师等。

同时,张华老师还是一位教育科研能力很强的教师。在担任化学学科带头人期间,她积极参加市、区教育科研课题研究活动。在教学实践中她善于总结经验、勇于创新,在教学实践中不断进行教学改革和创新。在化学学科教学中她倡导并实践"先学后教"教学模式。她认为"先学后教"模式可以使学生掌握一定的学习方法和学习能力;有利于调动学生学习化学的积极性;有利于提高学生分析问题和解决问题的能力;有利于培养学生良好的情感、态度、价值观。因此,张华老师在化学学科教学中积极探索"先学后教"模式,并取得了一定的成绩。

（二）加强青年教师培养

近几年来,我校在青年教师培养方面也取得了较大的进步,有多名青年教师已经成为学校教学骨干。我们认为:青年教师的培养要以提高质量为中心,作为青年教师培养的根本出发点。为了实现这一目标,我们通过以下几方面的工作来加强对青年教师的培养:

一是通过导师制,让老教师向青年教师传帮带。我们学校每个新入职的教师都有几名老教师进行帮带。在师傅的指导下,新入职的老师会很快适应工作环境并较快地成长起来。

二是通过导师制,让新入职教师与优秀青年教师结成师徒关系,共同进步。学校的导师制开展得比较好,对青年教师的成长起到了很大的促进作用。

三是通过学校和教研部门对青年教师进行培养,使其迅速成长。学校积极选派优秀教师参加市、县、校组织的各种培训活动。在培训过程中,学校还要求每一位青年教师必须参与其中,并对其培训效果进行检测。

四是通过制定各种规章制度来督促青年教师的成长。为了确保培养工作的有效开展,学校制定了《教学能手评选办法》《教学能手考核办法》《课堂教学竞赛办法》《新老教师结对方案》《听课制度》等一系列规章制度来督促和促进青年教师的成长。通过这些措施的实施,在学校形成了一支师德高尚、业务精湛、乐于奉献的优秀团队。

（三）鼓励教师积极参与教研活动

优秀教师之所以成为"名师",他们之所以在教育教学方面取得了一定的成就,与他们能积极参加教研活动是分不开的。教研活动是提高教师业务水平和专业素养的重要途径,也是提升教师个人素质和教学水平的重要手段。学校领导要鼓励教师积极参与教研活动,要创造条件让教师多参加教研活动。"名师"们都是从一名普通的中学化学教师成长起来的,他们也经历了从"菜鸟"到"名师"的成长历程,都有各自磨炼的过程。在这一过程中,他们遇到了许多困难和挫折。但是,这些困难和挫折并没有使他们丧失信心,而是促使他们在实践中不断地总结经验、积累教训,不断地提高自身的素质和业务水平。通过教研活动,他们得到了锻炼和提高。同时,教研活动也让他们增加了知识储备、丰富了教学经验、增长了教学智慧。通过教研活动,教师们不断地总结自己的教育教学经验和教学方法,丰富自己的知识结构和能力结构。在这样一个过程中,教师们不仅学到了新知识、掌握了新技能,还提高了教育教学水平和能力。

总之,通过开展教研活动,可以使教师不断地进行反思、总结自己的教育教学经验和教学方法,从而有效地促进教师专业发展,提高教育教学水平。

三、广泛参与听课,认真做好记录

优秀的教师们往往注重通过听课来提高自己的教学水平。听课是一种十分重要的学习方式和研究方式,是促进教师专业成长和提高教师教学能力的一个有效途径。从某种意义上说,听课是一种"反思性实践"。通过听课可以了解、分析别人教学中的成功与不足之处,也可以从别人教学中发现自己教学中存在的不足之处。通过听优秀教师的课可以得到很好的启发,也可以受到启发并结合自己的实际情况加以改进和提高。

近几年来,国内涌现出一大批优秀化学教师,他们在各自不同的教育教学领域中取得了辉煌的业绩。这些优秀教师不仅有很高的教育教学水平、较强的专业知识功底,而且还具有丰富的教育教学经验和良好的个人修养。他们都有自己独特而鲜明的教学风格和教育理念。这些优秀教师在自己教育教学实践中积累了大量经验和体会,形成了自己独特而鲜明的教育教学方法。

他们在上课时非常注重课堂组织形式和学生学习方式多样化;在教学过程中注重启发式、探究式和讨论式等多种教学方法有机结合;注重发挥学生主体作用;在化学实验方面重视培养学生动手能力和实验探究能力;注重培养学生分析问题、解决问题能力;注重培养学生获取新知识技能与创新精神;注重培养学生学习化学兴趣;在化学活动中加强情感态度与价值观教育等。这些优秀教师在教育教学工作中有许多成功之处值得我们广大化学教师学习借鉴。因此,中学化学教师应努力向优秀"名师"学习,要向他们学习他们对事业认真负责、无私奉献、追求卓越、甘于吃苦、善于钻研等优良品质;学习他们在教学中注重创新意识、自主意识和合作意识等方面的做法;学习他们在化学教学中运用多媒体辅助教学方法提高课堂效率等方面的做法;学习他们对学生尊重和信任、关爱和理解等良好师生关系方面的做法。

为了更好地促进中学化学教师专业成长和发展,各地纷纷举办了一系列教师培训活动,其中也包括各种形式多样且具有特色的教师培训活动。如"名师课堂""特级教师课堂""骨干教师课堂"等培训活动。通过这些培训活动不仅使中学化学教师认识到自己在专业发展过程中所面临的各种问题和困难,而且还能优秀教师那里获得丰富的教育教学经验和较高水平的教育教学技能。这些优秀教师通过各种形式多样且具有特色的培训活动,在自己成长进步和发展中起到了很好的示范作用。对这些优秀教师来说,他们通过不断地学习和实践,使自己在教育教学方面获得了很大进步和提高,也使自己成为一名优秀的中学化学教师。广大中学化学教师应通过这些培训活动不断地完善自己、提高自己、充实自己、发展自己。

我们应该清醒地认识到：与这些优秀教师相比，我们还有很大差距。如教育教学方面、专业知识和技能方面以及教育理念、教育思想等。因此，我们广大中学化学教师应不断地学习、不断地反思和不断地创新。

四、主动与同行交流，促进共同成长

随着课程改革的不断深入，"教"与"学"的关系越来越受人们的关注，"学"与"教"之间的关系也越来越受到人们的重视，这就需要我们教师不断加强理论学习，更新教学观念，增强自主发展意识。只有这样才能真正促进学生发展、教师发展、学校发展。

在实践中，我们可以看到，很多"名师"在课前都要认真备课，做到有备而来。因为只有充分了解自己的学生和课程标准，才能设计出具有针对性、有效性、科学性的教学方案。为了更好地了解学生对化学课的认知程度，他们常常会利用一些先进的信息技术手段，如利用课件或视频资料等与学生进行互动交流。这种方法既节省了时间和精力，又能够达到较好的教学效果。

在平时教学中，笔者也经常采用这种方法来进行教学。在新课导入时，笔者会通过多媒体展示一些与本节课内容相关的图片、视频资料来激发学生的兴趣和积极性；在实验教学时，笔者会利用多媒体展示一些与本节课内容相关的视频、图片资料来让学生观察、思考、探究；在课堂小结时，笔者也会用多媒体展示一些与本节课内容相关的图片、视频资料来启发学生思考和讨论。这样做可以使学生更好地理解本节课所学知识，提高学生对化学实验的兴趣和探究能力。

（一）学校应为教师创造一个良好的学习环境

学校为教师搭建一个学习、交流的平台，通过教师之间的相互观摩，共同成长。笔者在担任高三化学教学工作的同时，还承担着初三化学教学任务，在高三备考期间，笔者通过阅读相关的教辅资料和网络信息等方式来了解新课改下化学课程的新要求;通过向其他优秀教师请教化学教学方面的问题,来帮助自己更好地进行教学。另外,笔者还通过在网上发表文章、博客等方式来积累教学经验、查找教学方法,丰富自己的教学知识和提高自己的专业素养。笔者在学习中认识到教师应不断学习新的理论知识,只有这样才能不断提高自己的专业素养和业务水平。除了自身的学习之外,笔者还积极参加学校组织的各种教研活动和培训活动,并主动与其他教师交流化学教学方面的问题。通过参加这些活动,笔者不仅学到了很多新知识、新理论,而且还学会了怎样去组织一节成功而又有价值的课。在学校组织的外出参观学习中,笔者还会仔细观察和学习其他老师是怎样进行教学设计、课堂组织、怎样进行板书等方面的内容。通过这些学习活动,不仅提高了自身综合素质和业务水平,还为自己今后的发展积累了宝贵经验。总之,学校应为教师创造一个良好的学习环境,让教师不断提高自身综合素质和业务能力。

(二)提高教师自身素质是提高课堂教学质量的前提

化学课程标准要求教师"能够激发学生学习化学的兴趣,帮助学生掌握科学探究的基本方法,使学生初步具有科学探究和解决问题的能力",要实现这些目标,就要求教师必须具备较高的学科素养,不断学习、提高自己的专业知识水平。因此,新时代对教师提出了更高的要求。如果我们仅仅是完成任务,那只能完成教学任务,不可能有什么突破性的进展。我们还必须转变观念,把自己看成是研究者、合作者、管理者,在教学中不断更新教育理念、转变教育观念。这就要求我们必须加强学习和培训。通过参加各种教学技能大赛和承担新课程示范课等方式来提高自己的教学能力和业务水平。

青年教师要坚持听课、评课、写教学反思来提高自己的业务水平。在工作中,要虚心向老教师学习,虚心向同行学习;在教学中要勤于思考、积极探索;在课后要勤于反思、勇于实践。通过这些努力来不断提高自己的教育教学能力和业务水平。

想成为一名优秀教师不是一蹴而就的事,它需要长期的刻苦钻研和坚持不懈的努力。这就要求教师必须具有较高的文化素养和扎实的专业知识功底。

只有这样才能更好地胜任教师这一职业,才能真正实现自己的人生价值和理想抱负。

（三）积极开展校本教研活动,促进教师专业成长

学校地处农村,与其他学校相比,教师的业务能力还有待提高。因此,学校积极开展校本教研活动,促进教师专业成长。如我们经常组织教师上公开课,进行说课、评课、备课、磨课等活动。每学期我们都要进行集体备课,就如何上好化学课进行研究,如何激发学生的学习兴趣等进行深入探讨。通过这一系列的教研活动,受益匪浅,不仅学到了很多教育教学理论知识,而且增强了自身的科研意识和能力。同时我还经常参加教学观摩活动,与其他老师一起互相学习、互相探讨、互相促进,不仅使自己的课堂教学水平得到了提高,而且在此基础上还可以帮助其他教师提高课堂教学水平。另外,我们还经常利用假期参加各种培训和学习活动。

五、积极进行反思,不断提高自身素质

教学反思是教师教学研究中的一种基本方法,是教师自我发展和自我完善的过程。在实际教学中,教师要经常进行教学反思,并把教学反思作为自己研究的一项重要内容。优秀的名师在这方面更是不遗余力,他们不仅重视反思自己的教学行为,而且也注重反思自己的教学理念、教学方法、教学模式、教学能力等方面。他们不仅反思自己的成功之处,还能从不同的角度来审视自己的不足,进而找到提高自己的方法。

他们认为,作为教师要不断地进行反思,才能进步。首先,要树立正确的教育观念。在新课程改革中,我们要改变传统教育观念,树立以学生发展为本、以学校"三大"创新教育理念。其次,要对教学行为进行反思。只有积极进行反思,才能不断提高自己的专业水平;只有积极进行反思,才能不断提高自己的素质。再次,要不断地进行研究和总结。教育是一个动态变化发展的过程,在这个过程中会出现各种各样问题和矛盾。我们要积极总结教育实践中出现的问题和矛盾,并提出解决问题、化解矛盾和创新发展的新思路、新方法、新对策等。

第二节　国际中学化学教师培养的经验借鉴

国际化学教育教学的发展,很大程度上取决于教师的培养。教师是教学质量的关键,在国际上,中学化学教师培养经历了从师范教育与高等教育衔接再到以教师资格证书为基础的国家化发展三个阶段。在不同阶段,各国的化学教育教学均在不断创新与发展,各国对于中学化学教师培养也采取了不同的策略,包括专业标准与课程、实践技能与培训、职业发展与评价等。国际经验为我国化学教师培养提供了有益借鉴。

一、化学专业标准与课程

"标准"是专业发展的基石,也是专业学习的起点。在世界各国,师范教育与高等教育衔接成为一种趋势,而师范教育的课程与标准建设也成为各国共同关注的重要议题。

美国《化学教师专业标准》(Chemistry Teacher Standards,简称 CTS),是美国化学教师职业发展与认证的基本准则。它基于教育教学实践需求,对化学教师应该具备的知识、能力和品格提出了明确要求。CTS 将化学教育教学分为四大领域:

化学基础知识与技能:强调教师需要掌握化学学科和核心知识,包括物质结构、化学反应、能量转换等,并具备将这些知识传授给学生的能力。

化学教学和学习方法:涉及教师如何有效地教授化学知识,包括教学策略、学习理论的应用,以及如何根据学生的需求和背景调整教学方法。

科学探究与社会责任:要求教师能够引导学生进行科学探究,培养他们的批判性思维和问题解决能力,并理解化学在社会和环境责任中的作用。

专业知识与能力:强调教师应不断更新自己的专业知识,掌握最新的化学研究成果,以及不断提升教学技能和专业素养。

CTS 中所列出的内容旨在指导教师在教学实践中解决基本问题,这些问题涵盖了化学学科的多个方面,如物质的性质、反应机理、能量守恒等。CST 强调教师必须具备扎实的化学专业知识,并能够灵活运用不同的教学方法来解释化学概念,预测并应对学生在不同学习情境下的行为表现。

通过遵循 CTS 标准,美国化学教师能够确保其教学实践与学生学习需求相符合,并不断提升自己的专业水平,以更好地促进学生在化学学科领域的成长与发展。

韩国教育部为了推动中学化学教育的发展和改进,制定了一套《中学化学课程标准》。这些标准是在 20 世纪 70 年代,随着《教育振兴法》的实施而确立的,旨在作为中学化学教育的指导性文件。

该《课程标准》详尽地阐述了中学化学教育的目标、内容,并对评估学生学习成果及教学效果的方法进行了规定。它倡导采用多样化的教学模式,比如"从具体到抽象"和"从抽象到具体",以适应不同学生的学习风格和需求。

此外,该标准还强调了教育的三个核心维度:知识、能力和品格。具体来说:

知识维度:确保学生掌握化学的基础概念、原理和事实。

能力维度:培养学生的科学探究能力、批判性思维和问题解决能力。

品格维度:注重学生科学态度、责任感和持续学习意愿的培养。

这些课程标准不仅为教师提供了教学指导,也为学校管理层和教育政策制定者提供了课程发展和评估的框架。通过这些标准,韩国政府希望能够提高中学化学教育的质量,培养学生的综合科协素养,为学生的终身学习和未来的学术或职业生涯打下坚实的基础。

英国《化学教师专业标准》(ChemicalTeachers Standards)是英国政府为推动中学化学教师教育发展而制定的标准,主要包括四个方面:一是教学策略;二是学生学习;三是考试评估;四是教师专业发展。英国政府在 20 世纪 90 年代推出了中学化学教师教育课程改革方案,旨在通过更新中学化学课程内容,改革中学化学教育教学方法,提高中学化学教师专业水平。该方案对英国中学化学教师资格认定起到了重要作用。

澳大利亚《中学化学教学标准》(The Chemistry Basic Teachers Standards)是

澳大利亚政府制定的高中教师教育专业标准。该标准主要规定了中学教师需要掌握的基本知识、基本技能和基本态度,包括了课程、教学、学习方法、评价等内容。该标准提出了一些值得我国借鉴的内容:一是增加了"化学与社会"模块,以加强学生对社会经济生活中与化学有关问题的了解和认识;二是增加了"学生学习"模块,以强调学生对已有知识的掌握和理解;三是增加了"化学与环境"模块,以培养学生关注环境问题及与环境相关问题;四是增加了"科学探究"模块,以培养学生具备探究科学问题的能力;五是增加了"社会责任"模块,以培养学生具有社会责任感和公民意识。这些内容都有利于我国中学化学教师教育专业发展。

二、实践技能与培训

各国对于化学教师培养的实践技能与培训也在不断创新与发展,主要有以下几种类型:

第一,以教育实习为主要方式。在世界范围内,中学化学教师的实习培训已经形成了相对成熟的模式,主要分为教育实习和见习两种方式。在教育实习方面,英、美等国家实行"大学—中学—中小学"的三阶段联动模式,即在大学先接受中学的教育,然后到中学接受小学的教育,最后到小学和中学分别进行两次实习。世界各国对在职培训都十分重视。许多国家都将在职培训作为教师专业化发展的重要途径和保障。在化学教师培养方面,俄罗斯、中国香港、韩国等国家和地区采用在职培训方式,美国、英国等国家采用了"双导师制"形式。在中国香港地区,化学教师职前培养与职后培训有机结合、相互促进已成为常态。

第二,以网络资源为主要学习渠道。网络资源是信息技术发展背景下教师专业发展的新途径。中国化学教师职前培养与在职培训利用互联网技术和现代通信手段进行交流和互动,例如在线课程、研讨会、教育技术应用等。中国化学教师的在职培训一般会利用网络资源进行教学设计、案例分析、教学反思等,并提供在线学习支持。中学化学教师职前培养与在职培训利用网络资源开展合作学习的模式在德国已形成了良好的传统。

远程教育是指在没有时空限制的条件下,通过互联网接收教学内容和教学方法的一种形式。世界各国均积极推进远程教育发展与应用,尤其是在中学化学教师培养方面更加重视远程教育的作用。

(一)广泛应用于教育实践中

远程教育的主要形式有网络直播、视频会议、在线辅导和实时互动等。近年来,世界各国尤其是发达国家的教师职前培养与在职培训中逐渐增加了网络直播这一形式。英国是较早开展网络直播教育的国家,其网络直播课程已有三十多年的历史,目前已覆盖约6000所学校、300多万学生,并将继续向更多学校和学生开放。德国教育部门在2011年颁布了《中小学教师教育课程标准》,规定教师应通过网络参与远程教育。据德国教育部统计,目前有超过65%的中小学教师进行过网络直播。美国教师协会也认为,网络直播教学不仅是一种教学形式,而且还是一种非常重要的教学策略。网络直播教学能够帮助学生克服时空障碍,充分利用不同时间和地点的学习资源和条件,让学生可以通过互联网自主学习。英国教育研究中心(Center for Education Research)在《英国中小学教师教育课程标准》中指出:"教师应该在不同的时间和地点进行教育教学活动,以使学生获得最佳的学习体验。"

在网络直播应用于化学教学方面,一些国家也取得了积极成效。例如,俄罗斯目前已经实现了中学化学教师远程授课并提供在线化学教学服务。俄罗斯教育部积极推动教育数字化转型,致力于提升教师的数字技能,并加强教育信息化建设。尽管没有具体信息表明已经成立了一个整合全国中小学教师教育机构的中心,但俄罗斯正在努力通过各种措施,包括远程网络教育,来提高教师的专业发展和教学质量。英国已建立起覆盖全国的中学化学教育培训体系,其远程教育系统拥有40多万名注册学员。此外,日本也将中学化学教师职前培养与在职培训应用于远程教育。日本中央大学通过建立全国中小学教师继续教育中心网站和开发教材等形式提供网络学习服务。该中心可为学生、教师和其他教育工作者提供信息、教材等多种学习资源以及相关培训信息的服务,并开展各种在线活动和研究项目。

（二）注重培养师范生的应用能力

世界各国非常重视中学化学教师的应用能力培养,这也是当前世界各国中学化学教师教育的一大特色。例如,加拿大教育学院要求师范生在学习基础知识之前,先要学习有关化学教育的理论,包括化学教学的基本概念、基本原则以及教育心理学等。在中学阶段,师范生还要接受有关化学教学方法、教学策略和教学评价等方面的培训,以提高自己的应用能力。美国大学化学教育专业课程中,特别强调教师应用能力的培养,将其作为一项基本能力纳入课程之中。美国教师教育专业课程分为三个层次:一是"学习与发展"课程,主要是培养学生的发展能力;二是"科学、技术与社会"课程,主要培养学生的实践能力;三是"技术与社会"课程,主要培养学生的研究能力。英国中学化学教师教育专业课程包括:科学、技术与社会、教学理论和教学实践四个模块。英国中学化学教师教育专业课程设置中还包括:化学知识、化学基本问题和实践问题、科学与技术、教师心理学、教学法、课程与教学评价等内容。在我国香港地区,中学化学教师教育专业课程中也有较为完善的应用能力培养体系。

（三）注重教师教育资源的共享与交流

在教师教育资源的共享与交流方面,各国都十分重视,主要有以下几种模式:一是建立教师教育网络平台,教师可以通过该平台获得所需要的课程信息、教学设计、教学案例以及相关的教学资源;二是建立教师教育课程库,教师可以根据自身的实际需要选择与之相关的课程;三是建立网上教室,在互联网环境下实现教与学的互动;四是建立网上学习社区,学生可以通过网络社区进行自主学习。其中,美国化学教师教育网站是教师职前培养与在职培训的重要平台。在该网站上,化学教师可以观看与化学教学相关的视频、教学案例和其他相关材料,并可以进行在线互动;英国、澳大利亚等国家的化学教师教育网站都建立了网络学习社区。这些网站为化学教师提供了一个共同学习、交流与探讨的平台,不仅有利于增进不同地区、学校之间的交流与合作,而且也有利于促进教学创新。

在教师教育资源的共享与交流方面,美国中学化学教师教育的网络平台涵盖了美国化学教师职前培养与在职培训的所有内容,不仅提供了丰富的课程资源,而且还为化学教师提供了教学案例、教学设计、教学评价以及相关的学习资源,是一种非常先进的教师教育模式。

美国中学化学教师教育网络平台从以下三个方面实现了教学资源的共享与交流:一是整合了世界各国相关学科领域中有影响力的教学内容、教材、科研成果等,通过网络平台让更多教师能够共享这些资源;二是为教师提供了自主学习和自主发展的机会,学生可以通过网络平台选择与自己相关的资源进行自主学习;三是学生可以通过网络平台参与和自己不同学科领域的讨论和互动中,并通过这些讨论和互动来发展自己。

在新一轮基础教育课程改革中,我国也十分重视教师教育资源的共享与交流。目前,我国中学化学教师教育网站已经成为广大化学教师进行教学设计、学习交流、互动合作和资源共享的重要平台。我们必须充分借鉴国外中学化学教师教育网络平台的先进经验,并结合我国实际情况,进一步完善我国中学化学教师教育网络平台建设,努力提高我国中学化学教师的专业水平与教学能力。

三、职业发展与评价

教师职业的发展与评价是教师培养的重要组成部分,也是对教师进行专业发展管理的重要依据。美国在此方面十分重视,在不同时期出台了不同的政策,以促进化学教师的职业发展与评价。

在美国,化学教育领域已经形成了一个专业协会组织——化学教育专业协会,该协会以《教师资格证书》为基础,建立了一套国家化的教师评价体系,以促进化学教师的专业发展。该评价体系包括以下几个方面:一是对化学教师进行教育教学能力评价;二是对化学教师进行教学实践能力评价;三是对化学教师进行教学研究能力评价;四是对化学教师进行科研能力评价。在职业发展与评价方面,美国通过资格认定制度保障了化学教师的职业资格和专业地位,使得化学教育领域实现了高质量的专业发展。法国在化学教育领域也建立了类似于美国的职业发展与评价制度,通过认证考核和评审制度来保障化学教育领域的专业发展。

(一)化学教师的职业资格认定制度

美国化学教育专业协会建立的化学教师职业资格认证制度包括以下几个方面:一是教师的认定条件,包括学历要求、教育教学经历、科研能力等;二是化学教师的资格认证标准,包括是否具备从事化学教育的基本条件,是否具备培养化学教师的基本技能,是否具备化学教育研究的基本能力等;三是化学教师资格认定的程序和方法,包括申请资格审查、材料审核、考试与考核、证书颁发等;四是化学教师职业资格认证的结果与运用。

法国的中学化学教育领域也建立了类似于美国的化学教育专业协会,其认证考核和评审制度包括以下几个方面:一是对中学教师进行科研能力认定;二是对中学教师进行教学实践能力认定。

(二)评价体系的建立与完善

在德国,中学化学教师的评价体系是由两个部分构成:一是对化学教师的教育教学能力的评价,二是对化学教师的科研能力的评价。为了建立完善的中学化学教师评价体系,德国颁布了《国家职业标准》《教育与科学教师标准》等一系列相关政策文件,以保障化学教师专业发展的规范性。此外,德国还通过定期召开教师大会或者组织专家会议等形式来对化学教师进行综合素质与专业素养的评估。在教学实践能力方面,德国中学化学教育领域已经形成了一个国家化的教学实践能力标准,该标准包括教学设计与实施、教学研究与反思等多个方面,为化学教师提供了一套全面客观且具有可操作性的实践标准。在科研能力方面,德国中学化学教育领域已经建立了一套完备的科研能力考核标准体系,该体系主要包括科研论文发表、科研成果转化、科研经费申请等方面。在科研成果转化方面,德国中学化学教育领域已经建立了一套完整的科研成果转化机制,该机制主要包括相关专利申请、著作出版、项目申请等内容。在教师专业素养评估方面,德国中学化学教育领域已经建立了一套科学的教师专业素养评估标准。

（三）注重专业发展评价

各国对于化学教师专业发展评价都非常重视,不仅制定了相关的政策法规,而且形成了较为完备的评价体系。例如,美国化学教育专业协会制定了《化学教师教育教学评价标准》,该标准是一套综合性的评价指标体系,涵盖了教师教育教学实践、研究和反思的各个方面,而且涉及评价指标体系中所有的等级和标准,使得化学教师专业发展的评价有了具体明确的指标和标准。英国也制定了《化学教师专业发展评价标准》,该标准是一套综合性的评价指标体系,包括了化学教师职业素养、化学教育实践、化学科研能力、教学实践、化学课程开发、课堂教学、教学反思和专业发展等方面。法国还建立了一套较为完整的化学教师培训机制,即《国家中学化学师资培训计划》,该计划由国家统一制定,并定期进行更新。

（四）严格的认证考核制度

法国是世界上最早实行教师资格证书制度的国家,法国教师资格证书分为三个等级,即中学化学教师、小学化学教师和高等学校化学教师,中学化学教师又分为高中化学教师和初中化学教师。在法国,获得中学化学教师资格证书的人必须经过严格的考核才能获得该证书。

考核方式为笔试和面试两种。笔试包括教育知识、化学知识和教学能力三部分内容。教育知识包括教育学、心理学、中学化学课程标准等内容,这些内容在考试中占70%的分值;教学能力则包括教育教学内容,这部分内容占30%的分值。通过考试后,还需要进行面试,由三个人组成的评审委员会对考生进行考察。

四、教师资格认证

教师资格认证制度是教师专业化的重要保障,是各国教师培养和管理的基础。从教师资格证书的角度看,各国都将教师资格认定标准与内容作为教师教育和管理的重要内容。

英国重视中学化学教师资格认证的体系化,由英国国家教育标准委员会(National Institute for Education Standards, NITES)负责中学化学教师资格认证,考试分为理论与实践两部分,包括化学教育课程标准和中学化学课程标准,通过考试后由英国教育部颁发中学化学教师资格证。澳大利亚采取了国家统一认证的制度,由澳大利亚教育委员会(ACER)负责认证工作。

日本重视中学化学教师资格证书的设置和管理,日本文部科学省负责中学化学教师资格证书的发放与管理。日本文部科学省在《课程标准》中规定了中学化学课程的目标与内容、学科教学法、学校课程标准以及相关教学原则等。

(一)建立较为完善的教师资格认证体系

各国都将教师资格认证作为教师专业化的重要保障,建立了较为完善的教师资格认证体系,包括学科、学历、专业、教学经验等方面的要求。英国中学化学教师资格证书考试分为理论与实践两部分,其中理论部分主要是化学教育课程标准,实践部分包括中学化学课程标准,通过考试后由英国教育部颁发中学化学教师资格证。澳大利亚中学化学教师资格证书分为学术和教学两类,学术类证书和教学类证书由澳大利亚教育局(Australian Institute of Teaching and School Leadership, Aitsl)颁发。法国中学化学教师资格证书分为学术和教学两种类型,都由法国教育部(National Education Commission, NECC)颁发。

(二)设置教师教育专业课程

目前,美国、英国、澳大利亚等国家均设置了教师教育专业课程,在专业课程的设置上强调理论与实践相结合,在实践中获得理论。如美国化学教育专业课程注重学科内容的整合,化学教学技能的学习;英国化学教师教育专业课程注重理论与实践的结合,强调教师的实际教学能力;澳大利亚化学教师教育专业课程注重理论与实践的结合,强调通过课堂实践提高学生的综合素质和教学能力。

从整体上看,我国师范院校在教师教育专业课程设置方面存在不足,尤其是实践课程。因此,师范院校应加强实践课程与教学技能的设置,重视课堂教学与学生实习之间的衔接,加强实践课程和相关学科之间的联系,提高教师培养质量。

（三）重视中学化学课程标准的设置与实施

中学化学课程标准是化学教师专业发展的重要依据,也是化学教师资格认证的重要内容。日本文部科学省在《高中学校教育基本计划》中提出了中学化学课程标准的内容要求,并在《普通高中化学课程标准》中提出了中学化学课程的具体要求。澳大利亚教育委员会在《高中学习指导大纲》中明确规定,中学化学教师资格证书必须包含中学化学课程标准。澳大利亚教育部和澳大利亚教育委员会共同负责中学化学课程标准的制定与实施。美国实行国家统一认证制度,美国教育部教师教育中心（Center for Teacher Education, CTE）在《学生学习标准》中明确提出了中学化学教师的培养要求。英国的国家教育标准委员会（National Institute for Education Standards, NITES）在《高中学校教育基本计划》中明确提出了中学化学课程的具体要求。美国、英国、日本等国家都将中学化学课程标准作为教师资格证书设置和管理的重要内容。

五、启示与建议

我国中学化学教师培养目前正处于从师范教育向教师资格证书为基础的国家化发展阶段,对于中学化学教师的培养仍需从多方面进行改进,包括加强职前培养,规范职后培训,深化评价体系建设等。要切实加强教师职前培养质量,实现"高标准、严要求"的目标,就要建立起以专业标准为基础的中学化学教师资格证书制度。专业标准是教师资格证书制度的基石,只有将化学学科知识、教育教学能力、学科素养和品德等方面要求融入专业标准之中,才能保证化学教师资格证书的权威性和严肃性。因此,建立并完善化学教师专业标准是加强我国中学化学教师培养质量的重要途径。

第三节　案例研究的启示与反思

案例研究是一种重要的研究方法,它是在问题的引导下,在研究对象的现实情境中,通过对典型事件或典型人物进行深入细致的调查和研究,揭示事物发生、发展的规律的一种科学研究方法。案例研究有利于促进教师专业成长和教师教学水平的提高。随着新课改的推进,中学化学教师专业培养也将面临着更高的要求,需要更加关注如何提升中学化学教师教育教学水平,培养出更多适应新时代发展的专业化化学教师。笔者认为,中学化学教师培养案例研究是促进中学化学教师专业成长和提升化学教育教学水平的有效途径。

从笔者参与"国培计划"中学化学教师培训项目过程中的案例研究出发,谈几点体会:

一、研究案例的选取要有代表性,能反映实际教学中的问题

案例研究是在现实情境中,教师与研究者共同面对复杂的问题,并通过解决问题来获得研究结果的研究方法。因此,选取具有代表性、典型性的案例作为研究对象,是开展案例研究的前提。在"国培计划"中学化学教师培训项目中,笔者从实际工作中选取了 10 个有代表性的教学案例,其中既有优秀化学教师的教学展示课,也有普通化学教师的观摩课;既有全国优秀化学教师的示范课,也有普通化学教师的常态课。在对这些案例进行梳理与分析后,笔者认为这些教学案例既反映了中学化学教学中普遍存在的问题,又从不同角度、不同侧面呈现了中学化学教师专业发展过程中所遇到的挑战及应对策略,为今后中学化学教师专业成长提供了一个良好的范本。

（一）突出实践,以案例为载体,引导教师参与教学研究

"没有反思的经验是狭隘的经验,至多只能算是几次成功的尝试。"这句话深刻揭示了教育科研对教师成长的重要性,它告诉我们,教师只有在实践中反思、总结经验,才能真正促进自身专业发展。但反思并不是简单地写写教案,而

应以案例为载体,使教师在学习的过程中真正体验教学过程中所发生的变化。在案例研究中,教师是研究者,也是实践者。因此,案例研究要让教师参与到具体的教学研究活动中来。如"气体和液体反应"一节课,这节课是一位年轻的女教师上的公开课。在案例中她以"我要做化学"为主题进行了课前反思,在反思中她发现:虽然自己也知道气体和液体反应时会发生氧化还原反应,但是在实验时总是会出现一些问题,如:由于药品质量不好,导致反应时无法点燃;由于液体与空气接触面积大而导致实验用时较长;由于气体密度比液体小而导致实验操作不方便;由于实验装置太复杂而导致反应现象不明显等。通过反思这些问题后,她又设计了一系列实验来解决问题。在这些案例研究过程中,教师们通过参与其中,获得了真实的体验和感受。这样的案例研究可以使教师们在解决自己实际教学中遇到的问题的同时进一步提升自身对教育教学过程的认识。

(二)以问题为导向,引导教师关注教学的实践意义

教学案例源于课堂教学,又与教学实践紧密相连,教师在进行案例研究时应将问题意识贯穿始终,并在实践中解决问题。案例研究需要以问题为导向,在研究过程中发现和提出问题,并通过对问题的分析、解决来获得研究结果。如"'双水'的制备"一课,这是化学新课程改革后的一堂展示课,一开始授课教师就将课堂教学定位为"双水法"实验研究。接着通过对实验过程中出现的现象和数据进行分析,提出了"双水"制备中存在的问题:(1)向"双水"中加入过量 NaOH 溶液后,溶液颜色由无色变为黄色;(2)在溶液中加入少量 Na_2CO_3 溶液后,出现白色沉淀。针对这些问题,授课教师设计了以下教学活动:(1)探究双水法制备"双水"时是否需要过量的 NaOH 溶液?

(三)以学生为中心,引导教师关注学生学习方式

新课程改革要求以学生为中心,改变学生的学习方式,是新课程改革的核心。因此,教师必须关注学生的学习方式,改变以往"以教师为中心"的教学方式。然而,在当前化学教学中,"以教师为中心"的教学方式仍然占据着主导地位。有些教师将"以教师为中心"作为教学理念来践行,认为"以学生为中心"

是把课堂交给学生,让学生成为学习的主人,这是不符合新课程改革理念的。然而,在实际教学中却很少有教师真正做到以学生为中心。

如在"铁及其化合物"一节中,笔者选取了一个"以学生为中心"的教学案例:

师:请同学们观察铁及其化合物性质实验演示装置图,思考一下如何理解这些性质?

生:通过对实验装置图中反应物、生成物和产物的观察与分析,我们可以知道铁及其化合物的性质。

师:实验装置图中还展示了一些反应物—生成物之间的转化关系式,我们该如何理解这些转化关系式?

生:通过对转化关系式的分析可以知道,这些转化关系式反映了铁及其化合物在不同条件下的化学变化。

教师在教学中如果能以学生为中心,让学生亲身经历"从实验到理论""从理论到实践"的化学学习过程,相信这对于新课程改革背景下教师转变教学观念、行为、提高教学质量具有重要意义。

(四)注重整合资源,引导教师关注教学的整体效益

案例研究需要在真实情境中开展,但是往往存在着许多不确定因素,如课堂教学资源的有限性、学生的差异性、教师自身经验的局限性等。这些不确定因素对案例研究的开展都会产生不利影响,因此在案例研究过程中,必须注重整合各种资源,引导教师关注教学的整体效益。在本次"国培计划"中学化学教师培训项目中,我们整合了优秀化学教师的课堂教学案例,以及普通化学教师的观摩课。优秀化学教师在教学展示过程中都精心设计了教学过程,对教材进行了二次开发。同时,也充分考虑不同层次、不同学科教师对教学内容的处理和理解。如:一位化学教师在对"酸和碱"进行二次开发时,将硫酸与氢氧化钠溶液混合作为反应体系来处理,既丰富了课堂内容,又引导学生关注不同物质之间的转化关系;一位高中化学教师在对"酸碱盐"进行二次开发时,在原基础上添加了"物质分类"这一新的教学内容;还有一位高中化学教师在对"钠和

水"进行二次开发时,将钠和水进行反应作为反应体系来处理。

二、案例要真实、具本,能体现教师的教学工作实际

案例研究最主要的目的在于使研究者能在真实的情境中,利用案例描述中提供的信息资料,分析和解决实际问题。所以案例应该是真实的、具体的。案例应是教师在教育教学工作中真实发生的案例,应与教学过程密切相关,体现教师真实工作情境。案例应具有代表性、典型性、可推广性,能反映教学过程中的问题和困惑,能对教师今后教学工作产生一定的启发和指导作用。

例如:笔者在"中学化学教师专业发展培训"中安排了一节化学课例分析,课例名称为"从二氧化碳制取碳酸氢铵"。该课例是笔者参加"国培计划"中学化学教师培训项目时的听课笔记,是笔者参加"国培计划"中学化学教师培训项目过程中真实发生的教学案例。在课前,笔者认真阅读了教材和相关参考资料,并在课堂上进行了尝试。通过对该课例进行分析研究,发现该课存在以下问题:教学目标不明确;教学过程没有体现学生是学习主体;教学方法单一。针对这些问题,笔者及时查阅了相关资料和信息,并在课后组织参训教师进行讨论交流。大家普遍认为该课列很好地体现了教材的编写意图,落实了新课标理念和课程标准要求,并具有一定的挑战性和创新性。课后,笔者组织参训教师开展了"我对本课设计有哪些新看法?"讨论活动,参训教师纷纷发表自己的看法并进行了交流。笔者听取了大家的发言后,认为这节课的设计思路是清晰的,尽管最初分析时发现了一些问题,但通过深入的讨论和反思,我们对后续的教学目标有着全新的思路。课例在教学过程中虽然方法单一,但通过这次讨论,我们发现了可以改进和创新的空间。参训教师们提出的新看法和建议,为我们提供了宝贵的视角和思路。评价方法的恰当性也是我们讨论的重点之一。我们认为,评价不仅要关注学生的知识掌握情况,还应该关注他们的思维过程、创新能力和实践技能。因此,我们可以设计更加全面和多元化的评价体系,以更准确地反映学生的学习成果。通过这次培训和讨论,我们不仅对"从二氧化碳制取碳酸氢铵"这一课例有了更深入的理解,也为今后的教学实践提供了新的思路和方法。我相信,通过不断的学习和探索,我们能够不断提高自己的教

学水平,为学生提供更高质量的化学教育。

(一)教学目标明确

教学目标是整个教学活动的出发点和归宿,是实施教学活动的依据。新课程标准要求教师在设计教学过程时要从整体出发,全面考虑,从知识与技能、过程与方法、情感态度与价值观三个维度设计和组织教学目标。在该课例中,教师首先通过提问学生:"二氧化碳能被点燃吗?""如果用火柴点燃二氧化碳,是否能在短时间内点燃可燃物""如果用氧气点燃二氧化碳,是否会发生爆炸?"为了使学生能够更好地理解和掌握知识,教师需要从学生已有的生活经验出发,引导学生思考、讨论并提出问题。通过这种方式,可以引发学生探究的欲望和兴趣,促进他们对知识的学习和理解。再通过让学生尝试将二氧化碳与氨气在加热条件下混合制取碳酸氢铵的实验探究过程和结果记录下来。接着再让学生根据自己的记录数据,提出并设计一种改进的实验方案。在此基础上让学生自主归纳出实验方案和改进方案的设计步骤。最后让学生自己总结出制取碳酸氢铵的实验步骤和操作步骤。通过该课例,教师明确了"观察现象、提出问题、分析现象、解决问题"这四个教学目标,在教学过程中使学生不仅了解二氧化碳能被点燃,还能将其与氨气混合制取碳酸氢铵的实验过程和结果记录下来;不仅了解到二氧化碳能被点燃,还能掌握实验方法和操作步骤。这样设计教学目标可以使教师更好地了解教学内容和目标要求之间的联系与区别。同时,由于目标明确具体、可操作性强,教师在设计和实施教学过程时就会有针对性和目的性。

(二)教学过程完整

从"从二氧化碳制取碳酸氢铵"课例中,笔者看到了一节完整的课。课堂上,教师精心设计了学习目标和学习任务,让学生通过自主探究、小组合作、交流讨论等方式发现问题、解决问题,并从中体验到解决问题的乐趣;教师通过多媒体课件和实物展示等方式,形象地展示了碳酸氢铵的制备方法;教师通过小组合作和交流讨论,引导学生对实验现象进行分析并得出结论;教师引导学生进行归纳总结,得出碳酸氢铵的制备方法。整个教学过程都有学生的参与和活动,包括教师的指导和引导;教师组织学生进行讨论交流,培养了学生分析问题、解决问题的能力。整节课教学目标明确、教学过程完整、教学方法恰当、教学效果明显。通过对该课例的分析和研究,参训教师纷纷认为这是一节好课。另外,也有参训教师认为该课例存在一些不足之处,如实验现象不够明显等。

(三)学生活动充分

"以学生发展为本"的教育理念要求教师在课堂教学中要充分调动学生的积极性和主动性,让学生主动参与教学活动,积极思考问题,不断探索未知。因此,笔者认为该课例教学设计中"提出问题→自主学习→合作探究→获得结论"的教学流程能够充分体现学生主体地位,该过程中教师的"教"与学生的"学"能有机结合,教学活动开展得充分而有效。同时,在该课例中笔者还采用了探究式教学模式。在实验探究活动中,教师创设了"如何利用CO_2制取碳酸氢铵"的问题情境,通过提出问题、自主学习、合作探究、交流展示等环节,让学生在观察实验现象、自主设计实验方案、探究实验结果、分析问题原因及得出结论的过程中逐步掌握知识和方法。同时在交流展示环节中,教师引导学生小组合作讨论,通过学习和交流获得新的知识和方法。在这个过程中,学生通过小组讨论交流和合作探究获得了知识和方法,这不仅可以激发学生学习化学的兴趣,而且有利于培养学生的团队精神和合作意识。

三、案例研究要有较高的学术价值,能推动化学学科的发展

案例研究的理论基础是比较主义。通过案例研究,能够更好地把握和理解教育教学理论、教学思想和教学方法,从而获得对教学实践的感悟与体会。在案例研究过程中,应深入分析教学实践中出现的问题,通过不断的研究与反思,以确定研究的主题、确立研究对象和观察研究的具体方法,这是案例研究的基本环节。

案例研究有助于提升化学教师专业素质。在中学化学教师培养过程中,应通过多种方式加强对化学教育教学理论的学习和探究,多角度地分析、解读教

育教学案例,了解化学教师的专业发展现状,准确把握中学化学教育教学改革的方向和要求。同时,应积极开展针对具体问题或具体情境中出现问题的案例研究,促进教师教育教学理论水平与实践能力的提高。

在中学化学教师培养过程中开展案例研究有利于促进化学学科发展。案例研究有利于促进教师教育理论与实践相结合。在中学化学教师培养过程中开展案例研究能够有效促进教师教育理论与实践相结合,为实现培养高素质专业化化学教师队伍提供更好的条件。随着新课改进程的不断推进和深化,中学化学教师培训中案例研究将越来越受到重视和关注。

笔者在参与"国培计划"中学化学教师培训项目中发现:许多学员反映了中学化学教学理念陈旧、教学方法单一、知识结构不合理等问题比较突出。为了帮助学员提升教育教学水平和教育教学能力,我们通过案例研究帮助学员找出问题的根源并提出解决问题的策略。通过案例研究能够发现在教育教学过程中出现的许多问题都可以在理论层面上得到解释和解决。同时,培训机构开展案例研究有助于解决师资队伍建设中存在的各种问题。当前我国中学教师培训模式主要是以"理论讲授"为主,难以满足新时代下中学教师培训需求。因此,通过案例研究可以帮助学员加强对教育教学理论及方法等方面知识的学习与理解。此外,通过案例研究可以使学员在具体情境中对所学内容进行实践检验和运用,从而实现理论与实践相结合。通过案例研究有助于为我国中学教师培训提供可借鉴的经验与模式。

(一)案例研究的理论基础

在教育教学过程中,案例研究的理论基础包括教育哲学、心理学和社会学。其中,教育哲学是案例研究的理论基础,也是核心内容。在中学化学教师培训中,应将教育哲学作为案例研究的理论基础。具体来说,案例研究的理论基础有以下三个方面:

第一,比较主义认识论。比较主义认识论认为:知识是通过比较而获得的。在中学化学教师培养过程中,应重视对先进教学理念、教学方法等方面的学习和借鉴。同时,应通过学习先进教学理念、方法等,来提高自身的教育教学水平和教育教学能力。在中学化学教师培训中,应积极开展案例研究以提升学员的教育教学水平和教育教学能力。

第二,建构主义学习理论。建构主义学习理论认为:学习者是在一定的学习情境中主动构建自身知识经验的个体,在这个过程中学习者之间相互交往、相互影响并共同建构了新知识。

第三,社会学理论。社会学理论认为:人们在社会生活中所采取的行动和采取何种行动是由特定环境决定的。在中学化学教师培养过程中,应加强对社会情境下人们行为模式和行为规范等方面知识的学习与理解。此外,还应积极开展案例研究以提升学员在具体情境中解决问题的能力。

总之,从比较主义认识论和建构主义学习理论出发,可以对案例研究的理论基础进行分析和阐释。在中学化学教师培训中应积极开展案例研究以提升学员教育教学水平和教育教学能力;在中学化学教师培训过程中应以先进教育理念、先进教学方法等知识作为案例研究的理论基础;同时,案例研究应注重与其他教育理论进行比较和融合,使其更具针对性和实效性。

从中学化学教师培训实践来看,由于培训机构通常采用传统讲授式教学方法对学员进行教育理论及方法等方面知识的教授,因此案例研究在很大程度上无法满足中学化学教师培训需求。因此,案例研究是提升中学化学教师专业素质、提高中学化学课程实施水平、推动中学化学学科发展和促进教师个人专业发展不可缺少的重要途径。

(二)案例研究的主要步骤

案例研究的基本步骤是:

第一步,明确案例研究的目的和问题。在实施案例研究之前,要明确案例研究的目的是什么和问题是什么。只有明确了问题,才能有针对性地开展相应的研究工作。

第二步,收集和分析资料。案例研究需要通过大量资料的搜集、整理、分析来解决问题,这一过程中需要注意对资料的筛选。

第三步,形成问题解决方案或观点。在收集和分析资料的基础上,要运用相关理论和方法对获得的信息进行分析与解释,并用专业术语提出解决问题的方案或观点。

第四步,撰写案例报告。通过撰写案例报告,能够更好地了解有关情况和总结经验教训,并能够在一定程度上提升学员的理论水平和实践能力。

1.案例研究需要大量的资料作为基础

案例研究是研究者通过对现实问题的深入思考,运用科学研究方法,得出关于问题的新知识、新理论、新规律,并运用这些知识和规律,解决现实问题的过程。案例研究需要研究者具有敏锐的问题,并能将自己的问题转化为具体的研究问题,然后选择适当的理论和方法,去研究这些问题。为了提高案例研究的质量和效率,研究者必须对所要研究的内容有比较深刻的理解。因此,案例研究需要收集大量的资料。在进行案例研究前,研究者应对教育教学中遇到的具体问题进行调查研究。通过调查可以发现解决问题所需要的理论和方法,为解决这些问题提供科学依据。在具体操作中,研究者应根据自身能力和课题内容选择合适的资料收集方式。

2.案例研究要采用恰当的方法进行分析

案例研究的基本方法有:归纳法、演绎法、比较法、调查法等。这些方法各有其特点和适用范围。案例研究一般以归纳和演绎两种方法为主。归纳法是通过对现象进行描述,得出一般性结论,再通过具体案例的研究得出结论的方法。演绎法是将具体案例中发现的一般原理和规律应用于类似案例的研究。比较是一种将两个或两个以上相关案例进行分析比较,得出两者之间差异与异同的研究方法。通过比较,可以更好地理解案例中的相关问题。调查法是在一定时间内,通过对某一对象的调查来获取有关信息,为案例研究提供背景材料。

(三)案例研究的关键环节

案例研究是在教育教学实践中运用科学方法解决教育问题的研究。在案例研究中,要遵循一定的规律,主要包括确定研究主题、确立研究对象和观察研究方法等环节。

确定研究主题是案例研究的起点。在案例研究过程中,要围绕所要解决的问题进行深入的思考和探究,找到解决问题的切入点和突破点。同时,要确定好案例研究对象,这是案例研究开展的基础和前提。

在确定了案例问题后,要对案例中涉及的问题进行深入的分析,思考出现该问题的原因,并结合实际情况提出相应的解决策略。在此基础上,要进一步对该问题进行跟踪观察,不断地总结、反思和调整自己的思维和行动模式。

四、案例研究要有较好的可操作性,能为教师解决实际问题提供依据

案例研究在教师教育中的作用越来越受到人们的重视,但是在具体实践中,由于所选择的案例缺乏足够的代表性,难以为教师解决实际问题提供依据。因此,在开展案例研究时,要针对具体问题设计具有一定操作性的研究方案。比如"金属钠与盐酸反应"一节,需要考虑到钠的性质、用途及可能带来的危害;学生的认知特点以及可能会出现的问题等。对于这些内容,教师可以从教材中进行提取;也可以利用网络、报刊、书籍等媒介查找相关文献资料;还可以请教学校化学组内教师、兄弟学校化学教师以及相关教育教学专家等。在设计案例研究方案时,一定要结合实际,将方案设计得具体、清晰、可行,这样才能使案例研究更具有操作性。

(一)关于《教师教育课程标准(试行)》中的"新课程教学"部分

该部分是从教师教育的角度来谈新课程教学,明确了教师教育应重视对中学化学教师进行新课程教学能力的培养,以及在教学中如何进行新课程教学的方法和策略研究。对于这些内容,案例研究中可以选择一节课进行剖析,对其中出现的问题进行研究。比如可以选择"金属钠与盐酸反应"这节课,从金属钠的性质、用途、危害等方面进行分析,了解学生学习这门课的难点及可能出现的问题,并提出相应的对策。这样,就能够为教师解决在教学中遇到的问题提供依据。另外,如果选择一门课进行研究,要将教材和教师教育课程标准中的有关要求结合起来,有针对性地设计案例研究方案。在撰写案例研究报告时,要注意将新课程教学中所出现的问题与解决方案结合起来。

（二）关于新教材中"金属钠与盐酸反应"一节的案例分析

在这节课中，从钠的性质入手，分析了钠在各种反应中的应用，使学生初步认识到金属的通性，然后根据金属活动性顺序，通过钠与盐酸的反应现象，引出本节内容。在这一过程中，学生不仅掌握了钠的通性，还能将实验现象与金属活动性顺序联系起来。如钠与盐酸反应时，有一种现象是红色的铁粉落到瓶底被腐蚀掉了，而在铁粉变黑之前就发生了反应。由此可以引导学生思考铁为什么会生锈？钠为什么能与盐酸反应？通过思考、讨论、交流等方式，将金属活动性顺序与化学反应相联系，使学生体会化学是研究物质变化规律的科学。

五、案例研究要有一定的创新性，能产生一定的学术影响

案例研究要有一定的创新性，即案例研究是对实践经验的提炼、升华和再创造，具有一定的推广价值。中学化学教师培训案例研究既要体现出对已有经验的借鉴、转化和推广，也要体现出对未来教学实践的引领、示范和促进作用。案例研究必须有一定的学术影响，即能够产生一定的影响，就是指案例研究具有一定的社会价值、教育价值和应用价值，能够在一定程度上对教育教学工作产生积极的指导作用。当然，案例研究不能脱离实际教学，不能脱离教师教育教学工作本身。但也不能脱离实际教学而进行研究，即案例研究应具有一定的理论深度和实践深度，能够反映出教师教育教学工作中存在的问题及解决问题的措施。

结　　语

本专著旨在探索中学化学教师的培养路径,以满足日益增长的教育需求和提高中学化学教育质量的迫切要求。通过对现有研究、教育政策和实践经验的综合分析与总结,我们希望为中学化学教师的培养提供有益的参考和指导。

首先,我们深入研究了中学化学教师的专业素养和学科知识要求。中学化学教师需要具备扎实的化学理论知识和实验技能,并能将其运用到教学实践中。同时,他们还应该具备教育学和心理学等相关学科的知识,以更好地理解学生的学习需求和心理特点,从而有效地进行教学设计和教学实施。

其次,我们探讨了中学化学教师的教育培训体系。在教育培训方面,我们认为应该建立完善的培训机制,包括学校、教育机构和社会资源的有机结合。学校应该提供专业化的教育培训课程,教育机构可以提供专门的教师培训项目,而社会资源可以提供实践机会和专业指导。此外,还需要加强中学化学教师的终身学习和专业发展,以适应教育变革和学科发展的需求。

第三,我们强调了中学化学教师的教学能力培养。中学化学教师应该具备优秀的教学技能和教学策略,能够灵活运用不同的教学方法和教学资源,激发学生的学习兴趣和主动性。此外,他们还应该注重培养学生的实验技能、科学思维和创新能力,以培养未来的科学家和创新者。

最后,我们提出了一些对中学化学教师培养的建议。一是教育部门应该加大对中学化学教师培养的支持力度,提供更多的经费和资源。二是学校和教育机构应该加强师资队伍建设,引入优秀的师资和教学团队,提高教师培养的质量和水平。同时,还需要加强中学化学教师的职业发展规划和评价体系,为他们提供更好的发展机会和激励措施。

总之,中学化学教师的培养是一个复杂而关键的任务,需要教育部门、学校、教育机构和社会各方的共同努力。本专著的研究和探索只是一个起点,我们希望能够引起更多的学者和教育工作者的关注和研究,为中学化学教师的培养贡献更多的思考和实践经验。只有通过不断地改进和创新,我们才能培养出更多优秀的中学化学教师,为培养未来的科学人才和推动社会发展作出更大的贡献。

参考文献

[1] 中学化学教育融合人文教育的认识与实践——以九年级化学"自然界中的水"为例[J]. 杨梓生. 化学教与学,2016.

[2] 浅析新课改下中学化学教育的优化与调整[J]. 陈道春. 教师,2015.

[3] 浅谈中学化学教育中的环保教育[J]. 黄昕. 中学生数理化(学研版),2012.

[4] 浅谈怎样加强中学化学教育教学的素质教育[J]. 聂晓慧. 科教文汇(下旬刊),2014.

[5] 中学化学教育的重构:从化学发展历程看(续1)[J]. 王军翔. 中学化学教学参考,2020.

[6] 中学化学教育的重构:从化学发展历程看(续4)[J]. 王军翔. 中学化学教学参考,2020.

[7] 关于中学化学教育中绿色化学教育的探析[J]. 林日轩. 课程教育研究,2012.

[8] 中学化学教育中的几个问题[J]. 梁英豪. 中学化学教学参考,1989.

[9] 新课改下中学化学教育的优化与调整[J]. 庄加荣. 现代中小学教育,2014.

[10] 科学发展与中学化学教育[J]. 练颂平. 中学教学参考,2009.

[11] 吉炳祥. 中学化学教育中科学素养的培养策略研究[J]. 学周刊,2021(25):87 – 88.

[11] 曾曦. 促进一般教师向卓越教师转化的高中化学教师职后培训课程设置研究[D]. 四川师范大学,2020.

[12] 初中化学教师在职培训供需差异研究[D]. 王人平. 延边大学,2016.

[13] 以培养卓越化学教师为目标的职前教师教育课程设置研究[D]. 高双军. 陕西师范大学,2016.

[14] 高中化学教师在职培训现状的调查研究[D]. 谢晓诗. 沈阳师范大学,2014.

[15] 温州化学教师专业化发展培训课程建设初步研究[D]. 曾伟娟. 温州大学,2013.

[16] 边远少数民族地区初中化学新课程师资培训的改革与实践[D]. 路树萍. 内蒙古师范大学,2008.

[17] 农村初中在职化学教师专业素养提升研究[D]. 彭文彬. 四川师范大学,2007.

[18] 新课程理念下的中学教师专业发展研究[D]. 赵露露. 南京师范大学,2006.

[19] 区内部分中学化学教师的调查与分析[J]. 王屹,陈超球. 广西师院学报(自然科学版),1997.

［20］构筑和谐教育 提高中学化学教师人文素质［J］. 成晓琳;于清江;王家柱;马敏. 教学与管理,2006.

［21］新世纪素质教育对中学化学教师的素质要求［J］. 邹洪涛. 黔南民族师范学院学报,2001.

［22］自主学习——21 世纪准中学化学教师的成长之道［J］. 杨敏;高彩凤;郭珍. 科教文汇（上旬刊）,2020.

［23］贵州省黔南州中学化学教师评价现状调查［J］. 邢焰;李家信. 科教文汇（中旬刊）,2017.

［24］浅谈中学化学教师对学生化学成绩的影响［J］. 覃景芳. 现代盐化工,2020.

［25］欠发达地区中学化学教师化学实验研究困境及对策［J］. 周秋兰;曾兵芳;张志;鲍有福. 山东化工,2020.

［26］中学化学教师评价机制初探［J］. 任宁宁;李微. 云南化工,2020.

［27］粤北中学化学教师专业发展现状的调查［J］. 曾懋华;洪显兰;黄华明;张其志. 韶关学院学报,2018.

［28］中学化学教师新课标培训前的调查分析与对策［J］. 曾懋华. 化学教育,2005.

［29］论教师教育者的核心专业素养及其培育［J］. 杨跃;匡曼玉. 现代教育管理,2020(01).

［30］初中化学新手型教师与专家型教师在教学设计理念层面的比较研究——以"有关相对分子质量的计算"为例［J］. 朱韶红;王东. 化学教与学,2019(12).

［31］化学学科关键能力培养:教师教学的视角［J］. 周玉芝. 课程.教材.教法,2019(11).

［32］自我认同、职业认同与价值认同——兼论培育新时代"四有好老师"的贵州校本实践［J］. 王俭. 教师教育研究,2019(05).

［33］教育变革中教师自我认同的制度困境及其重建［J］. 蔡辰梅. 教师教育研究,2019(04).

［34］促进教学能力提升的初中化学教师培训模式研究［J］. 魏艳玲. 教育现代化,2019(55).

［35］中学化学守恒观研究现状的分析与思考［J］. 王禹超;王后雄. 化学教学,2019(06).